城市轨道交通网络列车运行组织与管理

江志彬　主编
徐瑞华　主审

同济大学出版社
TONGJI UNIVERSITY PRESS
·上海·

内 容 提 要

轨道交通网络列车运行是以乘客服务为对象，以移动和固定设备为依托，以运营组织技术和方法为手段，以管理方法为保障，实现系统安全、可靠以及高效的运转。本教材在吸取其他编者的精华成果基础上，增加了作者10余年课堂教学和科研成果的总结与归纳等内容，有很多原理与方法来源于现场运营经验的提炼与总结。本教材包括轨道交通设施设备、客流、行车计划、列车运行图、能力和列车运行调度等内容，可以作为相关专业的本科生、研究生的教材或教学参考资料，同时，对轨道交通系统相关的政府决策者、工程规划与设计者、运营单位的管理人员都有很好的参考价值。

图书在版编目(CIP)数据

城市轨道交通网络列车运行组织与管理 / 江志彬主编. —上海：同济大学出版社，2018.8

ISBN 978-7-5608-8081-5

Ⅰ.①城… Ⅱ.①江… Ⅲ.①城市铁路—铁路行车—列车组织 ②城市铁路—轨道交通—铁路运输管理 Ⅳ.①U239.5 ②U292.4

中国版本图书馆CIP数据核字(2018)第185317号

城市轨道交通网络列车运行组织与管理

江志彬 **主编**　　徐瑞华 **主审**

责任编辑 陆克丽霞　**责任校对** 徐春莲　**封面设计** 陈益平

出版发行 同济大学出版社 www.tongjipress.com.cn
(地址：上海市四平路1239号 邮编：200092 电话：021-65985622)
经　销 全国各地新华书店
排　版 南京文脉图文设计制作有限公司
印　刷 苏州市古得堡数码印刷有限公司
开　本 787 mm×1 092 mm 1/16
印　张 13
字　数 324 000
版　次 2018年8月第1版
印　次 2024年3月第2次印刷
书　号 ISBN 978-7-5608-8081-5

定　价 45.00元

前　言

建设城市轨道交通已经成为解决大城市交通拥堵问题的首要选择，我国在经历多年的城市轨道交通快速发展后，越来越多的城市（如上海、北京、广州、深圳等）已经进入了网络化运营的新阶段，针对城市轨道交通系统的列车运行组织和管理理论与方法也需要适应网络化发展的需求。

轨道交通列车运行是以乘客服务为对象，以移动和固定设备为依托，以运营组织技术和方法为手段，以管理方法为保障，实现系统安全、可靠以及高效的运转。列车运行组织过程涉及设施设备管理、客流管理、网络计划、列车开行计划、列车运行图编制、网络能力分析和运营调度指挥等多方面。目前，我国城市轨道交通的网络与客流规模已经处于世界领先，伴随着规模的继续扩展、客流的高速增长、新技术的不断涌现，网络列车的运行组织也一直在不断优化调整，新的问题也不断出现。

教材的更新速度永远也跟不上新的技术与管理方式的变化速度，因此本教材编写的核心思想更多地是想给读者提供解决问题的思路、原理和方法，而不是一味地传授知识。本教材除了吸取其他编者的成果精华外，还有很多内容是作者10余年课堂教学和科研成果的总结与归纳，有很多原理与方法源于现场运营经验的提炼与总结。本书可以作为相关专业的本科生、研究生的教材或教学参考资料，同时，对轨道交通系统相关的政府决策者、工程规划与设计者、运营单位的管理人员都有很好的参考价值。

本书第二章的客流分析部分由邹晓磊老师参与编写，第三章的乘务计划部分由周峰老师参与编写，其他内容均由作者编写整理并完成统稿，最后由徐瑞华教授统一审核。洪玲老师、孙延硕老师以及研究生廖沈美慧、武嘉萌、谷金晶、周旻、饶娅参与了本书部分章节的资料整理、编写和校核工作。本书的编写也得到了上海申通地铁集团有限公司的陈菁菁、周明、苗秋云、张知青以及上海电气泰雷兹交通自动化系统有限公司的胡海虹等业内专家的指导。同时，本书引用了大量国内外作者发表的相关文献以及国内部分城市(如上海、北京等)轨道交通运营单位的相关运营资料及相关文献。本书的出版得到了同济大学出版社的大力支持。作者在此向他们表示最诚挚的谢意。

由于编者业务视野和学术水平的局限性,本书的内容安排、学术观点难免存在不当或疏漏之处,恳请各位同行、读者批评指正。

为了更好地服务读者,本书同步开通微信服务公众号,有关本书的彩色配图、习题答案、勘误信息将公布在该公众号上。扫描二维码(见封底)即可关注。

江志彬

2018 年 3 月于同济大学

目　录

第 1 章

城市轨道交通网络运营概述

城市轨道交通(Urban Rail Transit，URT)是指采用专用轨道导向运行的城市公共客运交通系统,包括地铁系统、轻轨系统、单轨系统、有轨电车、磁浮系统、自动导向轨道系统、市域快速轨道系统[1]。城市轨道交通的安全高效运营离不开可靠的设备和相关支持系统,也需要高效的运营管理手段来支撑。

1.1 系统构成

城市轨道交通系统主要由设施设备和运营管理人员两部分组成。其中,设施设备又包括三个部分:一是由线路、区间、车站、车辆基地、供电以及通信信号等组成的固定设备;二是由若干车辆固定编组而成的车组组成的移动设备;三是支持系统安全高效运营的各类控制与管理系统。

1.1.1 线路与车站

1.1.1.1 线路

城市轨道交通线路由路基、桥隧建筑物和轨道组成,是专供列车行驶用的特殊道路。它除了承受列车的重量外,还要引导列车运行方向。城市轨道交通的轨道和传统铁路有诸多相同之处,但也出现了一些由轨道梁组成的新型城市轨道交通的轨道形式,如低速磁浮轨道、跨座式或悬挂式单轨等。轨道主要包括钢轨、道岔、钢轨扣件、轨枕和道床等。

线路由平面技术参数(如最小圆曲线半径、圆曲线长度、缓和曲线、夹直线等)和纵断面技术参数(如坡度、坡段长度、坡度连接等)组成。按照功能,线路可以分为正线、配线和车场线三类[2]。典型的城市轨道交通线路配线示意图如图 1-1 所示。

1. 正线

正线为载客运营并贯通车站的线路[2],当线路分叉时,可细分为干线和支线。一般情况下,在正线上分岔以侧向运行的线路为支线,直向运行的线路为干线。支线通过配线连

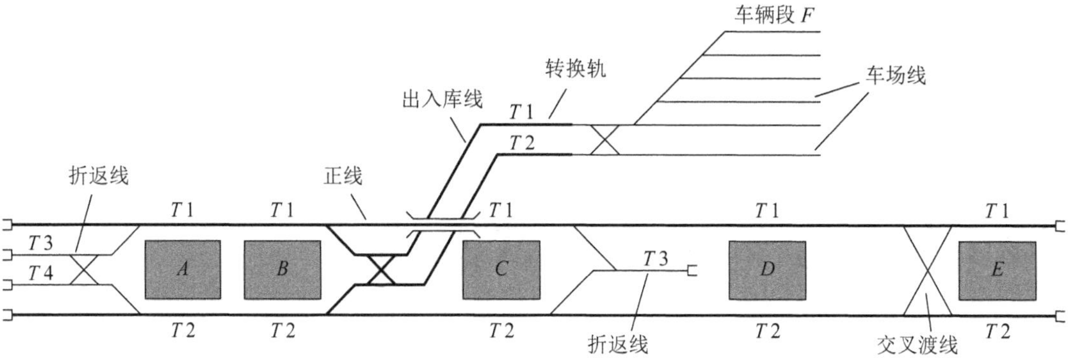

图 1-1　典型的城市轨道交通线路配线示意图

接干线，可混合运行，也可独立运行。为了提高通过能力与保障安全运营，城市轨道交通的正线一般为全封闭线路，按双线设计，分上下行。

2. **配线**

配线原称“辅助线”，是指线路中除正线外，在运行过程中为列车提供收发车、折返、联络、安全保障、临时停车等功能服务，通过道岔与正线或配线间相互联络的轨道线路。配线包括车辆基地出入线、联络线、折返线、停车线、渡线和安全线，各种类型的配线及功能见表 1-1。

表 1-1　配线的类型及功能[2]

配线类型	功　能	说　明
车辆基地出入线	简称为“出入线”，从正线上分岔引出至车辆基地的线路	出入段的转换轨设置在出入段线上
联络线	设置在两条不同正线之间，为各种车辆过渡运行的线路	可用作车辆送修、车辆调运、运送设备、临时运营服务等
折返线	为列车折返运行的线路	可兼作存车线功能
停车线	为故障列车待避、临时折返、临时停放或夜间停放列车的线路	可用作备用车存放，列车夜间存放等，也可兼作折返线功能
渡线	设置在正线线路左右线之间，为车辆过渡运行的线路。或在平行换乘站内，为相邻正线线路之间联络的渡线	有些渡线可用于列车折返
安全线	对某些配线的尽端线，或在正线上的接轨点前，根据列车运行条件，设置在设计停车点以外，具有必要的安全距离的线路，以避免停车不准确发生冒进的安全问题	通常在车辆基地出入线或折返线上设置

3. 车场线

车场线是指设在车辆基地(或停车场)内,提供列车停、检、修的线路,或各种维修车辆停放的线路[2]。车场线以出入段线及其延伸线为基线,以库房功能划分线群。车场线包括检修线、试验线或试车线、洗车线、牵出线等。

运营单位应明确车辆基地线路与正线的分界点和管辖范围,明确正线、配线和车辆基地线路的信号布置、小曲线半径、线路坡度、线路允许速度、道岔、平交道口、高架、桥梁、隧道及联络通道等相关配置及参数[3]。

1.1.1.2 车站

车站是乘客上下车、换乘的场所,也是列车到发、通过、折返或临时停车的地点[4]。

车站按运营功能的不同分为终点站、中间站(图1-1中的 B、D 站)、折返站(图1-1中的 A、C、E 站)和换乘站;按是否具有站控功能分为集中控制站和非集中控制站;按站台形式分为岛式站台车站、侧式站台车站和岛侧混合式站台车站;按客流量大小分为特大型车站、大型车站、中型车站和小型车站(不同城市制定的标准有所不同);按是否有人管理分为有人管理站和无人管理站;按线路敷设方式分为地下站、高架站和地面站。

车站一般由出入口、站厅、站台和生产用房等组成,经由通道、楼梯和自动扶梯将出入口、站厅与站台连接起来。

站台供列车停靠和乘客候车、上下车使用。只有一个站台,且位于上、下行车站正线中间称为岛式站台;有两个站台,且分别位于上、下行车站正线外侧称为侧式站台;同时设置岛式站台与侧式站台,如二岛两侧或一岛一侧称为混合式站台(图1-2)。

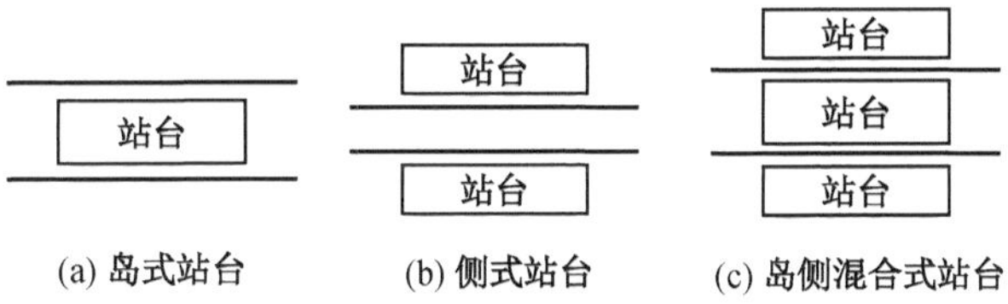

图1-2 站台的类型

车站生产用房主要分为作业用房、管理用房和设备用房三类。行车、客运作业用房包括车站控制室、售票室、广播室、问询处和休息室等。车站管理用房包括站长室、站务室、票务室、警务室和储存室等。各种设备用房包括通信、信号、自动售检票、变电、环控、屏蔽门、防灾和给排水等设备的用房。

接轨站是一类特殊的车站,其基本特征是将主线与支线进行连通。事实上,从车场连接正线的车站也属于接轨站的一种类型。接轨站在连通型(如Y形)线路中具有重要的地位,其配线设计方案对于列车开行以及运营调整方案影响较大。由于列车需要通过接轨站跨线运行,因此接轨站站型设计也相对复杂。

根据车站是否具有折返功能,接轨站可分为无折返功能的接轨站和有折返功能的接轨站(图1-3)。有折返功能的接轨站,不仅具备开行跨线列车的条件,还具备列车折返的条件，因此此类接轨站配线数量和道岔等设备较多，车站的作业进路也较复杂。

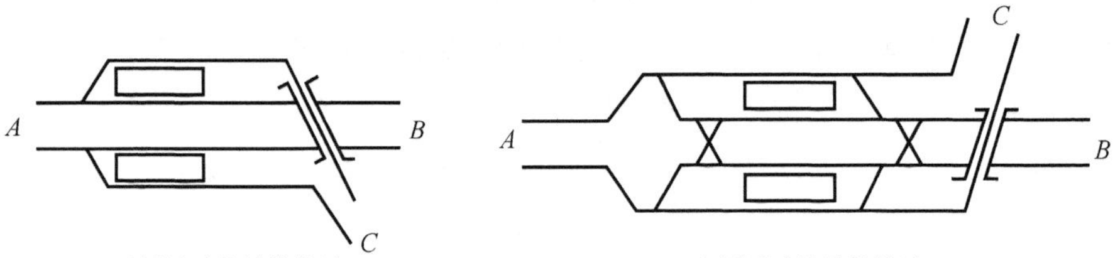

(a) 无折返功能的接轨站　　(b) 有折返功能的接轨站

图 1-3　接轨站常用站型图[5]

运营单位应明确车站与区间的分界点、车辆基地线路与正线分界点和行车管辖范围；设计、建设单位应考虑后期运营管理的需要，配置与运营需求和行车作业相适应的行车设备设施[3]。

1.1.1.3　限界

限界是指为了确保车辆在轨道上运行的安全，防止车辆撞击邻近线路的建筑物和设备，而对车辆和接近线路的建筑物、设备所规定的不允许超越的轮廓尺寸线。城市轨道交通限界的功能是保障车辆安全运行、限制车辆断面尺寸、限制沿线设备安装尺寸以及确定建筑结构有效净空尺寸，它是构成城市轨道交通安全运输的基本保证之一。限界包括建筑限界、设备限界、车辆限界三种，运营单位需要执行如下规定[3]：

(1) 任何情况下建筑物不得侵入城市轨道交通建筑限界；

(2) 任何情况下设备不得侵入城市轨道交通设备限界；

(3) 机车、车辆无论空、重状态，均不得超过机车、车辆限界。

1.1.2　车辆与车辆基地

1.1.2.1　车辆

车辆是输送乘客的运载工具，轨道交通车辆不但应具有安全、快速、大容量、节能等功能，还应具有良好、舒适的乘车环境，并在外观设计方面有助于美化城市景观和环境[4]。

我国城市轨道交通车辆按容量的不同可分为 A 型和 B 型(B 型又细分为 B_1 型和 B_2 型)车，不同车型的主要技术规格如表 1-2 所列。

表 1-2　城市轨道交通车辆的主要技术规格[2]

名称		A 型车	B 型车	
			B_1 型车	B_2 型车
车辆轴数		4	4	4
车体基本长度/mm	单司机室车辆	22 000	19 000	19 000
	无司机室车辆	23 600	19 600	19 600

（续表）

名称			A 型车	B 型车	
				B_1 型车	B_2 型车
车钩连接中心点间距离/mm	单司机室车辆		22 800	19 520	19 520
	无司机室车辆		24 400	20 120	20 120
车体基本宽度/mm			3 000	2 800	2 800
每侧车门数/对			5	4	4
车门宽度/mm			1 300～1 400	1 300～1 400	1 300～1 400
车门高度/mm			⩾1 800	⩾1 800	⩾1 800
载员/人	座席	单司机室车辆	56	36	36
		无司机室车辆	56	46	46
	定员	单司机室车辆	310	230	230
		无司机室车辆	310	250	250
	超员	单司机室车辆	432	327	327
		无司机室车辆	432	352	352
车辆最高运行速度/(km·h^{-1})			80，100	80，100	80，100

注：每平方米有效空余地板面积站立的人数，定员按 6 人计，超员按 9 人计。

运营单位应明确车辆设备的基本属性，宜包括车辆选型、编组方式、构造速度、最高运行速度、车门设置、载荷配置、应急疏散及通道门等设置情况。运营车辆保有量应按客运量规模配置。预测客运量规模超过设计预期，运营单位应提前购置所需车辆投入运营，并补充完善相应配套设施[3]。

1.1.2.2　车组与车底

城市轨道交通车辆通常是编组成列车运行，并且大多采用动拖组合、全列贯通的编组形式。由一定数量的车辆连挂成列、带动力并且有唯一识别号的车辆组合称为车组，实际工作中也称车底[6]。在运行过程中车组一般不进行解体，一列车组中车辆的节数称为编组辆数。

1.1.2.3　列车

列车是指以正线运行为目的、按规定辆数编成并具有列车标志（车次）的车列，一般配置司乘人员。列车运行主要是指列车在正线上的运行[4]。在双线行车时，我国地铁列车都是按右侧单向运行（出入库作业过程有可能双向行车），而市郊列车与传统铁路的运行规则相同，按左侧单向运行。

列车按用途分类，可分为载客列车、空驶列车、轧道（巡道）列车、调试列车、救援列车和施工列车等。

在行车组织工作中，根据列车运行图上列车车次号、运行线的颜色或线型显示来识别运行在轨道交通线路上的各类列车。受不同城市行车管理规则以及不同线路信号制式的差异影响,不同线路的列车车次号使用规定也不尽相同。

1.1.2.4 车辆基地

车辆基地是保证城市轨道交通正常运营的后勤基地,是系统正常运营所必需的设备和设施[2]。车辆基地包括车辆段(或停车场)、综合维修中心(或维修工区)、物资总库(或材料库)、培训中心和必要的生活设施等。其中,车辆段包括停车、列检、双周检、三月检和车辆清洁洗刷等日常运用维修设施,以及大架修、定修和临修等各修程的定期检。停车场只承担车辆的运用整备和日常维修保养工作,必要时还承担双周检和三月检任务,有时还配备临修设备和设施。与车辆段不同,停车场是不做定期检修的。图 1-4 为某车辆基地的功能区划分图。

车辆基地与正线由出入线连接,车辆段和停车场出入线是确保列车进入正线正常运行的首要条件,它还担负着工程车辆夜间进出正线为沿线维修作业、运送机具材料和工作人员的任务。为了提高出入库的能力和减少对正线运营的干扰,出入线一般按双线、双向运行设计,并且避免切割正线。

车辆基地配属的数量以及设计规模通常以服务线路远期客流量为依据,综合分析列车配属数量及维修能力。在一些长线路上,除了配属车辆段,还应配属停车场,停车场的位置应充分考虑开行交路和服务间隔的要求,尽量减少两终点站首末班车时间差异,减少空驶里程以及提高运营调整的灵活程度。

1.1.3 信号系统

广义的信号设备是信号、联锁和闭塞设备的总称。信号设备在保障行车安全、提高作业效率等方面具有重要的意义[4]。

1.1.3.1 信号设备

狭义的信号设备分为视觉信号和听觉信号两大类。视觉信号设备包括车载信号设备、色灯信号机、信号灯和信号旗等。

1. 车载信号设备

车载信号设备是安装在车辆上的信号设备,通过轨道电路等接收来自地面的信息,控制列车安全地追踪运行。车载信号显示在列车操作显示屏幕上,显示列车的速度信号和目标距离信号。

2. 色灯信号机

色灯信号机被固定设置在正线、车站和车辆基础的特定位置,信号显示是指示列车运行或车辆调移的命令。常用的色灯信号机有出站信号机、防护信号机、进场信号机、出场信号机和阻挡信号机等。

(1) 出站信号机设置在列车由车站向区间发车地点的前方,指示列车能否进入区间。

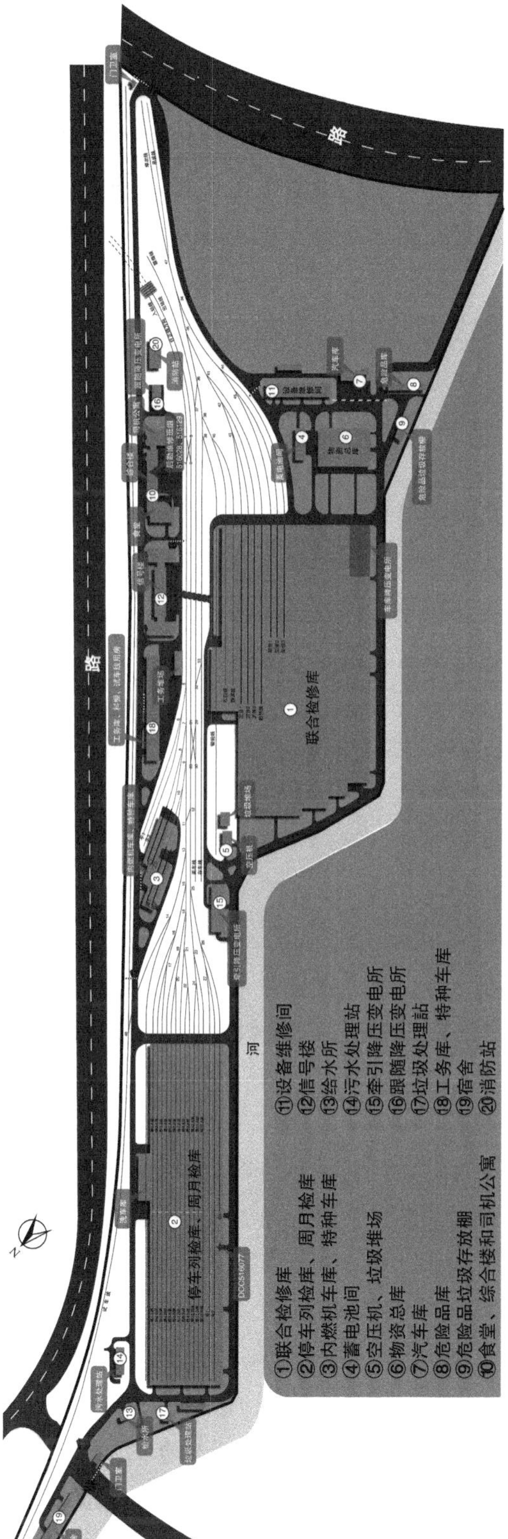

图 1-4　某车辆基地的功能区划分图

资料来源：上海地铁第二运营有限公司。

(2) 防护信号机设置在进路的始端位置,指示列车或车辆能否越过该信号机及进路开通方向。

(3) 进场信号机设置在停车场与入场线的分界位置,指示列车能否进入车场,以及列车进场的允许速度和列车是直向进场停车还是侧向进场停车。

(4) 出场信号机设置在停车场与出场线的分界位置,指示列车能否进入出场线。

(5) 阻挡信号机设置在接近线路尽头的位置,指示列车或车辆不能越过该信号机。

3. 信号灯和信号旗

信号灯和信号旗在显示手信号时采用,原则上昼间使用信号旗、夜间使用信号灯,地下站按夜间执行。

手信号可采用信号旗、信号灯和徒手三种方式显示,显示动作应规范、准确,并满足以下要求[3]:

(1) 昼间宜使用信号旗显示手信号,夜间宜使用信号灯显示手信号;

(2) 在没有携带信号灯或信号旗时,可采用徒手信号显示手信号;

(3) 发出手信号的位置应让接收信号的人员清晰易见;

(4) 控制行车的手信号显示不清晰或显示错误时,列车驾驶员应立即停车。

听觉信号应在无线设备不能正常使用时或应使用声音通知相关人员时使用,可采用口笛、鸣笛两种鸣示方式。运营单位应明确鸣笛和口笛不同鸣示方式的含义,如起动注意信号、警报信号、紧急停车信号等[3]。

完整意义的信号设备还包括信号表示器与信号标志。

1. 信号表示器

信号表示器侧重于指示行车设备的位置、状态和信号显示的某种附加含义,不具有防护功能。信号表示器有发车表示器、进路表示器、道岔表示器和车挡表示器等。例如,发车表示器设置在站台上列车发车位置前方,仅指示司机能否关闭车门与发车,以及关闭车门与发车的提示。

2. 信号标志

信号标志是设置在轨旁的标志牌,包括预告标、分界标、警冲标、限制速度标、列车停车位置标及警示标等。列车驾驶员应按照信号标志的指示驾驶列车运行[3]。

1.1.3.2 联锁设备

联锁设备设置在有道岔车站和车场范围内,在道岔、信号机、进路之间建立起一种相互制约的联锁关系,保证列车运行与调车作业的安全[4]。列车和调车车列在站内运行所经过的路径,称为进路。按道岔不同的开通方向可以构成不同的进路。列车和调车车列必须依据信号机的开放而通过进路,即每条进路必须由相应的信号机来防护[7]。

进路与进路之间存在着不同性质的联锁关系:两条进路不存在抵触或敌对关系,称为平行进路[如图 1-5(a)中进路①和进路②],平行进路可以同时办理;两条进路存在抵触或敌对关系，称为敌对进路，同时经过敌对进路的列车有撞车（或存在撞车风险）的危险性［如图 1-5(b)中进路③和进路④］，因此敌对进路绝对不能同时办理。

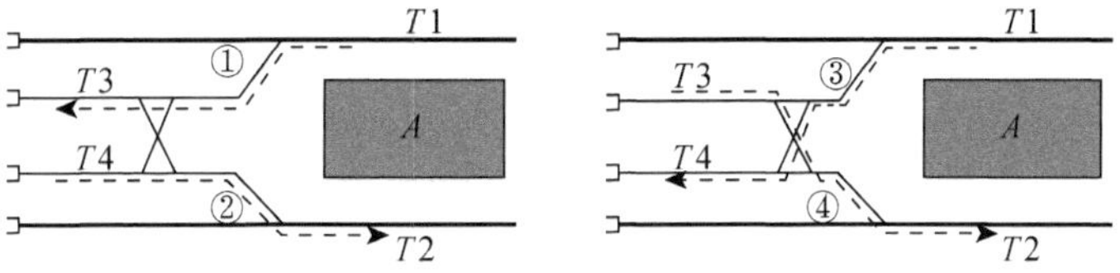

图 1-5　平行进路与敌对进路的图示

通常情况下，联锁的基本工作原理是：选路→锁闭进路→开放信号机→解锁。所有联锁关系，包括检查道岔位置正确、轨道区段空闲且锁闭、敌对进路未建立且锁同在未建立状态，经检查联锁关系正确后，锁闭进路，开放信号机，各种解锁条件的检查都是通过联锁设备来完成的。联锁的基本技术条件包括[7]：

（1）防止建立会导致列车相冲突的进路；

（2）必须使列车或调车车列经过的所有道岔均锁闭在与进路开通方向相符合的位置；

（3）必须使信号机的显示与所建立的进路相符。

进路上各区段空闲时才能开放信号机，这是联锁最基本的技术条件之一。如果进路上有车占用，却能开放信号机，则会引起列车、调车车列与原停留车的冲突，这是绝对不允许的。

进路上有关道岔在规定位置才能开放信号机，这是联锁最基本的条件之二。如果进路上有关道岔开通位置不对却能开放信号机，则会引起列车、调车车列进入异线或挤坏道岔。当信号机开放后，其防护的进路上有关道岔必须被锁闭在规定位置，而且不能转换。

当敌对信号未关闭时，防护该进路的信号机不能开放，这是联锁最基本的技术条件之三。否则列车或调车车列可能造成正面冲突。当信号机开放后，与其敌对的信号机也必须被锁闭在禁止状态，不能开放。

上述基本内容和技术条件，最终通过联锁表的形式得以实现。联锁表是说明车站信号设备联锁关系的图表，表达了整个车站内的进路、道岔、信号机之间的基本联锁内容。联锁表是设计信号电路的依据，且在设备开通试验时，也要以联锁表作为检查车站联锁设备之间联锁关系的主要依据。联锁表编制内容如下[7]：

（1）进路名称：以始端信号机和终端信号机或站台命名的进路名称。

（2）进路编号：按照集中站分别编制的进路编号，用于联锁软件使用。

（3）进路方向：列车通过进路时的行驶方向，分上行和下行。

（4）可用模式：进路的工作模式，包括自动进路和人工进路。自动进路可以由列车自动监控系统（Automatic Train Supervision，ATS）自动办理或人工命令办理，当列车通过时，该模式进路会根据列车占用/出清的“三点检查”自动解锁。人工进路只能由人工命令办理，当列车通过时，进路始端信号机变为禁止信号，列车完全通过后，始端信号机会重新开放允许信号。

(5) 信号机名称：始端信号机的名称。

(6) 信号机表示：当进路办理成功后，始端信号机开放的表示，包括绿灯和黄灯。绿灯表示进路为直向路径，黄灯表示进路中有道岔处于反位，为侧向路径。

(7) 引导信号可用：用于指示该进路是否允许办理引导信号。道岔区域的进路一般都有引导信号，区间无岔区域的进路往往没有引导信号。

(8) 办理引导信号需占用的区段：引导信号办理时，需要列车接近始端信号机，该区段是始端信号机前的区段。

(9) 主进路道岔位置、侧防道岔位置和侧防道岔锁闭区段：主进路是始端信号机和终端信号机或站台之间的路径。主进路道岔位置是进路开通时所要求的主进路内的道岔定位或反位位置；侧防道岔位置是侧向防护所要求的道岔定位或反位位置；侧防道岔锁闭区段是主进路开通时所要求锁闭的侧防道岔所在的区段。

(10) 防护进路道岔位置、侧防道岔位置和侧防道岔锁闭区段防护进路是终端信号机或站台之后的一段路径，用于防止出现列车在进路终点未能停车的情况。防护进路道岔位置是进路开通时所要求的防护进路内的道岔定位或反位位置；侧防道岔位置是侧向防护所要求的道岔定位或反位位置；侧防道岔锁闭区段是防护进路开通时所要求锁闭的侧防道岔所在的区段。

(11) 轨道区段：进路开通所要求检查的轨道区段，包括主进路和防护进路。

(12) 其他联锁条件：根据应用环境的需要而增加的联锁条件，有出入场段的特殊条件站台门状态、站台门旁路、站台紧急停车按钮等。

(13) 考虑道岔位置的敌对进路：由于使用相同道岔可能引起的与主进路冲突的进路编号。

(14) 考虑运行方向的敌对进路：运行方向与主进路相反的进路编号。

(15) 接近锁闭区段和特殊条件：触发接近锁闭的区段或特殊条件。

(16) 接近锁闭取消延时时间：接近锁闭激活时，人工取消进路所需要的时间。

(17) 防护区段解锁延时时间：防护区段锁闭激活时，紧急情况下，人工解锁进路所需要的时间。

根据实现联锁的技术水平，将联锁分为机械联锁、电气联锁（继电联锁）和电子联锁（计算机联锁）。机械联锁是轨道交通发展初期使用的简单系统，通过各类机械杆件，把道岔和信号机控制连接起来。电气联锁是利用各种继电器电路控制和监督全站的道岔、进路和信号机，并实现它们之间的联锁，最典型的系统是6502电气集中联锁，在早期的城市轨道交通线路中有所应用。计算机联锁(Computer Interlocking, CI)是以计算机技术为核心，采用通信技术、可靠性与容错技术以及“故障—安全”技术实现车站联锁要求的实时控制系统，是目前应用最广泛的联锁系统。

1.1.3.3　闭塞设备

线路以车站(线路所)为分界点划分为若干区间。区间的界限，在单线上以两个车站的进站信号机柱的中心线为车站与区间的分界线；在双线或多线上，分别以各线路的进站信号机柱或站界标的中心线为车站与区间的分界线。

为保证轨道交通必要的通过能力和行车安全，轨道交通线路以车站为分界点划分为若干个区间，然后又将一个区间划分为若干个分区。列车在区间内运行时，速度快、质量大、制动距离长，不能避让。为了确保列车在区间内的运行安全，列车由车站向区间发车时，必须确认区间(分区)内没有列车，并须遵循一定的规律组织行车，以免发生列车正面冲突或追尾等事故。这种按照一定规律组织列车在区间内运行的方法，一般叫作行车闭塞法，或简称闭塞，办理闭塞所用的设备称为闭塞设备[8]。

城市轨道交通采用的主要是自动闭塞设备。闭塞设备经历了从固定闭塞、准移动闭塞，一直到目前最流行的移动闭塞的发展历程[7]。

1. 固定闭塞

运行列车间的空间间隔是若干个闭塞分区，闭塞分区数依划分的速度级别而定。一般情况下，闭塞分区是利用轨道电路或计轴装置来划分的，它具有列车定位和占用轨道的检查功能。固定闭塞的追踪目标点为前行列车所占用闭塞分区的始端，后行列车从最高速开始制动的计算点为要求开始减速的闭塞分区的始端，这两个点都是固定的，空间间隔的长度也是固定的，所以被称为固定闭塞。在固定闭塞条件下，列控系统常采取分级速度控制模式。当列控系统采用滞后型阶梯式控制模式时，需要增加一个闭塞分区作为保护区段，所以运行列车间隔空间就会大一点，如图 1-6 所示。

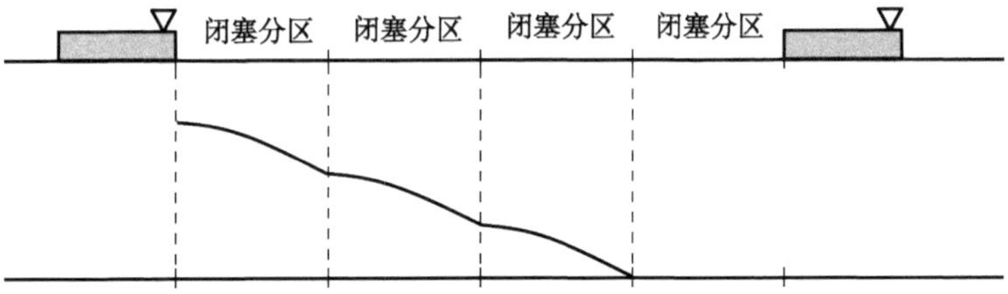

图 1-6　固定闭塞(滞后型阶梯式控制模式)原理图[9]

2. 准移动闭塞

准移动闭塞系统的线路依然被划分为固定位置、某一长度的闭塞分区，一个分区只能被一辆列车占用，但其采用音频数字轨道电路作为列车定位与信息传输的手段来实现列车非连续定位，故闭塞分区长度远小于固定闭塞系统[10]。准移动闭塞式的列控系统采取目标距离控制模式(又称连续式一次速度控制)。目标距离控制模式根据目标距离、目标速度及列车本身的性能确定列车制动曲线，不设定每个闭塞分区速度等级，采用一次制动方式。准移动闭塞的追踪目标点是前行列车所占用闭塞分区的始端，当然会留有一定的安全距离，而后行列车从最高速开始制动的计算点是根据目标距离、目标速度及列车本身的性能计算决定的。目标点相对固定，在同一闭塞分区内不依前行列车的走行而变化，而制动的起始点是随线路参数和列车本身性能不同而变化的（图 1-7）。空间间隔的长度是不固定的，由于要与移动闭塞相区别，所以称为准移动闭塞。

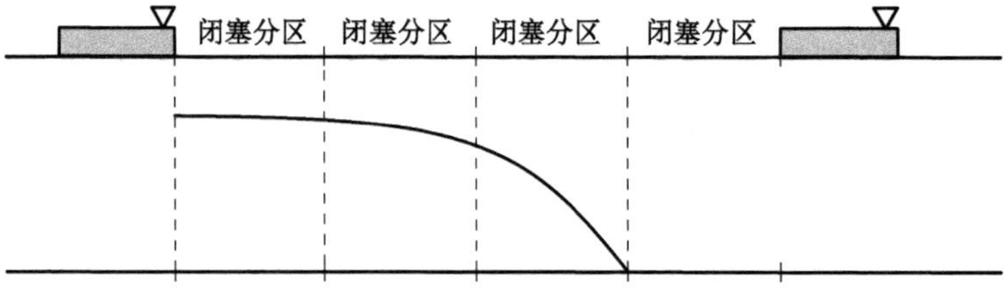

图 1-7　准移动闭塞（连续式一次速度控制模式）原理图[9]

虚拟闭塞是准移动闭塞的一种特殊方式，它不设轨道占用检查设备，采取无线定位方式来实现列车定位和占用轨道的检查功能，闭塞分区是以计算机技术虚拟设定的，仅在系统逻辑上存在有闭塞分区和信号机的概念。虚拟闭塞除闭塞分区和轨旁信号机是虚拟的以外，从操作到管理等，都等效于准移动闭塞方式。虚拟闭塞方式非常有条件将闭塞分区划分得很短，当短到一定程度时，其效率就接近于移动闭塞。

3．移动闭塞

移动闭塞与传统自动闭塞的区别在于区间中不设置固定的信号点，因而取消了固定的闭塞分区。移动闭塞方式的列控系统也采取目标距离控制模式。在采用移动闭塞时，列车运行速度控制指令不再由轨道电路根据列车占用情况发出，而是由控制中心根据线路上的前行列车位置，前、后行列车的速度，列车间隔距离，列车重量及线路、气候条件等相关参数给出。当后行列车和前行列车的间隔距离接近或等于常用制动距离加上安全间隔距离时，控制中心向后行列车发出减速或制动指令。列车间隔距离与运行速度有关，在速度比较高时，列车间隔距离就较大，反之就较短。移动闭塞在实现安全、高速的前提下，能使追踪运行列车间的间隔距离达到最小，从而最大限度地压缩追踪列车间隔时间并提高线路通过能力。由于移动闭塞设备能实现连续、双向信息传输和列车运行控制，并在确保安全的前提下提高通过能力，因此越来越多的新建轨道交通线路考虑采用移动闭塞设备。从移动闭塞设备的发展过程来看，早期的移动闭塞设备大部分是采用交叉感应环线技术，近年来研发的移动闭塞设备大部分是采用基于无线通信的技术（Communication Based Train Control System，CBTC）。

CBTC 系统的列车追踪过程的安全保护原理有两类：

1）不考虑前行列车速度（MB-V_0 方式，相对位置方式）

在 MB-V_0 方式下，不考虑前行列车的速度，只考虑其位置，又称相对位置方式，原理图如图 1-8 所示。当前行列车停车时，后行列车停在制动前的前行列车尾端后面的安全距离外。

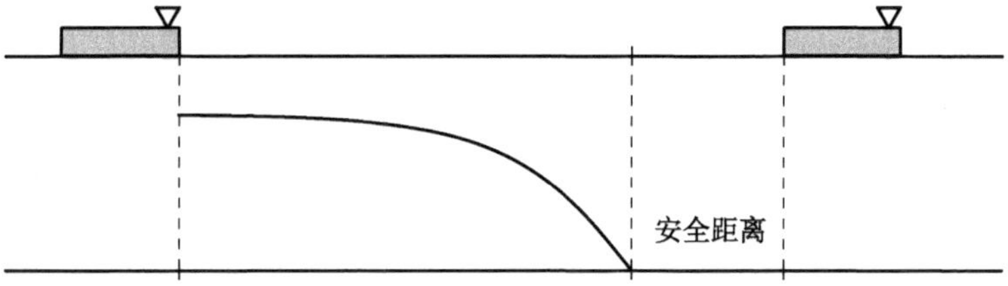

图 1-8　移动闭塞(MB-V_0 方式，相对位置方式)原理图[7]

2) 考虑前行列车速度(MB-V 方式，相对速度方式)

在 MB-V 方式下，后行列车会根据前行列车的位置和速度进行间隔控制，又称相对速度方式，原理图如图 1-9 所示。当两列车全部停下来时，后行列车停在前行列车停车点后面的安全距离外。

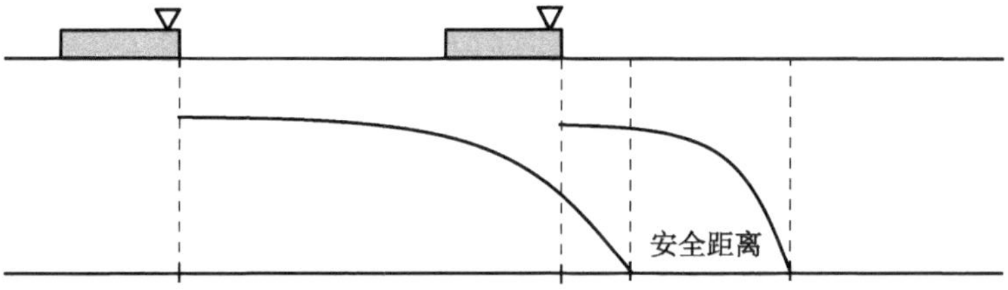

图 1-9　移动闭塞(MB-V 方式，相对速度方式)原理图[7]

对比此两种方式，由于相对速度方式考虑了在追踪列车制动过程中前行列车的走行距离，与相对位置方式相比，追踪间隔较短，因此效率较高。但是，相对速度方式的列车间隔距离较短，如果前车突然停车，会增大行车的危险性，因此，从安全性考虑，目前的 CBTC 系统主要采用相对位置方式。

1.1.4　列车自动控制系统

列车自动控制(Automatic Train Control, ATC)系统是在传统的信联闭设备、调度集中(Centralized Traffic Control, CTC)系统基础上，应用信息、通信、计算机、自动控制等先进技术，以列车速度自动控制为核心的新型信号系统[4]。现在为适应列车速度的提高与列车间隔的缩短，新建轨道交通线路大多采用 ATC 系统。ATC 系统由列车自动防护(Automatic Train Protection, ATP)、列车自动监控(Automatic Train Supervision, ATS)和列车自动驾驶(Automatic Train Operation, ATO)三个子系统构成。ATP 子系统与 ATO 子系统共同完成列车运行自动化的功能，ATS 子系统完成行车指挥自动化功能。

1.1.4.1　ATP 子系统

城市轨道交通的一个特点是行车间隔短(可以达到 2 min 或更短)。在如此短的间隔条件下，已经不能以地面信号作为控制列车速度的主要手段，而必须要有一个可靠的、连续不断地实现速度显示(机车信号)和速度监督、防护的系统，以确保行车安全。这正是

ATP 子系统产生的背景[11]。ATP 子系统的工作原理是:将信息(包括来自联锁设备和操作层面上的信息、地形信息、前方目标点信息和容许速度信息等)不断从地面传至车上,从而得到列车当前容许的安全速度,依此对列车实现速度监督及管理。ATP 子系统由轨旁设备和车载设备共同组成,它的主要功能包括停车站控制、速度监督与超速保护、列车间隔控制、确保联锁车站进路有效、监督车门和屏蔽门的安全开闭等,因此它是一个确保列车运行安全的子系统。

根据自动闭塞类型的不同,ATP 子系统有固定闭塞、准移动闭塞和移动闭塞三种制式。根据信息传输方式的不同,ATP 子系统有点式和连续式两种制式。根据速度控制方式的不同,ATP 子系统有台阶式和曲线式两种制式。在 20 世纪 90 年代中期以前,轨道交通主要是采用固定闭塞、点式信息传输、台阶式速度控制的 ATP 技术,近年来,新建轨道交通线路大多是采用准移动闭塞或移动闭塞、连续式信息传输、曲线式速度控制的 ATP 技术。在采用 ATP 技术时,车载信号是行车的主体信号。

1.1.4.2 ATS 子系统

ATS 子系统主要是实现对列车运行的监督,辅助行车调度人员对全线列车运行进行管理。它可以显示全线列车的运行状态,监督和记录运行图的执行情况,为行车调度人员的调度指挥和列车运行调整提供依据,如当列车偏离运行图时及时做出反应等。另外,通过 ATO 接口,ATS 还可以向旅客提供运行信息通报,包括列车到达时间、出发时间,列车运行方向,中途停靠点信息等[11]。

ATS 子系统的功能包括自动显示列车车次、列车运行位置和信号设备工作状态,自动或人工办理进路,编制和管理列车运行图,自动调整运行计划,自动描绘或复示列车运行实迹,列车运行模拟仿真,车辆维修周期管理,向旅客信息系统提供信息,对运行数据自动统计和制表等。

ATS 子系统由控制中心设备、车站设备等组成。目前,ATS 子系统的结构有集中控制和分散控制两种模式,国内已经采用的 ATS 子系统以集中控制模式为主。分散控制模式的特点是列车运行图的管理和对列车进路、列车运行状况的监视由控制中心负责,而对列车进路的控制则由车站计算机完成。

ATS 子系统针对一些小延误的自动恢复已经有一定的策略,这就大大降低了调度人员的工作强度,但目前针对长时间延误,ATS 子系统的恢复能力还十分有限。ATS 子系统的进一步发展是列车运行调整的高度智能化,要求计算机能判断(或预见)某些可能的冲突(如敌对进路的干扰、延误后的列车之间的干扰等),结合线路或网络上的客流特征和变化趋势,及时采取调整发车时刻、调整运行等级(速度)、调整间隔、调整停站时间等措施,使延误的影响达到最小化。

1.1.4.3 ATO 子系统

ATO 子系统主要用于实现"地对车的控制",即用地面信息实现对列车驱动、制动的控制。ATO 子系统可以使列车经常处于最佳的运行状态,避免不必要的、过于剧烈的加减速,因此可以显著提高旅客舒适度及列车准点率,减少轮轨磨耗。通过与列车再生制动配合,还可以有效节省牵引能耗。

ATO子系统的优点是可缩短列车间隔,提高线路的利用率和行车的安全可靠性。ATO子系统的功能包括:控制列车在允许速度下运行,并自动调整列车的速度,列车在区间或站外停车后,一旦信号开放,即可自动启动,系统控制列车到达站台的最佳制动,使列车停于预定目标点,当停站结束,保证车门关闭后,列车能自动启动;在具备自动折返功能的折返站,还可以自动折返。

ATO子系统由轨旁设备和车载设备组成。ATP是ATO的基础,ATO不能脱离ATP单独工作,ATO是ATP的发展和技术延伸。

在采用ATO子系统的情况下,大多数轨道交通线路还是配备了司机,但也有越来越多的线路实现了全自动无人驾驶。

1.1.4.4 列车驾驶模式

在ATC系统中,列车的驾驶模式有五种,如表1-3所列。

表1-3 ATC列车驾驶模式

编号	名称	简称	说明	运用
1	列车自动运行驾驶模式	ATO模式 AM模式	列车所有运行指令由车载设备发出,运行过程完全由车辆自动控制,司机只负责监视ATO显示,监督车站发车和关闭车门,必要时可以人工介入	日常正线运营的常用模式
2	列车自动防护驾驶模式	SM模式 CM模式 ATPM模式	ATP监控人工驾驶是一种受保护的人工驾驶模式。司机根据驾驶室中的指示来手动驾驶列车,ATP根据给定的速度曲线连续监督列车运行,当列车超速时系统将产生紧急制动	在ATO故障时(但ATP功能正常)的降级运营,或为了提高驾驶员驾驶技能而特意降级
3	限制人工驾驶模式	RM模式	ATP限制允许速度的人工驾驶模式,是一种受约束的人工操作,必须"谨慎运行"。列车由司机根据轨旁信号进行控制,ATP仅监督允许的最大限速值	列车在车辆段范围内运行(试车线例外),或在联锁、轨道电路、ATP设备故障及列车紧急制动后运行
4	非限制人工驾驶模式	关断模式 URM模式 IS模式 BY模式	不受限制的人工驾驶(无ATP监督),用于车载设备故障以及车载设备测试情况下完全关断时的列车驾驶。列车由司机根据轨旁信号和调度员的命令驾驶,没有速度监督。司机必须保证列车运行速度不超过限制速度(如最高25 km/h)	车辆ATP设备故障或联锁故障后采用降级的行车组织办法时用

(续表)

编号	名称	简称	说明	运用
5	自动折返模式	AR 模式 STBY 模式 SH 模式 ATB 模式	列车在站端(设有折返轨道的终端)调转行车方向或使用折返轨道进行折返作业。自动折返模式有三种:ATO 自动运行折返模式、ATO 无人自动折返模式和 ATP 监督人工驾驶折返模式	在设有自动折返功能的折返站采用

以上五种基本运行模式,在满足一定的条件后可以相互转换,但必须符合相关的规定[11]。

1.1.4.5 无人驾驶系统

无人驾驶系统是实现更高自动化等级的 CBTC 系统[7]。根据国际电工委员会(International Electrotechnical Commission, IEC)的标准 IEC62290 中城市轨道交通列车运行控制系统的自动化等级(Grade of Automation, GoA)的定义,CBTC 系统的自动化程度包括 GoA0~GoA4 五个等级,每个等级的功能要点如表 1-4 所列。

表 1-4 列车运行控制系统自动化等级[7]

功能		目视行车	无自动行车	半自动行车	无人驾驶行车	无人值守行车
		GoA0	GoA1	GoA2	GoA3	GoA4
保证列车安全运行	保证安全进路	×①	√	√	√	√
	保证列车安全间隔	×	√	√	√	√
	保证安全速度	×	×②	√	√	√
驾驶列车	控制加速和制动	×	×	√	√	√
监控线路	防止碰撞障碍物	×	×	×	√	√
	防止碰撞轨道上的人员	×	×	×	√	√
监控乘客上下车	控制车门	×	×	×	×	√
	防止夹人夹物	×	×	×	×	√
	保证安全启动条件	×	×	×	×	√
运行列车	投运或停运列车	×	×	×	×	√
	监控列车状态	×	×	×	×	√

（续表）

功能		目视行车	无自动行车	半自动行车	无人驾驶行车	无人值守行车
		GoA0	GoA1	GoA2	GoA3	GoA4
保证紧急情况的检测和管理	检测火灾/烟雾，检测脱轨，检测列车完整丢失，管理乘客请求（呼叫/逃生、监控）	×	×	×	×	√③

注：× 表示由运营人员执行（也可通过列车运行控制系统执行）；
√ 表示由列车运行控制系统执行。
① 道岔控制由系统执行；
② 部分由系统执行；
③ 运营人员在控制中心。

GoA3 和 GoA4 都属于无人驾驶系统，简单来讲，前者的列车两端配有驾驶室，后者不配驾驶室。

GoA3 信号系统在正常运营时使用无人驾驶（Driverless Train Operation，DTO）模式，列车不需要任何驾驶操作就可以全自动运营，包括自动启动、车门自动开关、自动停站、远程休眠/唤醒、列车电喇叭远程控制、列车救援远程控制、逃生门远程控制等功能。该模式需要车载值守人员，且应在车头位置监督列车运行前方是否有障碍物，如线路地下越江段是否有大面积渗水、线路地下折返线与正线隔离墙是否坍塌、台风季节线路高架段是否有不明物体坠落、列车运行过程中是否脱轨等。值得注意的是，全自动驾驶运营模式往往配置自动化车辆段或停车场。

GoA4 信号系统在正常运营时使用无人值守（Unattended Train Operation，UTO）模式，运营过程中列车上没有任何工作人员，信号系统不仅要实现列车正常运行和故障运行时的全自动控制，还应至少具备轨道障碍物自动检测、站台门和车门之间人员自动检测，以及列车客室内火灾和水浸自动检测等一系列涉及乘客人身安全的防护功能，同时还须提供列车乘客与中央调度员的紧急通信功能，以应对其他可能存在的安全风险。

1.1.5　控制中心

在轨道交通进入网络化运营后，运营控制分为网络运营协调中心①（Coordination Operating Control Center，COCC）和线路控制中心（Operating Control Center，OCC）两个层次。

1.1.5.1　网络运营协调中心

COCC 实时监控轨道交通网络的列车运行、客流变化和设施设备的运行状态；在发生

① 各城市针对网络层面的运营协调中心称呼不统一，上海和广州称 COCC，北京称 TCC，无论怎么称呼，其总体功能定位基本类似，因此本教材将具有网络列车运行、客流变化和设施设备的运行状态监控功能的网络协调中心统称为 COCC。

影响两条及以上线路的故障、事故或其他突发事件时，COCC 负责协调和指挥有关单位进行应急处置，统筹和调配运营资源；COCC 还承担运营生产信息的采集、核实、报告和发布等职责。

COCC 的设备主要有综合显示屏、调度工作站、监控工作站、调度电话、无线列调和广播装置，以及应急信息发布系统等。综合显示屏能显示多条轨道交通线路的列车自动监控系统、电力监控系统、自动售检票系统和视频监控系统等信息。COCC 可以单独设置，也可以与 OCC 设置在同一个大厅内。图 1-10 为广州地铁的 COCC。

图 1-10　广州地铁的 COCC①

1.1.5.2　线路控制中心

OCC 是调度人员通过使用通信、信号、综合监控（电力监控、环境与设备监控、火灾自动报警）、自动售检票等中央级系统操作终端设备，对全线列车、车站、区间、车辆基地及其他设备的运行情况进行集中监视、控制、协调、指挥、调度和管理的工作场所。OCC 是轨道交通线路的调度指挥中枢，同时也是信息交换处理中心。OCC 负责管辖线路的行车、客运、电力和环控等调度，根据专业性质设置行车调度、电力调度、环控调度和维修调度等调度工种。在事故、灾害等情况下，OCC 还承担突发事件应急处置的职责。

行车调度是 OCC 的核心工种，担负着指挥列车运行等重要任务。在正常情况下，列车运行由 ATC 系统自动控制。列车按 ATS 的指令，在 ATP 的防护下，由 ATO 实现列车自动驾驶；列车进路按 ATS 的指令，由车站联锁设备自动排列，列车调度员监控列车运行。同时，显示屏实时显示列车运行信息，如列车位置、列车间隔及是否偏离特定轨迹、供

---

① 资料来源：http://info.broadcast.hc360.com/2016/12/221341710314.html。

电及环控系统运行状态等，调度员可随时监视、掌握列车及有关系统运行状况。利用有线及无线通信设备，调度员可随时和有关人员（列车司机，行车、供电、环控、自动售检票等系统运行值班人员）通话，以了解有关情况。

在轨道交通线网多线运营的情况下，合用 OCC 有助于资源共享、提高轨道交通投资建设与运营管理的效率，如北京采用多个 OCC 合用（图 1-11）。OCC 的资源共享包括土地与空间、人力与物力、信息管理三方面的资源共享，如 OCC 的用地、设备、管理用房、通信网络和数据信息等的资源共享。实践中，OCC 一般是按相交或相近线路合设的思路进行设置。

图 1-11　北京轨道交通指挥中心①

1.1.5.3　车辆基地控制中心

车辆基地控制中心（Depot Control Center，DCC）是采用合理统一的管理方式实现对车辆基地的集中管理。DCC 负责车辆基地内日常行车计划和实施、乘务管理、车辆运用与检修调度、设施设备维修协调、安防及消防监控与救援指挥等多项工作，实现车辆基地与 COCC、OCC、车站的统一协调联系，以提升网络化运营阶段的系统运转效率。

1.1.6　自动售检票系统

轨道交通自动售检票系统（Automatic Fare Collection，AFC）是基于计算机、通信网络、自动控制、自动识别、精密机械和传动等技术，实现售票、检票、计费、收费、统计、清分、管理等全过程的机电一体化、自动化和信息化系统[2]。

AFC 系统包含 IC 卡编码设备、线路中央计算机系统及网络、车站计算机系统、车站售

① 资料来源：http://www.gov.cn/jrzg/2008-12/26/content_1189024.html。

检票终端设备和车票。在轨道交通网络化运营的情况下，还应包括轨道交通清分中心、维修中心和培训中心等系统。随着移动支付和人工智能等技术的发展，越来越多的支持新型支付方式的设备已经投入应用，其中涉及的技术如手机近距离无线通信技术（Near Field Communication，NFC）、手机二维码、刷脸等。

AFC系统可以详细记录每位乘客的详细OD，通过清分计算可以得到分时的进站站、断面和换乘客流量，是客流精细化分析的基础，也是列车运行组织前期策划所依赖的关键系统。

1.1.7 乘客信息导乘系统

乘客信息导乘系统（Passenger Information System，PIS）是一套服务于城市轨道交通的文字信息发布系统，主要用来为乘客提供各类车务及站务信息，同时它还与移动电视网连接提供各类公共信息。

PIS系统为路网运营监督和管理中心、线路控制中心及车站提供了分级的信息发布功能，正常情况下信息发布主要由车站执行，紧急情况下则由OCC及COCC发布紧急信息。

PIS系统可根据信息发布点的地理位置提供相应的实时运营信息，包括列车预计到达时间和目的地等动态信息，同时也提供广告媒体信息，并可通过系统平台实现在实时运营信息、其他服务信息及广告信息之间的切换发布。

1.1.8 视频监视系统

视频监视系统（Image Monitoring System，IMS）又称闭路电视监控系统（Closed Circuit Television System，CCTV），是为控制中心调度员、各车站值班员、列车司机等提供有关列车运行、防灾、救灾及乘客疏导等方面视觉信息的设备总称[2]。主要功能包括：控制中心调度员可对全线各站进行时序循环切换监视，也可选站、选区固定监视；车站值班员对本站有关部位进行时序循环切换监视；列车司机对站台上乘客的上下车情况进行监视等。

1.1.9 通信系统

完善先进的通信系统是轨道交通实现安全高效的调度指挥与运营管理，确保各部门、各单位间公务联系，以及向乘客提供信息、提高服务水平的必备手段。通信系统由光纤数字传输、专用通信、公务通信、无线通信、闭路电视监控和有线广播等子系统组成。通信系统设置的主要原则是业务综合、功能完善、迅速便捷、安全可靠。

1.1.9.1 光纤数字传输系统

光纤数字传输系统主要由光缆、电端机与光端机组成。电端机将各类设备的语音、文字、数据和图像信号汇集起来，通过光端机将电信号转换成光信号，经光缆将光信号传送到各个终端，光端机将接收到的光信号转换成电信号，再由电端机将各类信号进行分路并送到各类设备。光纤数字传输系统除了为程控交换网、无线通信、闭路电视监控和车站广播等系统提供信道外，还能为电力、环控、防灾报警和自动售检票等设备的数据信息传输提供通道。

1.1.9.2 专用通信系统

专用通信系统为列车运行组织有关的作业联系提供通信手段，包括调度电话、站间行车电话、站内(段内)直通电话和区间轨旁电话。

调度电话是指各工种调度员指挥车站、车辆基地或变电所相关作业人员办理有关业务的通话，包括列车调度电话、电力调度电话和环控调度电话等。调度电话要求迅速、直达，因此不允许无关用户接入系统。此外，调度电话所有的通话都被自动记录。

站间行车电话是指相邻车站的车站值班员办理行车业务的通话。为提高作业效率，站间行车电话是直线电话，只要拿起，不必拨号即可通话。

直通电话是为车站、车辆基地各职能部门与本单位相关部门实现便捷的业务联系而设置的。直通电话的分机之间可以进行直接的电话联系。

轨旁电话是指区间线路上的司机、维修人员与控制中心、车站或有关部门进行业务联系的通话。轨旁电话通常每隔 150～200 m 设置一个。

1.1.9.3 公务通信系统

公务通信系统为轨道交通各单位、各部门之间，以及轨道交通与外部的公务联系提供通信手段，它由程控交换设备和局间数字中继线组成，能直接进入市内电话网。公务通信系统具有按用户重要性设置优先等级的功能。

1.1.9.4 无线通信系统

无线通信系统为流动作业人员(如列车司机、设备维修人员和抢险救灾人员等)提供通信手段。无线通信系统是双向无线通信，通常采用几个不同的频率对，分别服务于不同覆盖范围内的业务联系。

1.1.9.5 有线广播系统

有线广播系统主要用于控制中心和车站对乘客和工作人员进行广播。对乘客广播的播音范围为车站的站台与站厅，播音内容主要是通告列车到站时刻、运行方向及列车晚点等信息，对上、下车乘客进行安全提示，在发生事故或突发事件时疏导乘客安全撤离等。对工作人员广播的播音范围为车站、车辆基地、办公区域和隧道内等，播音内容主要是与业务、作业有关的安排、通知等。

1.1.10 牵引供电系统

城市轨道交通牵引供电系统由牵引变电所与牵引网组成[12]。供电系统的主要工作是通过主变电所将来自城市电网的高压交流电降为轨道交通系统使用的中压交流电，再由中压供电网络向牵引供电系统和低压配电系统供电。牵引变电所接受中压网络分配的电源，将其降压整流变成轨道交通电动列车使用的直流电源，再通过沿线架空接触网（或接触轨）及回流网等，不间断地供给列车；降压变电所接受中压网络分配的电源，将其降压变成车站、区间动力照明等设备使用的低压电源，再通过低压配电系统供给动力照明等设备。牵引变电所的设置及其容量与列车开行间隔、列车编组和车辆型式有关，尤其要考虑到远期高密度行车以及延误后列车追踪间隔变小、追踪距离变短等运营需求。根据安装位置和接触导体的不同，接触网分为架空接触网和接触轨（又称第三轨）。

牵引的节能化是未来的发展趋势，目前城市轨道交通电动车组普遍采用“再生制动＋电阻制动＋机械制动”的制动方式，制动能量可达到牵引能量的30％以上，部分再生制动的能量可以被线路上相邻车辆吸收。新的牵引系统可以利用车辆行车密度大、不同车辆同时处于不同牵引、制动工况的概率较高的特点，可较多地回收车辆制动能量。同时，车辆采用新型材料，减少车辆自重，也能减轻轮轨磨耗，减少维修量等，从而带来附加节能效果。另外，新的ATO系统可以根据线路的坡道、弯道及列车载重等情况，设计自动驾驶ATO曲线，自动调整行驶速度，使列车处于最佳运行状态，以便减少电耗，这也能达到更进一步节能的目的。

电力监控系统（Power Supervisory Control and Data Acquisition System，SCADA）设置在控制中心，通过电力调度中心调度端和执行端对整个轨道交通供电系统的主变电所、牵引变电所、降压变电所、牵引网等主要供电设备的运行状态进行实时监视、控制、数据采集及处理，实现供电设备的自动化调度管理，以保证设备的正常运行。

各变电所均应有两路独立可靠的电源供电，一级负荷应确保由双电源双回路供电，主变电所数量和牵引变电所数量应满足负载需要。在双边供电情况下，供电系统的容量应满足线路高峰小时列车最小行车间隔要求。运营单位应明确线路供电设备的基本属性，包括供电类型、额定电压、主所设置及其供电方式、降压变电所的设置情况及其供电范围、各供电分区的供电范围等内容。

1.1.11　环境与设备监控系统

环境与设备监控系统（Electrical and Mechanical Control System，EMCS或称Building Automatic System，BAS）是对轨道交通建筑物内的环境与空气调节、通风、给排水、照明、乘客导向、自动扶梯及电梯、站台门、防淹门等建筑设备和系统进行集中监视、控制和管理的系统。该系统的作用是改善地下车站与区间隧道内的空气质量、温度和湿度环境，以及在发生火灾事故时排烟送风，使乘客能安全撤离[4]。

环境与设备监控系统包括车站通风空调和区间隧道通风两个系统。车站通风空调系统还进一步细可分为站厅、站台通风空调和设备、管理用房通风空调两个子系统。在采用站台屏蔽门的情况下，隧道通风系统也可细分为区间隧道通风和车站隧道通风两个子系统。

车站通风空调系统除了为乘客、作业人员提供舒适的候车环境与工作环境外，还为车站设备提供所需要的运行环境。在发生火灾时，该系统能迅速排烟，引导乘客向安全区疏散。其中，站厅、站台通风空调子系统在非运营时间停止运行；在运营时间则根据季节不同，采用空调工况和非空调工况等不同的运行模式。

站台屏蔽门将站台与隧道隔开，热交换的减少可使车站空调负荷降低，简化了车站空调系统，减少了空调设备用房，降低了环境与设备监控系统能耗，从而使工程、设备投资和日常运营费用均有可观的节省。此外，安装站台屏蔽门还有助于发挥列车在隧道内运行时的活塞通风作用，以及提高乘客在站台候车时的舒适度与安全性。

区间隧道通风系统在运营开始前、结束后对隧道内进行机械通风，排除隧道内的余热、余湿。在运营开始后，区间隧道通风系统就停止运行，车站隧道通风系统投入运行。此外，区间隧道通风系统在列车停留在隧道内时，向该区间送入新风；在发生火灾时及时排烟并控制烟气流向，引导乘客安全撤离。

对于高架线和地面线车站，站厅与站台一般采用自然通风，必要时也可设置机械通风或空调系统。对于室外平均气温低于－10 ℃的严寒地区，车站的站厅区宜设置采暖系统。

1.1.12 防灾报警系统

轨道交通可能发生的灾害包括火灾、水灾、大风、雷击和地震等。由于灾害的发生往往具有突发性，如不能及时发现并采取有效措施，不但会影响正常的运输生产活动，还会造成重大经济损失甚至危及乘客的生命安全。在轨道交通发生的灾害中，火灾占的比例最高，因此防灾报警的重点是火灾报警[4]。

火灾报警系统(Automatic Fire Alarm System，FAS)用于及早发现和通报火灾，以便及时采取措施控制和扑灭火灾而设置在建筑物中或其他场所的一种自动消防报警设施。由监控工作站、火灾报警控制器、各种火灾探测器、手动报警按钮、报警电话和光纤环网等组成。在探测区域内的每个房间至少设置一只烟感探测器，在站台、站厅公共区的吊顶内与吊顶下分别设置烟感探测器，在每个防火分区至少设置一个手动报警按钮。

1.1.13 综合监控系统

综合监控系统(Integrated Supervisory and Control System，ISCS)是基于大型的监控软件平台，通过专用的接口设备与若干子系统接口，采集各子系统的数据，实现在同一监控工作站上监控多个专业，调度、协调和联动多个系统的集成系统[2]，以满足行车指挥、防灾安全和乘客服务等运营管理需要。ISCS 可集成或互联 ATS、FAS、SCADA、EMCS、CCTV、PIS、AFC、站台门、广播、时钟、防淹门和通信等系统。

1.2 网络化运营特征

随着城市轨道交通新线的不断建设和投入使用，网络客流的快速增长，上海、北京、广州等城市网络规模已经形成，运营组织管理也随之从单线相对独立运营逐步向多线综合运营的方向转变，形成轨道交通网络化运营的新局面。城市轨道交通的网络化运营是指针对轨道交通形成网络后产生的运行组织多样化、设备制式多样化的特征，通过建立安全、高效、系统的轨道交通网络运营管理体系，统筹安排既有资源，统一协调线、网间关系，实现线、网运营的有效性、安全性和可靠性，实现网络运营的社会效益、经济效益最大化[13]。

城市轨道交通网络化运营通过车站与线路的有效衔接，形成了规模大、功能强的客运网络，线路之间和车站之间实现互联、互通、互动、资源共享，从而很好地满足了城市公共交通和乘客出行的需求。但网络化运营的以下几个方面的特征给列车运行管理带来了新的挑战。

1. 运营管理主体多元化

城市轨道交通的经营管理具有相对集中性，主要采用由一家独立经营，或以多家组合经营的模式。运营管理主体多元化必然带来票务清分、协调管理和联动组织等难度的增加。

2. 网络线路形式、功能和制式多样性

由于线路功能定位、制式选择等的差异化，我国大多数城市轨道交通线路形式、功能和制式呈多样化特征，如车辆制式和信号制式的多样化、维修保养方式的多样化等。多样化特征增加了运输组织、资源共享的难度。

3. 网络结构和规模复杂化

由于城市空间布局结构、客流特点的不同，城市轨道交通系统网络结构形式也都并非采取单一形式，而是多种基本形式的组合，如多线共线、Y 形线、环线、快慢车线路等，也出现了越来越多的多线换乘枢纽(图 1-12)。网络结构和规模的复杂化既导致列车运行组织方式复杂多样、客流组织更加复杂，又因为网络连通度的提高，使得 OD 间出行路径也呈现明显的多样性，乘客出行行为更加复杂。

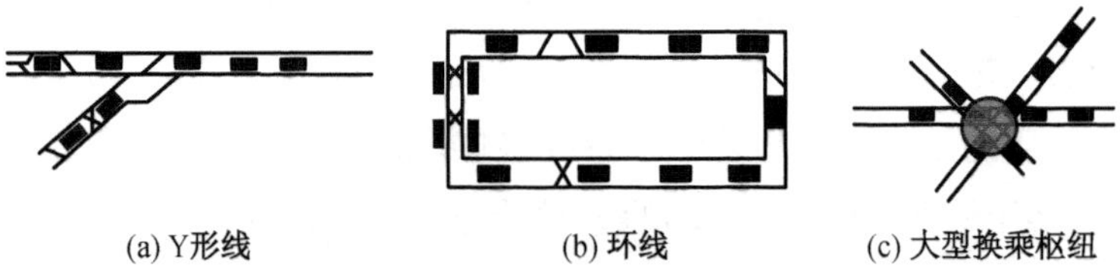

(a) Y形线　　(b) 环线　　(c) 大型换乘枢纽

图 1-12　复杂的线路结构和换乘枢纽

4. 列车运行组织方式多样化

在网络化运营阶段,网络拓扑结构的复杂性和客流时空分布的不均衡决定了列车运行必然要采取复杂多样的形式,网络拓扑结构特征产生的共线交路通常包括单 Y 形交路、双 Y 形交路、环线交路和环线+直线交路等形式,例如,上海轨道交通 3 号线、4 号线采用"大小交路+环线交路共线"的交路方式(图 1-13)。此外,列车停站方式、编组方式、车底运用方式都呈现出多样化的特点。通过采用不同的列车运行组织方式,可以充分利用城市轨道交通系统的资源,提高运输能力,满足客流时空分布不均衡的需求,但同时也对行车组织和列车调整运行提出了考验。

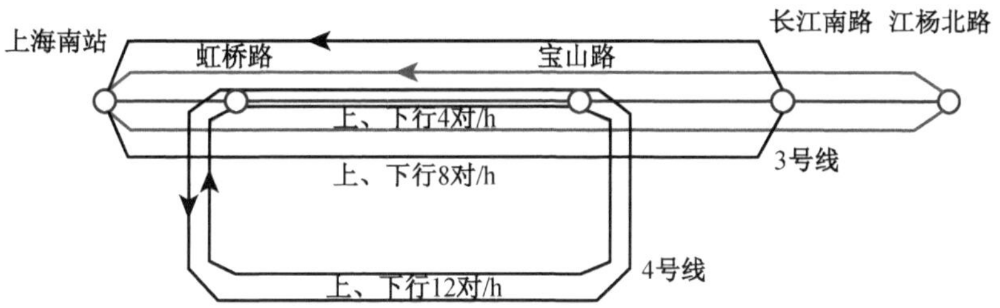

图 1-13　上海轨道交通 3 号线、4 号线开行的交路方案

5. 与其他交通方式衔接需求的多重性

城市轨道交通已经成为公共交通的主干,但受运营时间、运营服务水平的差异性的限制,与其他交通方式(如火车站、高铁站、机场、大型交通枢纽等)的衔接需求日趋重要,如何在满足系统正常检修维护作业要求的前提下,适当延长运营时间,做好与高铁、飞机航班的时刻衔接与服务也是提升轨道交通服务水平的关键。

6. 客运需求的高增长和波动性

随着轨道交通网络规模的扩大,线路的服务对象不再仅仅是本线吸引范围的客流,还包括经换乘站由其他线路进入的客流,受其影响,客流量呈现不规则的波动,因此线路之间的相互关联度大大增强。轨道交通网络化运营带来了出行吸引力的不断提升,客流量明显增大,网络客流呈现高密度、高强度、阶段性的特点,部分车站还不得不采取常态的限流措施。另外,一些大型活动(如体育比赛、展览会、演唱会、重大节假日活动等)都会给轨道交通网络带来计划大客流,同时系统的设备故障、重大灾害等也会给轨道交通网络带来突发大客流的冲击。在单线运营阶段,突发事件的影响仅局限于单条线路范围,进入网络化运营阶段后,不同线路间通过接轨站或换乘站相互关联,运营秩序的调整难度较大,突发事件的影响有可能在更广的范围内传播,影响局部线网甚至波及整个轨道交通网络。

1.3 网络列车运行组织和管理

1.3.1 网络运营管理概述

城市轨道交通运营管理是指运营单位实施的行车组织、客运组织与服务、设施设备运行与维护、车站与车辆基地管理、土建设施运行与维护、安全管理等工作。运营单位是经营城市轨道交通运营业务的企业，国家标准《城市轨道交通运营管理规范》(GB/T 30012—2013)中明确提出了城市轨道交通运营管理的总体要求[1]：

(1) 运营单位应按有关规定取得相应的经营许可；

(2) 运营单位应保障城市轨道交通安全、有序、高效运营，为乘客提供安全、准时、便捷、舒适的服务；

(3) 运营单位应建立健全组织机构，设置行车组织、客运服务、设施设备维护和安全管理等部门，并保障各部门职责明确、分工合理、衔接紧密，制定切实可行的运营组织管理程序；

(4) 运营单位应配置具备相应岗位资格能力的生产、技术、管理等工作人员，并建立岗位责任制，保障定员合理、责任落实；

(5) 运营单位应建立健全安全管理、行车组织、客运组织与服务、设施设备运行维护、车站与车辆基地管理、应急预案等规章制度和操作办法；

(6) 运营单位应注重环境和生态保护，积极推广节能技术；

(7) 运营单位应建立资产管理体系，加强资产管理，控制风险和降低成本。

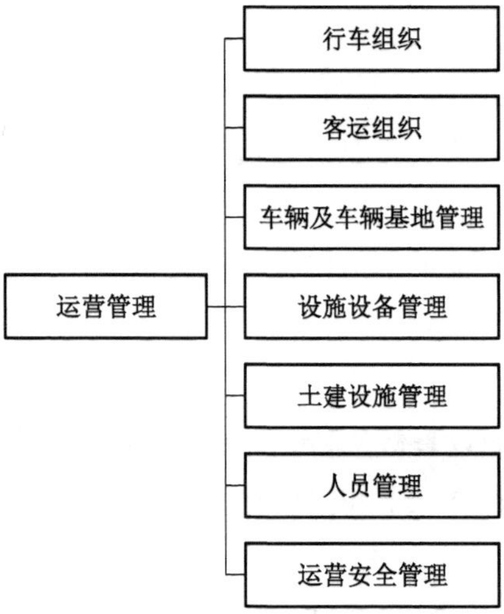

图 1-14　城市轨道交通运营管理体系

因此，城市轨道交通的运营管理是在充分有效利用现有资源(包括设备和人员)的条件下，通过合理调度与高效运作，为乘客提供安全、可靠与舒适的服务。

城市轨道交通运营管理包括行车组织、管运组织、车辆及车辆基地管理、设施设备管理、土建设施管理、人员管理、运营安全管理等部分(图 1-14)。国家标准《城市轨道交通运营管理规范》(GB/T 30012—2013)中明确了各部分的管理要求[1]。

城市轨道交通运营不仅要考虑正常的运营状态，还需要考虑系统故障时的非正常运营状态以及遇到突发事件时的紧急运营状态。非正常运营状态是指超过正常范围，但又不至于直接危及乘客生命安全，对车辆和设备不会造成大范围的严重破坏，整个系统能够维持降低标准运行的系统运行状态，主要包括列车晚点、区间短时间堵塞、车站乘客过度拥挤、线路设备故障、列车故障、沿线系统设备故障等。紧急运营状态是指发生了直接危及乘客生命安全、严重自然灾害或系统内重大事故，造成系统不能维持运行的情况，主要包括火灾、地震、列车运行事故、设备重大事故等[14]。

1.3.2　网络列车运行组织的特性

城市轨道交通系统运营的目标是综合利用系统内的各项设备与子系统来提供可满足旅客运输需求的各类服务。一般来说，城市轨道交通网络的列车运行具有系统联动性、时空关联性、调度指挥集中性、管理的严格性、服务的安全可靠性、列车延误传播的广泛性等特性[11]。

1.3.2.1　系统联动性

城市轨道交通系统运营的目的是为乘客提供快速、安全、准时、舒适、便利的运输服务，使乘客能够便利地进站购票乘车、安全舒适地旅行、快速准确地到达目的地。而安全运行和优质服务的前提是城市轨道交通各大系统同时正常、协调的运行。由于系统构成复杂，涉及设备与环节繁多，城市轨道交通运营工作必须处理好不同部分、不同环节间的联动特性。

车辆和设备之间、各种设备之间的运行有严格的相互依托关系与技术配合。列车和钢轨、列车和接触网、列车和信号、列车和通信、供电和通信信号、供电和自动售检票等之间任何环节出现的故障，都会不同程度地影响城市轨道交通的正常运行，严重时还会造成列车停运。

如何保证城市轨道交通各大系统、数十项不同的专业设施和设备每天 18～24 h 正常而协调地运行是摆在运营组织者面前的课题。一般来说，这种联动性需要通过运营计划来实现，而运营计划的核心是列车运行计划，即整个城市轨道交通系统要围绕列车运行计划的良好实现来运行，以满足旅客的运输服务需求。

因此，在城市轨道交通系统中，列车运行计划被称为系统运行的综合计划。

1.3.2.2　时空关联性

城市轨道交通列车运行是根据城市居民出行需求安排的。按照预计的出行需求的时空特征，可以确定城市轨道交通列车运行服务的空间与密度分布。城市轨道交通列车在市中心的旅行速度一般为 35～40 km/h，郊区因站间距大可以适当提高，列车最小行车间隔为 2 min 左右。

由于运输需求在时间和与其相对应的空间是不可调整、不可替代的，列车运行的晚点会造成供给的偏离，从而降低服务水平。具体来说，一旦列车或设备故障影响到系统正常运行，就必须立即对故障进行处理，使系统尽快恢复正常，确保列车运行。

城市轨道交通系统在停止运营后的夜间也是十分繁忙的，各专业、设备的检修要在事先制订的检修计划指导下在夜间进行。夜间检修工作时间一般为 24:00—次日 4:00,有时需开行施工列车,有时需停电。因此,维修作业需要统一组织并按时完成,否则就可能影响列车正常运行。

由此不难看出,城市轨道交通系统的运行对时间和空间观念的要求是很严格的。

1.3.2.3 调度指挥集中性

对于多专业、多工种联合运行,时间、空间观念要求高,一旦发生故障,后果及影响都很严重的城市轨道交通系统而言,需要严格的统一指挥。在城市轨道交通成网后,各线路之间的协调与联动配合需要更高层面的指挥机构来完成。进入网络化运营的城市都建设了网络层面的运营协调中心。COCC 和 OCC 就是为此而设置的,列车运行计划及系统是运营部门按照需求事先制订的,除极特殊的情况外,一般不会发生改变。因此,运营部门制订的计划和调度所的结合是城市轨道交通运营指挥的关键。

1.3.2.4 管理的严格性

城市轨道交通运营单位管理的核心是规章制度,它也是规范工作人员生产活动的基本准则。城市轨道交通系统的运行是以一系列规章制度为基础的,只有严格执行规章制度才能使得规模庞大且技术复杂的城市轨道交通系统有序、安全、高效地运转。

企业规章制度是有层次的。例如,具有"企业宪法"性质的是"技术管理规程"(简称"技规"),其内容规定了城市轨道交通的运营宗旨、企业精神、技术规范、服务要求、管理规则、指挥系统等运营系统的规则及带有规律性的问题,以统领和规范列车运行、客运服务、检修保障三大系统的生产活动。技术管理规程的不定期补充和修改是其符合运营需求的关键。

具有系统性规范性质的文件有"行车组织规则""客运组织规则""调度规则""安全规则""事故处理规则""应急处置预案",以及设备、设施的"运行检修规则"等。这些规则应该在"技规"原则的指导之下,在各系统设备技术基础上制定。系列规章制度涵盖了城市轨道交通运营系统的每一个技术角落,使得日常运营和故障处理均有章可循,从而保证城市轨道交通运营这一庞大的联动运输机的正常运行。

目前,许多新的技术取代了传统技术时代的人工操作,提高了系统效率。如列车的自动驾驶、信号设备的自动化、售检票系统的自动化以及其他设备的远程控制等。不过,任何先进的技术设备都不能完全取代管理及相关的规章制度。

1.3.2.5 服务的安全可靠性

城市轨道交通系统每天面对数十万乃至数百万的乘客,要将他们从各自的出发站输送到目的站,并要求使每一位乘客在从购票乘车到下车出站的全过程中都感到满意。要做到这一点,运营单位必须在每一个环节都能为乘客提供优质服务。

首先,运营单位应为乘客提供其承诺的、可靠的服务,这意味着列车应按运行图的规定安全、准时地运行,以保证乘客顺利地完成出行。其次,列车运行计划应以市场需求和客流规律及其变化为基础,使运能适应需求,实现最大时间与空间范围内的服务水平目标。与城市间常规客流不同，不定期的大型公共活动时间以及双休、节假日的客流集散规律等，都是城市轨道交通运营单位值得研究的问题，运营部门应据此制订不同的列车运行计划，以便更好地满足不同时段、不同情况下的需求。

1.3.2.6　延误传播的广泛性

城市轨道交通系统在网络结构、车底周转、售检票方式、客流组织等方面均有其自身特点[15]。城市轨道交通系统的客票并不固化乘客出行线路和乘坐的列车，乘客出行并没有明确的上车时刻，有时列车的短时间延误并不必然导致乘客出行时间的延长，甚至还会节省某些乘客的出行时间。城市轨道交通列车延误传播主要有两种途径：一是通过列车间相互干扰使延误沿运行方向在本线传播；二是当发生较大列车延误时，可能会导致客流集聚和出行路径重新选择，从而产生较大的换乘客流，通过换乘站（会增加换乘站停站时间）波及轨道交通网络中的其他线路。

上述特性决定了城市轨道交通成网后的列车运行组织与管理的困难程度，本教材将试图构建较为完整的理论与方法体系，并尽量以简单易懂的语言对相关问题进行阐述。

1.3.3　网络列车运行组织与管理的主要内容

城市轨道交通网络列车运行是以乘客为服务对象，以移动和固定设备为依托，以运营组织技术和方法为手段，以管理方法为保障，实现安全、可靠以及高效的运转[16]。实际工作中列车运行组织与管理的主要工作内容包括：

(1) 客流，包括客流概念、客流指标、客流计算和客流分析四个部分；

(2) 行车计划，包括全日行车计划、列车开行方案、车辆运用计划、乘务计划和网络行车计划五个部分；

(3) 列车运行图，包括列车运行图概述、列车运行图要素、列车运行图编制、列车运行图编制理论与方法和列车运行图计算机编制五个部分；

(4) 能力，包括能力概述、线路通过能力、折返能力和运输能力加强四个部分；

(5) 列车运行调度，包括调度指挥体系、日常行车调度指挥、延误条件下的列车运行调整策略和突发事件应急处置四个部分。

本书后面的章节将重点介绍上述五个方面的内容。

复习思考题

1. 组成城市轨道交通系统的固定设备有哪些？各有什么功能？
2. 组成城市轨道交通系统的移动设备有哪些？各有什么功能？
3. 试分析车辆、车组、车底、车列之间的异同点。
4. 车辆基地的作用是什么？主要由哪些功能区组成？

5. 信号设备的组成有哪些？各有什么特点？

6. 什么叫联锁？联锁的基本技术条件是什么？

7. 进路的定义是什么？什么是平行进路？什么是敌对进路？

8. 什么是闭塞？闭塞的基本原理是什么？

9. 固定闭塞、准移动闭塞、移动闭塞的基本原理是什么？有何差异？

10. ATC 系统由哪些子系统组成，各子系统的功能是什么？各子系统之间的相互关系是什么？

11. 列车的驾驶模式有哪些？各有什么特点？

12. 无人驾驶系统有几个等级？各个等级的基本功能是什么？

13. 什么是 DTO？什么是 UTO？各有什么特点？

14. COCC、OCC 的主要职责是什么？有何差异？

15. 通信系统的组成有哪些？各有什么特点？

16. 什么是 SCADA？其主要功能是什么？

17. AFC 系统的组成是什么？有什么功能？

18. 什么是 FAS、BAS 系统？各有什么功能？

19. 什么是城市轨道交通的网络化运营？网络化运营有哪些基本特征？

20. 城市轨道交通运营管理的总体要求是什么？

21. 城市轨道交通网络列车运行组织的特性有哪些？如何理解其系统联动性和时空关联性？

参考文献

[1] 中华人民共和国国家质量监督检验检疫总局，中国国家标准化管理委员会.城市轨道交通运营管理规范：GB/T 30012—2013[S].2013.

[2] 中华人民共和国住房和城乡建设部，中华人民共和国国家质量监督检验检疫总局.地铁设计规范：GB 50157—2013[S].2013.

[3] 中华人民共和国交通运输部.城市轨道交通行车组织规则：JT/T 1185—2018[S].2018.

[4] 张国宝.城市轨道交通运营组织[M].2 版.上海：上海科学技术出版社，2012.

[5] 江志彬，张凌翔，吴强，等.上海轨道交通“复杂交路”线路行车组织方案研究[R].上海：同济大学，上海申通地铁集团有限公司，2015.

[6] 江志彬，徐瑞华，吴强，等.多交路共线运行的城市轨道交通车辆运用优化[J].同济大学学报(自然科学版)，2014(09)：1333-1339.

[7] 徐纪康，赵晓峰，周艳丽.城市轨道交通运营信号基础[M].成都：西南交通大学出版社，2017.

[8] 徐瑞华.轨道交通系统行车组织[M].北京：中国铁道出版社，2005.

[9] 郎宗棪，曾小清，姜季生.轨道交通信号控制基础[M].上海：同济大学出版社，2007.

[10] 罗丽云，吴汶麒.城市轨道交通移动闭塞列车安全间隔时间分析[J].中国铁道科学，2005，26(1)：119-123.
[11] 毛保华.城市轨道交通系统运营管理[M].2 版.北京：人民交通出版社，2017.
[12] 周顺华.城市轨道交通设备系统[M].北京：人民交通出版社，2009.
[13] 周淮，朱效洁，吴强.上海轨道交通网络化运营管理问题研究[J].城市轨道交通研究，2006(06)：1-5.
[14] 上海市住房和城乡建设管理委员会.城市轨道交通工程技术规范：DG/T J08-2232—2017[S].2017.
[15] 李锋.城市轨道交通网络列车运行延误及其影响的演变机理研究[D].上海：同济大学，2012.
[16] 张星臣.城市轨道交通运营管理[M].北京：高等教育出版社，2017.

第 2 章
客　　流

客流是轨道交通运营管理的核心，对于轨道交通的规划建设和运营管理而言具有重要意义。不把客流情况弄清楚，运营管理就会迷失方向[1]。客流既是车站和线路安排运力、制订运营计划、组织行车及分析运营效果的基础，也是制定客运组织方案的基础。

2.1 客流概念

2.1.1 客流的定义

客流是指在单位时间内，轨道交通线路上乘客流动人数和流动方向的总和。客流的概念既表明了乘客出行时刻和在空间上的位移及其数量，又强调了这种位移带有方向性和起讫位置[2]。

2.1.2 客流的分类

客流根据特性可以分为预测客流和实际客流；按照乘客的出行目的，可以分为通勤客流和非通勤客流；根据客流的时间分布特征，可以分为全日客流、全日分时客流和高峰小时客流；根据客流的空间分布特征，可以分为断面客流和车站客流。

按照客流的来源，可以分为基本客流、转移客流和诱增客流。基本客流是指轨道交通线路既有客流加上按照正常增长率增加的客流；转移客流是指由于轨道交通快速、准时、舒适等优点，吸引其他客流加入城市轨道交通系统内的客流；诱增客流是指轨道交通线路投入运营后，因促进沿线土地开发、住宅区形成规模、商业活动繁荣等原因所诱发的新增客流。

2.2 客流指标

城市轨道交通客流指标主要包括进出站量、换乘量、客运量、客流量、拥挤情况、客运周转量、出行特征、强度、客流不均衡等指标，分别反映轨道交通线网客流的不同特征[3]，相应的指标说明和计算依据如表 2-1 所示。

表 2-1 城市轨道交通网络客流指标

类别	级别	指标名称	单位	说明	计算依据与方法
进出站量①	线路级	车站进站量(P^{SE})	万人次	统计期间，在轨道交通车站利用轨道交通出行的乘客数量	P^{SE} = 进站闸机检票次数 + 其他凭证进站人数
		线路进站量(P^{LE})	万人次	统计期间，乘客从本线路站点检票进站的人数	$P^{LE}=\sum P^{SE}$ = 本线进站且本线出站乘客数(P^{LB}) + 本线进站且他线出站乘客数(P^{LO})
		车站出站量(P^{SL})	万人次	统计期间，在轨道交通车站上使用票卡通过闸机或手持票卡机，由车站付费区离开至非付费区的乘客数量	P^{SL} = 单程票出站量+纪念票出站量+计次票出站量 + 持卡出站量
		线路日均进站量($\overline{P^{LE}}$)	万人次 / 日	统计期间，平均每日利用本线路出行的乘客数量，即统计期间线路总进站量和统计天数(d)的比值	$\overline{P^{LE}}=\frac{\sum P^{LE}}{d}$
	线网级	线网进站量(P^{NE})	万人次	统计期间，利用轨道交通出行的乘客数量	$P^{NE}=\sum P^{SE}=\sum P^{LE}$
		线网日均进站量($\overline{P^{NE}}$)	万人次 / 日	统计期间，平均每日利用轨道交通出行的乘客数量，即统计期间线网总进站量和统计天数(d)的比值	$\overline{P^{NE}}=\frac{\sum P^{NE}}{d}$
换乘量②	线路级	换乘站换乘量(P^{ST})	万人次	统计期间，换乘站线路间各方向换乘乘客量($P^{ST}_{(m,n)}$)的总量	$P^{ST}=\sum P^{ST}_{(m,n)}$
		换乘站日均换乘量($\overline{P^{ST}}$)	万人次 / 日	统计期间，某一换乘站各线路间每日换乘客流总和的平均值，即统计期间换乘站的总换乘量和统计天数(d)的比值	$\overline{P^{ST}}=\frac{\sum P^{ST}}{d}$

① 进站量包括付费客流和非付费客流，付费客流指凭单程票、储值卡、日票、多日票等刷卡进站乘车的乘客，非付费客流指凭老人免费票、残疾人免费票、员工票或其他凭证进站乘车的乘客。

② a. 通过自动售检票系统连续计费的换乘乘客量，通过票务系统清分模型计算，其他情况采用客流调查方式获取，下同。

b. 两线换乘站的换乘量由两部分组成：1 线换 2 线客流加 2 线换 1 线客流，3 线、4 线换乘同理。

（续表）

类别	级别	指标名称	单位	说明	计算依据与方法
客运量	线路级	线路换乘量（P^{LT}）	万人次	统计期间，换入该线的乘客数量	P^{LT} = 其他线进入本线乘客量[①]（P^{LP}）+ 途经本线乘客量[②]（P^{LA}）
	线路级	线路日均换乘量（$\overline{P^{LT}}$）	万人次 / 日	统计期间，各线路每日换乘客流总和的平均值，即统计期间的线路总换乘量和统计天数（d）的比值	$\overline{P^{LT}} = \frac{\sum P^{LT}}{d}$
	线网级	线网换乘量[③]（P^{NT}）	万人次	统计期间，进入轨道交通线网的乘客在换乘站由一条线路换乘到另一条线路的总量	$P^{NT} = \sum P^{ST} = \sum P^{LT}$
	线网级	线网日均换乘量（$\overline{P^{NT}}$）	万人次 / 日	统计期间，各线路每日换乘客流总和的平均值，即统计期间线网的总换乘量和统计天数（d）的比值	$\overline{P^{NT}} = \frac{\sum P^{NT}}{d}$
	线路级	车站客运量[④]（P^{SC}）	万乘次	统计期间，轨道交通运营车站为乘客提供进站、换乘服务的总次数	$P^{SC} = P^{SE} + P^{ST}$
	线路级	车站日均客运量（$\overline{P^{SC}}$）	万乘次 / 日	统计期间，轨道交通运营车站每日为乘客提供进站、换乘服务的总次数的平均值，即统计期间车站客运总量和统计天数（d）的比值	$\overline{P^{SC}} = \frac{\sum P^{SC}}{d}$
	线路级	车站最高日客运量（$P^{SC}_{d,\,max}$）	万乘次 / 日	统计期间，车站每日客运量（P^{SC}_{d}）的最大值	$P^{SC}_{d,\,max} = \max\{P^{SC}_{d}\}$
	线路级	线路客运量（P^{LC}）	万乘次	统计期间，城市轨道交通线路运送乘客的总次数	$P^{LC} = P^{LE} + P^{LT}$
	线路级	线路日均客运量（$\overline{P^{LC}}$）	万乘次 / 日	统计期间，城市轨道交通线路每日运送乘客总次数的平均值，即统计期间线路客运总量和统计天数（d）的比值	$\overline{P^{LC}} = \frac{\sum P^{LC}}{d}$

① 其他线进入本线乘客量是指从其他线路站点检票进站，通过换乘站换乘至本线路并从本线出站的乘客人数。

② 途径本线乘客量指进站与出站均不属于本线路，但按照乘客出行路径经过本线路的乘客在统计期内的值。

③ 换乘量可通过各地票务清分模型及客流调查获取。

④ a. 换乘站作为一个车站进行统计，非换乘站的换乘量以 0 计。

b. 票务清分模型的选择应符合实际客流特征，并定期修正。

（续表）

类别	级别	指标名称	单位	说明	计算依据与方法
		线路最高日客运量($P^{LC}_{d,max}$)	万乘次／日	统计期间，线路每日客运量(P^{LC}_{d})中的最大值	$P^{LC}_{d,max}=\max\{P^{LC}_{d}\}$
		车站乘降量①(P^{SS})	万人次	统计期间，轨道交通运营车站为乘客提供进站、换乘、出站服务的总次数	$P^{SS}=P^{SE}+P^{ST}+P^{SL}$
	线网级	线网客运量(P^{NC})	万乘次	统计期间，城市轨道交通中各条运营线路运送乘客的总次数	$P^{NC}=\sum P^{LC}$
		线网日均客运量($\overline{P^{NC}}$)	万乘次／日	统计期间，城市轨道交通线网每日运送乘客总次数的平均值，即统计期间线网客运总量和统计天数(d)的比值	$\overline{P^{NC}}=\dfrac{\sum P^{NC}}{d}$
		线网最高日客运量($P^{NC}_{d,max}$)	万乘次／日	统计期间，线网每日客运量(P^{NC}_{d})的最大值	$P^{NC}_{d,max}=\max\{P^{NC}_{d}\}$
客流量	线路级	断面客运量(P^{TU})	人次	统计期间，运营线路某一方向上相邻两站间通过的乘客数量，通常也称断面客流量	根据 OD 客流量计算（或采用客流调查方式获取），计算方法见本书第 2.3.1 节
		高峰小时最大断面客运量($P^{TU}_{p,max}$)	人次	统计期间，在以小时为单位计算断面客流量的情况下，运营线路断面客流量(P^{TU}_{p})的最大值，通常也称高峰小时最大断面客流量	$P^{TU}_{p,max}=\max\{P^{TU}_{p}\}$
拥挤情况	线路级	断面满载率(θ^{SE})	%	单位时间内，运营线路单向断面客流量与断面运力②(P^{TI})的比值	$\theta^{SE}=\dfrac{P^{TU}}{P^{TI}}\times 100\%$
		列车高峰小时平均拥挤度($\overline{C^{T}_{h}}$)	%	线路高峰小时平均断面客流量($\overline{P^{TU}_{h,max}}$)与线路实际运输能力($P^{TI}_{h}$)之比	$\overline{C^{T}_{h}}=\dfrac{\overline{P^{TU}_{h,max}}}{P^{TI}_{h}}\times 100\%$

① 换乘站作为一个车站进行统计，非换乘站的日换乘量以 0 计。

② a. 列车按定员计算；

b. 计算定员时车厢空余面积按 6 人 /m^2 取值。

c. 线路高峰小时运输能力 = 线路高峰小时发车列数 × 列车定员。

（续表）

类别	级别	指标名称	单位	说明	计算依据与方法
		列车高峰小时最大拥挤度($\theta_{h,\max}^{T}$)	%	线路高峰小时最大断面客流量与断面相应运力(P_{h}^{TI})的比值	$\theta_{h,\max}^{T}=\dfrac{P_{p,\max}^{TU}}{P_{h}^{TI}}\times 100\%$
		车站高峰小时最大拥挤度($\theta_{h,\max}^{S}$)	%	车站高峰小时最大乘降量($P_{h,\max}^{SS}$)与实际承载能力①(P^{SI})的比值	$\theta_{h,\max}^{S}=\dfrac{P_{h,\max}^{SS}}{P^{SI}}\times 100\%$
客运周转量	线路级	线路客运周转量(L^{L})	万乘次公里	统计期间，乘客在本线的乘坐距离(l^{LP})总和，也即线路运送乘客数(P^{LC})和线路乘客平均运距($\overline{l^{L}}$)的乘积	$L^{L}=\sum l^{LP}=P^{LC}\times\overline{l^{L}}$
		线路日均客运周转量($\overline{L^{L}}$)	万乘次公里/日	统计期间，线路每日客运周转量的平均值，即统计期间线路周转量和统计天数(d)的比值	$\overline{L^{L}}=\dfrac{\sum L^{L}}{d}$
	线网级	线网客运周转量②(L^{N})	万乘次公里	统计期间，乘客在网络上的乘坐距离(l^{NP})总和，也即线网内运送乘客数(P^{NE})和线网乘客平均运距($\overline{l^{N}}$)的乘积	$L^{N}=\sum l^{NP}=P^{NE}\times\overline{l^{N}}$
		线网日均客运周转量($\overline{L^{N}}$)	万乘次公里/日	统计期间，线网每日客运周转量的平均值，即统计期间线网周转量和统计天数(d)的比值	$\overline{L^{N}}=\dfrac{\sum L^{N}}{d}$
出行特征	线路级	线路平均运距($\overline{l^{L}}$)	km/乘次	统计期间，在某一条线路上乘客一次乘车的平均距离	$\overline{l^{L}}=\dfrac{L^{L}}{P^{LC}}=\dfrac{\sum l^{LP}}{P^{LC}}$
		线路换乘比例(α^{L})	%	其他线路换入本线客运量与本线客运量的比例	$\alpha^{L}=\dfrac{P^{LT}}{P^{LC}}\times 100\%$

① 车站实际承载能力指车站最大可容纳乘客数量，由车站通道宽度、站台宽度等指标计算得出。

② a. 乘客从一条线路站点进，从其他条线路站点出，均由票务清分系统根据确定的原则清分出其乘坐路径，乘坐的总距离按照乘客进站和出站站点间该路径的长度计算，并按照该路径经过各条线路路段长度，计算所属线路客运周转量。

b. 客运周转量主要由自动售检票系统自动统计计算，在自动售检票系统未投入使用或出现故障时，按照客流调查取得的平均运距乘以客运量计算。

（续表）

类别	级别	指标名称	单位	说明	计算依据与方法
强度	线网级	线网平均运距($\overline{l^{N}}$)	km/人次	统计期间，线网中乘客一次乘车的平均距离	$\overline{l^{N}}=\frac{L^{N}}{P^{NE}}=\frac{\sum l^{NP}}{P^{NE}}$
		线网换乘系数(α^{N})	—	统计期间，乘客在线网内完成一次出行平均需要乘坐的线路条数	$\alpha^{N}=\frac{P^{NC}}{P^{NE}}$
		线网换乘比例(α^{R})	%	统计期间，乘客在线网完成一次出行，需要换乘的乘客数量与线网进站量的比例	$\alpha^{R}=\frac{\sum P^{LO}}{P^{NE}}\times 100\%$
		付费（非付费）乘客比例 $\alpha^{CP}(\alpha^{UC})$	%	轨道交通付费①（非付费）进站量 $P^{CP}(P^{UC})$ 占总进站量的比例	$\alpha^{CP}(\alpha^{UC})=\frac{P^{CP}(P^{UC})}{P^{NE}}\times 100\%$
	线路级	线路客运强度(β^{L})	万乘次/(km·日)	统计期间，运营线路单位运营长度上平均承担的客运量，在一定程度上体现运营效率，即线路日均客运总量($\overline{P^{LC}}$)和线路运营长度(l^{LI})的比值	$\beta^{L}=\frac{\overline{P^{LC}}}{l^{LI}}$
		线路负荷强度(γ^{L})	万乘次公里/(km·日)	统计期间，运营线路单位运营长度上平均承担的客运周转量，即统计期间线路日均客运周转量($\overline{L^{L}}$)和线路运营长度(l^{LI})的比值	$\gamma^{L}=\frac{\overline{L^{L}}}{l^{LI}}$
	线网级	线网客运强度(β^{N})	万乘次/(km·日)	统计期间，运营线网单位运营长度上平均承担的客运量，即统计期间线网日均客运量($\overline{P^{NC}}$)和线网运营长度($\sum l^{LI}$)的比值	$\beta^{L}=\frac{\overline{P^{NC}}}{\sum l^{LI}}$
		线网负荷强度(γ^{N})	万乘次公里/(km·日)	统计期间，运营线网单位运营长度上平均承担的客运周转量，即统计期间网络日均客运周转量($\overline{L^{N}}$)和网络运营长度($\sum l^{LI}$)的比值	$\gamma^{N}=\frac{\overline{L^{N}}}{\sum l^{LI}}$

① 付费票种包括但不限于单程票、储值卡、定值纪念票、出站票、一日票等，非付费票种包括但不限于员工卡、福利票等。

（续表）

类别	级别	指标名称	单位	说明	计算依据与方法
		线网出行强度(δ^N)	万人次/(km·日)	统计期间，运营线网单位运营长度上每日的乘客出行量，即统计期间线网日均进站量($\overline{P^{NE}}$)和网络运营长度($\sum l^{LI}$)的比值	$\delta^N = \frac{\overline{P^{NE}}}{\sum l^{LI}}$
客流不均衡	线路级	方向不均衡系数(ε^L)	%	运营线路单向最大断面客流与双向最大断面客流平均值之比	$\varepsilon^L = \frac{\max[P^{TU}_{u,\max}, P^{TU}_{d,\max}]}{(P^{TU}_{u,\max} + P^{TU}_{d,\max})/2}$
		断面不均衡系数(ε^S)	%	在线路上，单向最大断面客流量($P^{TU}_{\max}$)与该时段该方向所有断面客流量(P^{TU})平均值之比	$\varepsilon^S = \frac{P^{TU}_{\max}}{(\sum P^{TU})/n}$
		时间不均衡系数(ε^T)	%	在线路上，单向高峰小时断面客流量($P^{TU}_{p,\max}$)与该方向所有时段分时最大断面客流量($P^{TU}_{i,\max}$)平均值之比	$\varepsilon^T = \frac{P^{TU}_{p,\max}}{(\sum P^{TU}_{i,\max})/n}$

2.3 客流计算

轨道交通自动售检票系统(Automatic Fare Collection，AFC)的投用为客流的计算与精细化分析提供了很好的基础。AFC 系统可以详细记录每位乘客的 OD 信息，包括进站与出站的车站站名和时刻。基于 OD 信息，可以计算各类客流指标。在复杂城市轨道交通网络中，一票通的实施为乘客乘车带来了便利，但由于某些 OD 的出行路径存在多种可能性，如果无法准确得到实际出行换乘路径，则会使客流清分计算复杂化。

2.3.1 断面客流计算

断面客流是列车开行方案编制的基础。断面客流是指在单位时间内，通过轨道交通线路某一地点(区间)的客流量，这里的单位时间通常指 1 h，30 min 或 15 min，也可以是其他的单位时间。断面客流量分为上行断面客流量和下行断面客流量。

在区间客流和车站上下车客流已知的条件下，断面客流量的计算方法如图 2-1 所示。

$$P^{TU}_{(b,c)} = P^{TU}_{(a,b)} + P^{B}_{b} - P^{A}_{b} \tag{2-1}$$

式中 $P^{TU}_{(b,c)}$ ——bc 区间的断面客流量，人次；

$P^{TU}_{(a,b)}$ ——ab 区间的断面客流量，人次；

P^{B}_{b} ——计算方向车站 b 的上车人数，人次；

P^{A}_{b} ——计算方向车站 b 的下车人数，人次。

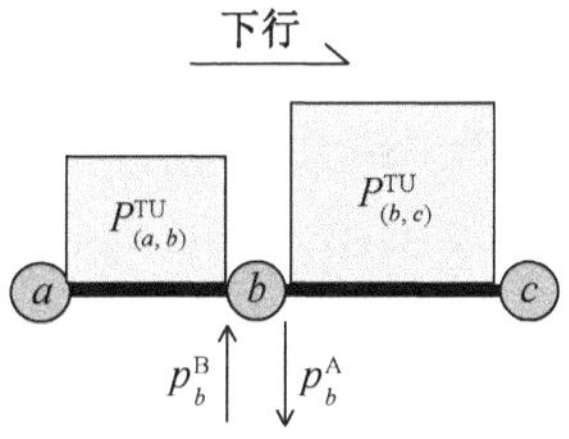

图 2-1 断面客流计算示意图

此外，断面客流的计算还可以通过 OD 客流来计算，某个断面的客流即为通过该断面的所有 OD 的总和。

$$P^{TU}_{(i,j)} = \sum P^{OD}_{(i,j)} \tag{2-2}$$

式中 $P^{TU}_{(i,j)}$ ——车站 i 和车站 j 间的断面客流量；

$P^{OD}_{(i,j)}$ ——经过车站 i 和车站 j 间的 OD。

单位时间内通过轨道交通线路各个断面的客流量一般是不相等的，其中线路断面客流中客流量最大的断面即为最大断面，在一条线路中上行和下行方向的最大断面可能不在同一区间。

高峰小时最大断面客流量是指在以小时为单位计算断面客流量的情况下，全日分时最大断面客流量中的峰值，轨道交通的高峰小时一般出现在早晚高峰阶段。高峰小时最大断面客流量是确定线路开行最小行车间隔的重要依据，也是修建轨道交通线路、确定车辆型式、列车编组、行车密度以及站台长度等的基本依据。

随着客流分析的精细化，可以计算更小时间刻度的最大断面，如 5 min，15 min，30 min 等。图 2-2 为某线路 15 min 最大断面客流统计图。

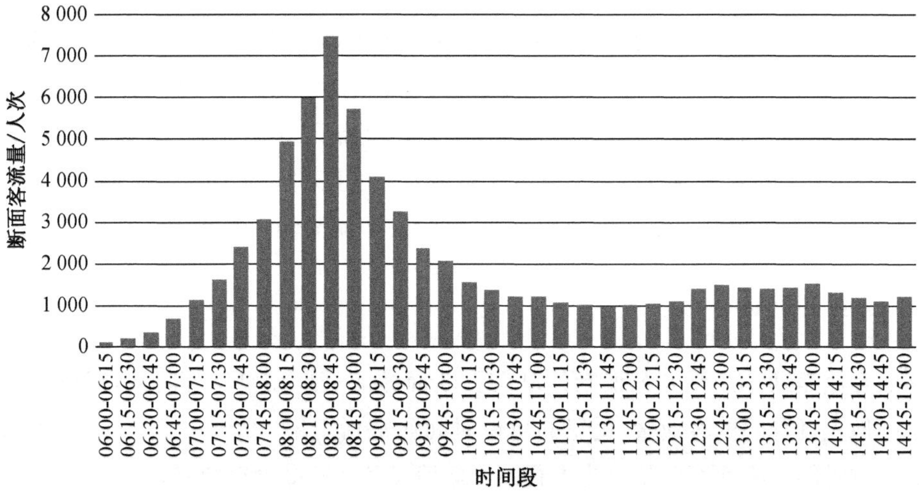

图 2-2　某区间 15 min 断面客流统计图

2.3.2　单线客流计算

在单线条件下，不存在换乘，因此客流计算较为简单，根据 OD 客流可以计算出各类客流指标。假设某线路共有 4 个车站，某日各车站之间的 OD 客流量、运行时间和区间距离等参数如图 2-3 所示，则各项客流指标的计算方法如下。

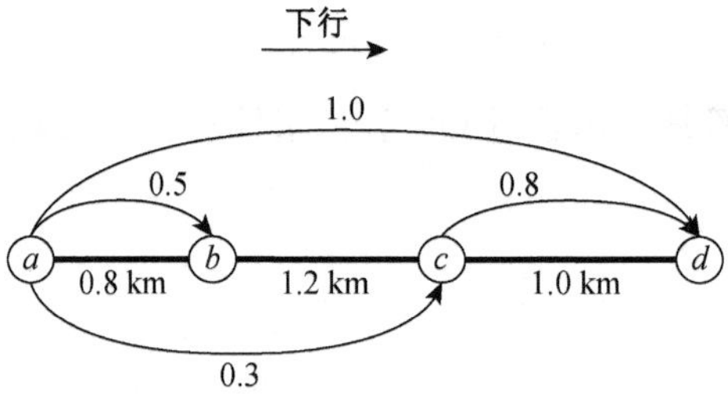

图 2-3　单线客流计算实例(单位:万人)

1. 车站进站量

a 站的进站量：$P_a^{SE}=P_{(a,b)}^{OD}+P_{(a,c)}^{OD}+P_{(a,d)}^{OD}=0.5+0.3+1.0=1.8$(万人次)

c 站的进站量：$P_c^{SE}=P_{(c,d)}^{OD}=0.8$(万人次)

b，d 站的进站量：0(万人次)

2. 车站出站量

b 站的出站量：$P_b^{SL}=P_{(a,b)}^{OD}=0.5$(万人次)

c 站的出站量：$P_c^{SL}=P_{(a,c)}^{OD}=0.3$(万人次)

d 站的出站量：$P_d^{SL}=P_{(a,d)}^{OD}+P_{(c,d)}^{OD}=1+0.8=1.8$(万人次)

a 站的出站量：0(万人次)

3. 车站乘降量

a 站的乘降量：$P_a^{SS}=P_a^{SE}+P_a^{ST}+P_a^{SL}=1.8$(万人次)

b 站的乘降量：$P_b^{SS}=P_b^{SE}+P_b^{ST}+P_b^{SL}=0.5$(万人次)

c 站的乘降量：$P_c^{SS}=P_c^{SE}+P_c^{ST}+P_c^{SL}=1.1$(万人次)

d 站的乘降量：$P_d^{SS}=P_d^{SE}+P_d^{ST}+P_d^{SL}=1.8$(万人次)

4. 客运量

a 站的客运量：$P_a^{SC}=P_a^{SE}+P_a^{ST}=1.8$(万乘次)

c 站的客运量：$P_c^{SC}=P_c^{SE}+P_c^{ST}=0.8$(万乘次)

b，d 站的客运量：0(万乘次)

该线路的总客运量：$P^{LC}=\sum P^{SE}=1.8+0.8=2.6$(万乘次)

5. 断面客流量

ab 站间断面客流：$P_{(a,b)}^{TU}=P_{(a,b)}^{OD}+P_{(a,c)}^{OD}+P_{(a,d)}^{OD}=0.5+0.3+1=1.8$(万人次)

bc 站间断面客流：$P_{(b,c)}^{TU}=P_{(a,c)}^{OD}+P_{(a,d)}^{OD}=0.3+1=1.3$(万人次)

cd 站间断面客流：$P_{(c,d)}^{TU}=P_{(c,d)}^{OD}+P_{(a,d)}^{OD}=0.8+1=1.8$(万人次)

6. 客运周转量

该线路客运周转量：

$$
\begin{aligned}
L^{L}&=P_{(a,b)}^{OD}\times l_{(a,b)}^{LP}+P_{(a,c)}^{OD}\times l_{(a,c)}^{LP}+P_{(c,d)}^{OD}\times l_{(c,d)}^{LP}+P_{(a,d)}^{OD}\times l_{(a,d)}^{LP}\\
&=0.5\times 0.8+0.3\times 2+0.8\times 1+1\times 3=4.8\text{(万乘次公里)}
\end{aligned}
$$

7. 线路平均运距

该线路的平均运距：

$$
\overline{l^{L}}=\frac{L^{L}}{P^{LC}}=\frac{\sum l^{LP}}{P^{LC}}=\frac{4.8}{2.6}=1.85\text{(km/ 乘次)}
$$

8. 线路客运强度

该线路客运强度：

$$
\beta^{L}=\frac{P^{LC}}{l^{LI}}=\frac{2.6}{3}=0.87[\text{万乘次 /(km · 日)}]
$$

9. 线路负荷强度

该线路负荷强度：

$$
\gamma^{L}=\frac{L^{L}}{l^{LI}}=\frac{4.8}{3}=1.6[\text{万乘次 /(km · 日)}]
$$

2.3.3 简单网络客流计算

在简单网络中(不存在多路径),各类客流指标的计算同样以 OD 客流为基础,计算线路与网络的各类客流指标。假设网络有 2 条线,5 个车站(其中 1 个换乘站),某日各站之间的 OD 客流量、区间距离和区间运行时分如图 2-4 所示,假设 $b \to d$ 的 OD 客流从 2 号线的 b 站进站,$b \to c$ 的 OD 客流从 1 号线的 b 站进站,列车的停站时间为 1 min,乘客在 b 站的换乘时间为 5 min,则相关客流指标计算过程如下。

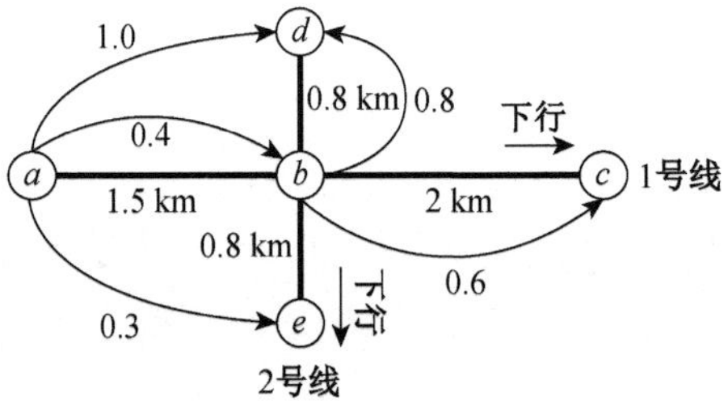

图 2-4 简单网络客流计算实例(单位:万人)

1. 进站量

1 号线进站量:

$$P_{l1}^{LE} = P_{(a,d)}^{OD} + P_{(a,e)}^{OD} + P_{(a,b)}^{OD} + P_{(b,c)}^{OD} = 0.4 + 0.6 + 1 + 0.3 = 2.3 (万人次)$$

2 号线进站量:

$$P_{l2}^{LE} = P_{(b,d)}^{OD} = 0.8 (万人次)$$

线网进站量:

$$P^{NE} = P_{l1}^{SE} + P_{l2}^{SE} = 2.3 + 0.8 = 3.1 (万人次)$$

2. 换乘量

车站 b 的换乘量:

$$P_{b}^{ST} = P_{(l1,l2)}^{ST} + P_{(l2,l1)}^{ST} = 1 + 0.3 = 1.3 (万人次)$$

2 号线换乘量:

$$P_{l2}^{LT} = P_{(l1,l2)}^{LP} = 1 + 0.3 = 1.3 (万人次)$$

1 号线换乘量:

$$P_{l1}^{LT} = P_{(l2,l1)}^{LP} = 0 (万人次)$$

线网换乘量:

$$P^{NT} = P_{l1}^{LT} + P_{l2}^{LT} = 1.3 (万人次)$$

3. 乘降量

a 站的乘降量：$P_a^{SS}=P_a^{SE}+P_a^{ST}+P_a^{SL}=1.7$（万人次）

b 站的乘降量：$P_b^{SS}=P_b^{SE}+P_b^{ST}+P_b^{SL}=3.1$（万人次）

c 站的乘降量：$P_c^{SS}=P_c^{SE}+P_c^{ST}+P_c^{SL}=0.6$（万人次）

d 站的乘降量：$P_d^{SS}=P_d^{SE}+P_d^{ST}+P_d^{SL}=1.8$（万人次）

e 站的乘降量：$P_e^{SS}=P_e^{SE}+P_e^{ST}+P_e^{SL}=0.3$（万人次）

4. 客运量

a 站的客运量：$P_a^{SC}=P_a^{SE}+P_a^{ST}=1.7$（万乘次）

b 站的客运量：$P_b^{SC}=P_b^{SE}+P_b^{ST}=1.4+1.3=2.7$（万乘次）

c，d，e 站的客运量：0（万乘次）

1 号线客运量：

$$P_{l1}^{LC}=P_{l1}^{LE}+P_{l1}^{LT}=2.3\text{（万乘次）}$$

2 号线客运量：

$$P_{l2}^{LC}=P_{l2}^{LE}+P_{l2}^{LT}=0.8+1.3=2.1\text{（万乘次）}$$

线网客运量：

$$P^{NC}=P_{l1}^{LC}+P_{l2}^{LC}=2.3+2.1=4.4\text{（万乘次）}$$

5. 断面客运量

$a\rightarrow b$ 区间断面客流：

$$P_{(a,b)}^{TU}=P_{(a,b)}^{OD}+P_{(a,d)}^{OD}+P_{(a,e)}^{OD}=0.4+1+0.3=1.7\text{（万人次）}$$

$b\rightarrow c$ 区间断面客流：

$$P_{(b,c)}^{TU}=P_{(b,c)}^{OD}=0.6\text{（万人次）}$$

$b\rightarrow d$ 区间断面客流：

$$P_{(b,d)}^{TU}=P_{(b,d)}^{OD}+P_{(a,d)}^{OD}=0.8+1=1.8\text{（万人次）}$$

$b\rightarrow e$ 区间断面客流：

$$P_{(b,e)}^{TU}=P_{(a,e)}^{OD}=0.3\text{（万人次）}$$

6. 客运周转量

1 号线客运周转量：

$$L_{l1}^{L}=0.4\times1.5+0.6\times2+1\times1.5+0.3\times1.5=3.75\text{（万乘次公里）}$$

2 号线客运周转量：

$$L_{l2}^{L}=0.3\times0.8+1\times0.8+0.8\times0.8=1.68(\text{万乘次公里})$$

网络客运周转量：

$$L^{N}=L_{l1}^{L}+L_{l2}^{L}=3.75+1.68=5.43(\text{万乘次公里})$$

7. 平均运距

1 号线平均运距：

$$\overline{l_{l1}^{L}}=\frac{L_{l1}^{L}}{P_{l1}^{LC}}=\frac{3.75}{2.3}=1.63(\text{km/乘次})$$

2 号线平均运距：

$$\overline{l_{l2}^{L}}=\frac{L_{l2}^{L}}{P_{l2}^{LC}}=\frac{1.68}{2.1}=0.8(\text{km/乘次})$$

线网平均运距：

$$\overline{l^{N}}=\frac{L^{N}}{P^{NE}}=\frac{5.43}{3.1}=1.75(\text{km/乘次})$$

8. 线网换乘系数

$$\alpha^{N}=\frac{P^{NC}}{P^{NE}}=\frac{4.4}{3.1}=1.42$$

9. 线网换乘比例

$$\alpha^{R}=\frac{\sum P^{LO}}{P^{NE}}\times100\%=\frac{1+0.3}{3.1}\times100\%=41.9\%$$

10. 客运强度

1 号线客运强度：

$$\beta_{l1}^{L}=\frac{P_{l1}^{LC}}{l_{l1}^{LI}}=\frac{2.3}{3.5}=0.66[\text{万乘次/(km·日)}]$$

2 号线客运强度：

$$\beta_{l2}^{L}=\frac{P_{l2}^{LC}}{l_{l2}^{LI}}=\frac{2.1}{1.6}=1.31[\text{万乘次/(km·日)}]$$

线网客运强度：

$$\beta^{N}=\frac{P^{NC}}{\sum l^{LI}}=\frac{4.4}{1.5+2+0.8+0.8}=0.86[\text{万乘次}/(\text{km}\cdot\text{日})]$$

11. 负荷强度

1号线负荷强度：

$$\gamma_{l1}^{L}=\frac{L_{l1}^{L}}{l_{l1}^{LI}}=\frac{3.75}{3.5}=1.07[\text{万乘次公里}/(\text{km}\cdot\text{日})]$$

2号线负荷强度：

$$\gamma_{l2}^{L}=\frac{L_{l2}^{L}}{l_{l2}^{LI}}=\frac{1.68}{1.6}=1.05[\text{万乘次公里}/(\text{km}\cdot\text{日})]$$

线网负荷强度：

$$\gamma^{N}=\frac{L^{N}}{\sum l^{LI}}=\frac{5.43}{1.5+2+0.8+0.8}=1.06[\text{万乘次公里}/(\text{km}\cdot\text{日})]$$

2.3.4 复杂网络客流计算

复杂网络客流计算的关键在于找出每位乘客的走行路径，但由于可选路径较多、乘客选择的偏好较为复杂，需要考虑乘距、旅行时间、换乘次数、舒适度和行车间隔等因素，因此可以通过清分模型计算各OD对可行路径的选择比例[4]。清分模型可以分为最短路径模型和多路径清分模型，其中多路径清分模型可以分为广义的距离成本模型和广义的时间成本模型两种。

假设某网络由3条线路组成，共有7个车站（其中3个换乘站），各OD之间的客流量以及各路径的比例如图2-5所示，则相关客流指标计算过程如下。

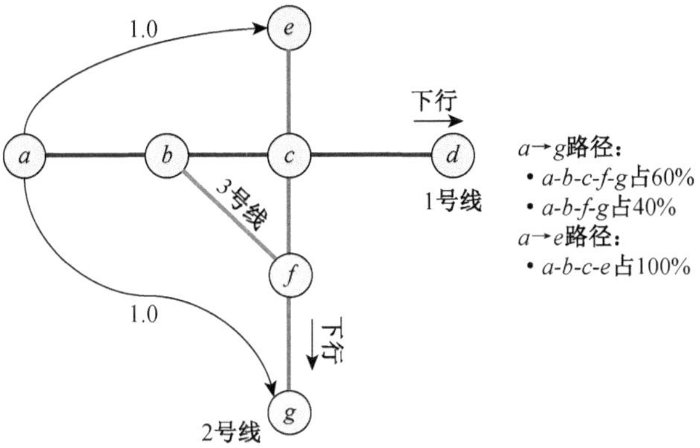

图2-5 复杂网络客流计算实例（单位：万人）

1. 客运量

1 号线客运量：

$$P_{l1}^{LC}=P_{l1}^{LE}+P_{l1}^{LT}=1.0+1.0=2(\text{万乘次})$$

2 号线客运量：

$$P_{l2}^{LC}=P_{l2}^{LE}+P_{l2}^{LT}=1.0+1.0=2(\text{万乘次})$$

3 号线客运量：

$$P_{l3}^{LC}=P_{l3}^{LE}+P_{l3}^{LT}=0+1.0\times 40\%=0.4(\text{万乘次})$$

线网客运量：

$$P^{NC}=\sum P^{LC}=P_{l1}^{LC}+P_{l2}^{LC}+P_{l3}^{LC}=2+2+0.4=4.4(\text{万乘次})$$

线网进站量：

$$P^{NE}=\sum P^{SE}=1+1=2(\text{万乘次})$$

2. 换乘量

1 号线换乘量：

$$P_{l1}^{LT}=P_{(l2,\ l1)}^{LT}+P_{(l3,\ l1)}^{LT}=0(\text{万人次})$$

2 号线换乘量：

$$P_{l2}^{LT}=P_{(l1,\ l2)}^{LT}+P_{(l3,\ l2)}^{LT}=1+0.6+0.4=2(\text{万人次})$$

3 号线换乘量：

$$P_{l3}^{LT}=P_{(l1,\ l3)}^{LT}+P_{(l2,\ l3)}^{LT}=1\times 40\%=0.4(\text{万人次})$$

线网换乘量：

$$P^{NT}=\sum P^{LT}=P_{l1}^{LT}+P_{l2}^{LT}+P_{l3}^{LT}=0+2+0.4=2.4(\text{万人次})$$

3. 线网换乘系数

$$\alpha^{N}=\frac{P^{NC}}{P^{NE}}=\frac{4.4}{2}=2.2$$

2.3.5 带时间窗的客流计算

带时间窗的客流计算是指各类客流指标带上时间范围的限定条件，也称分时客流。

分时客流体现了客流在时间上的分布特征，是客流精细化分析的基础。假设某线路由 a，b，c，d 4 个车站组成(图 2-6)，各个车站的 OD 客流量和客流进站时间，以及各区间的运行时分如表 2-2 所列，假设列车在各个车站的停站时间为 1 min，则各个车站的分时 15 min的进站客流和区间断面客流计算方法如下。

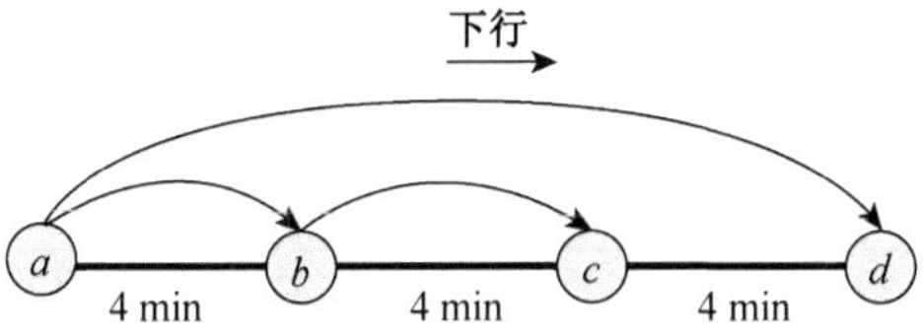

图 2-6　带时间窗的客流计算实例

表 2-2　分时进站客流量

OD	进站时刻	客流量/人
$a \to b$	7:00	1 000
	7:15	2 000
	7:30	3 000
$b \to c$	7:00	1 000
	7:15	2 000
	7:30	2 000
$a \to d$	7:00	2 000
	7:15	2 000
	7:30	2 000

以 a 站为例，计算 7:15—7:30 的进站客流，在该时段的 OD 客流中，有 $a \to b$ 的 OD 客流(2 000 人)和 $a \to d$ 的 OD 客流(2 000 人)从 a 车站进站，因此 a 站 7:15—7:30 的进站量总和为 4 000 人。同理可以计算其他车站的分时进站客流，计算结果如表 2-3 所列。

表 2-3　车站分时进站量　　单位:人

车站	7:00—7:15	7:15—7:30	7:30—7:45
a	3 000	4 000	5 000
b	1 000	2 000	2 000

以 $b \to c$ 区间为例，计算 7:15—7:30 的区间断面客流，根据列车在区间运行时分，7:15—7:30 在 $b \to c$ 区间产生的断面客流由两组 OD 组成：一是 7:15 由 $b \to c$ 的 OD(2 000 人)，二是 7:15 由 $a \to d$ 的 OD(2 000 人，到达 $b \to c$ 断面的时间为 7:20)。因此 7:15—7:30

在 $b \rightarrow c$ 断面总客流为 4 000 人。同理可以计算其他区间的分时断面客流，如表 2-4 所列。

表 2-4　区间分时断面客流　　单位：人

区间＼分时	7:00—7:15	7:15—7:30	7:30—7:45
$a \rightarrow b$	3 000	4 000	5 000
$b \rightarrow c$	3 000	4 000	4 000
$c \rightarrow d$	2 000	2 000	2 000

根据表 2-4 中区间分时断面客流的计算结果，可知该线路的最大 15 min 的断面客流量为 5 000 人，发生在 $a \rightarrow b$ 区间，时段为 7:30—7:45。

2.4　客流分析

一般情况下，城市轨道交通所提供的运营服务是需求导向型，即应满足乘客的出行需求[5]。轨道交通的客流分布与变化因时间和地点而不同，是城市社会经济活动与生活方式以及轨道交通本身特征的反映，因此客流的特征具有一定的规律。轨道交通网络客流是一种动态流，其分布与变化随时间和空间的不同而不同。根据时间分布特点，客流可以分为 5 min 客流、15 min 客流、30 min 客流、1 h 客流、日客流、月客流和年客流等。根据空间分布特点，客流可以分为网络客流、线路客流、车站客流、换乘客流、断面客流和站间 OD 客流等。

2.4.1　网络客流分析

网络客流分析主要是对网络客流的时空特性进行分析。网络客流时空特性是指网络化运营条件下的时间动态性和空间动态性。网络时间动态性是指随时间变化而表现出的客流量变化趋势，与单线客流的时间动态性相似，日、周、月及年客流趋势呈现周期性，具有明显的早、晚高峰特性。网络客流的空间动态性主要指不同位置、不同方向上的动态性，车站和线路具有不同的方向动态性，组合在一起就表现为线网的方向动态性。

2.4.1.1　分析的目的

综合运用各类客流指标对客流的分布特征与动态变化进行实时跟踪和系统分析，掌握客流现状与变化规律，对网络客流特征以及演变规律的精确把握可以为制定科学的行车与客运组织方案提供决策依据，也可以为网络客流特征评估与趋势预警预测提供参考。

对网络客流进行精细化分析的主要目的有如下五方面。

1. 掌握网络发展及客流成长规律

网络发展是指某一城市轨道交通建设和运营过程中城市布局、网络结构、线路里程及运营模式的演化过程。客流成长是指在城市的社会经济发展和城市轨道交通网络日趋成熟的过程中客流走向、客运量、客流结构、换乘量等各类客流指标发展变化的过程。网络发展及客流成长是相互依存、交替成长的关系，但它们的规律是复杂的，可以通过网络发展和客流成长阶段相关性的精细化分析，提出符合城市发展和客流输送需要的合理网络建设时序及动态匹配的运营组织模式。

2. 编制网络列车开行方案

常规运营条件下，列车运行计划编制可以通过对一段时间内的客流数据进行分析，总结变化规律，然后依据全日分时最大断面客流量和乘客服务水平的要求确定详细的轨道交通运力安排。同时，受临时性社会活动及重大节假日活动影响，特殊日期的能力配置也需要分析特殊日期客流在线网上的分布特征，分析局部、邻线以及整个网络受到的影响，判断城市轨道交通运营组织方案的合理性，为缩短行车间隔、扩大列车编组、新车投入使用等措施提供依据。城市轨道交通形成网络以后，需要充分掌握网络各线路之间换乘客流的主要流量与流向的规律特征，为多条线路交汇换乘站的首末班车确定、不同线路列车到站时刻的匹配优化、末班车的延长等提供依据。

3. 编制网络客运组织方案

网络客运组织方案包括宏观和微观两个层面。宏观层面指将线网上的客流通过不同的线路输送到其目的地所采用的运力配置、列车开行方案及客流路径选择诱导等一系列方法和措施；微观层面指在车站层面，通过对车站设备、设施和空间的分析，根据车站某个时间段的进出车站乘客数量的预测，制定符合车站实际情况的乘客进站、乘车（或换乘）、下车、出站疏导和指引的方案，以及根据方案进行的车站行车、票务和人员组织。对网络和站点客流时空特征的精确把握是制定合理、安全以及高效的客运组织方案的关键。

4. 辅助网络应急处置

在应急条件下，当网络发生大客流事件时，可以通过实时的客流采集手段及时了解车站客流动态变化情况，估计突发事件影响人数，并根据列车运行情况，合理组织乘客疏散工作；还可以通过离线客流数据，采用计算机仿真等技术对列车运行与线网客流变化过程进行模拟仿真，以评估调整后的运输方案与客流的适应性，为制定故障处置预案提供科学依据。此外，可以通过对历史客流数据的分析，研究在故障条件下线网可达性的变化和客流的重新分布情况，利用乘客信息发布系统为乘客提供合理的路径信息，并为有效疏导乘客、维护网络运行秩序提供技术支持。

5. 评估客流服务水平

通过网络客流的时空分布特征，可以分析评估城市轨道交通网络的客流服务水平，并对服务水平较低的指标进行有针对性的优化改善。比如通过分析各线路断面的满载率、交通衔接方式构成、车站拥挤水平、换乘系数、旅行时间和旅行距离等指标，可以找到网络中运能紧张区段、潜在的安全风险或不合理换乘衔接路径等问题，并加以改善。

2.4.1.2 分析的关键

网络化运营中轨道交通的客流特征与单线运营相比存在较大差异，应对网络客流特征进行全面的分析和了解，以提高城市轨道交通网络规划设计和运营管理的水平。网络客流分析的核心是分析客流的时空分布规律。

1. 时间分布特征

客流的时间分布按分析的时间跨度主要分为一日内小时(或 5 min，15 min，30 min)客流分布、一周内全日客流分布和季节性或短期性客流的不均衡等。按照分析范围可以分为网络、线路、车站的进出站和换乘客流的时间分布特征。客流时间分布特征是针对客流在时间上的波动和突变来动态配置线网运输能力、调整线网运输组织方案和制定点线客流管控方案的主要依据，对客流时间分布特征掌握得越透彻、越及时，就越可能制定出更优的运营管理方案。

2. 空间分布特征

客流的空间分布按分析的空间范围和区位可以分为线路客流分布、上下行方向客流分布、各区间断面客流分布、各车站进出站和换乘客流分布、客流出行距离与平均运距分布等。客流空间分布特征是针对城市不同区位、不同线路和车站的客流出行需求差异来有针对性地配置线网运输能力，做好换乘衔接和制定点线客流管控和分流方案的重要依据，对不同区位客流的出行需求、行为特征和客流空间分布特征掌握得越准确，就越可能制定出更有针对性的运营管理方案，满足城市各区位客流出行的需求。

2.4.2 OD 客流分析

OD 客流带有空间(起讫点)和时间(出发时刻和到达时刻)双重特征，从空间上分，客流 OD 可分为车站间 OD、线路间 OD、车站至线路之间汇总的 OD 和区域间 OD 等类型，其数量可用绝对量或相对比例来描述。OD 客流具有多种属性，结构复杂且数据量庞大。网络 OD 客流分析的主要目的是基于 OD 客流的复杂性、多样性特点，从宏观与微观两个层面掌握乘客在网络上的时空分布(如最大 OD 发生在哪些车站之间、客流分时段的流向等)、网络上主要出行 OD 与时间分布(如最大的 OD 发生在哪些车站以及客流来源与去向等)。OD 客流分析是线路选线、线网布局以及制定线网运输组织方案和站点客流组织方案的基本依据。根据用途，OD 客流数据分析可以分为全网主要 OD 流向、关键节点的 OD 流向以及组团的 OD 流向三类分析。在运营阶段，全网主要 OD 流向分析主要用于制定和优化线网运输组织和列车开行方案；关键节点的 OD 流向分析主要用于确定站点的客流压力来源以制定线网客流管控方案；组团的 OD 流向分析主要用于确定客流区段和列车运行交路。

2.4.2.1 网络主要 OD 流向

客流的出行方向是和城市的功能布局密切相关的。大多数城市往往具有一个中心城区以及多个副中心。在工作日，城市轨道交通客流以通勤和公务出行为主，因而在整个轨道交通网络中具有朝向中心城区的潮汐特性。早高峰全网的主要 OD 流向指向中心城区，具有向心性；晚高峰则由中心城区流出，具有离心性；平峰时段，客流则穿梭于城市各个中心区域之间，网络总体客流分布均衡。周末和节假日，城市轨道交通客流虽没有特别集中的出行高峰，但主要客流 OD 在商业、休闲区域与居住区之间有较为明显的指向性。一旦举行大型活动，客流 OD 则以活动区域为中心，具有活动举办前后的向心和离心特性。

城市轨道交通网络的主要 OD 流向既有与城市居民稳定的日常活动相关的周期时变性，又有特定条件下的临时聚散特性。客流在高峰时段的主要 OD 流向是影响网络运输能力利用、运输组织效率和安全的主要因素。因此，要充分分析各种情况下全网主要 OD 流向，对于日常相对稳定的主要 OD 流向，可以采取提高本线运能、增加延长线和增设平行线路等方法来实现客流在线网上出行和换乘的均衡分布；对于偶发高峰客流 OD，可以通过制定相应的运输组织方案和客流管控、疏导方案，保障客流出行，提高运输效率和安全性。

乘客出行实际上是发生在空间上的一种迁徙行为。结合站点坐标信息的迁徙图可以很好地描述网络 OD 的特征，直观地展示客流在网络上的时空分布[6]。图 2-7 分别展示了某城市轨道交通网络工作日早高峰(07:30—09:30)和晚高峰(17:30—19:30)的 OD 客流分布，直观地展现了网络上主要 OD 位置、OD 量以及客流 OD 早高峰向心性和晚高峰离心性等特征。

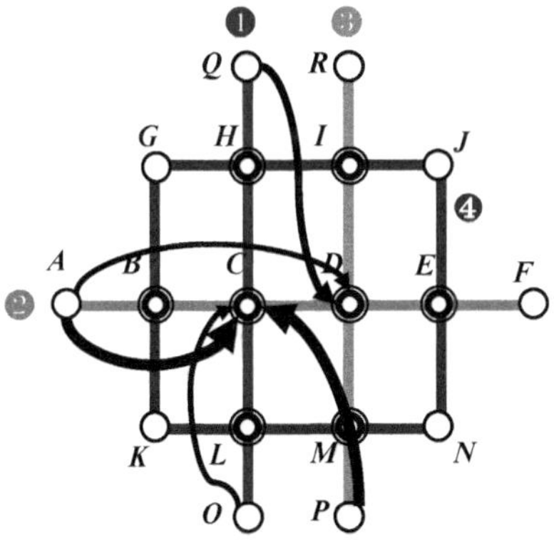

(a) 早高峰（07:30—09:30）

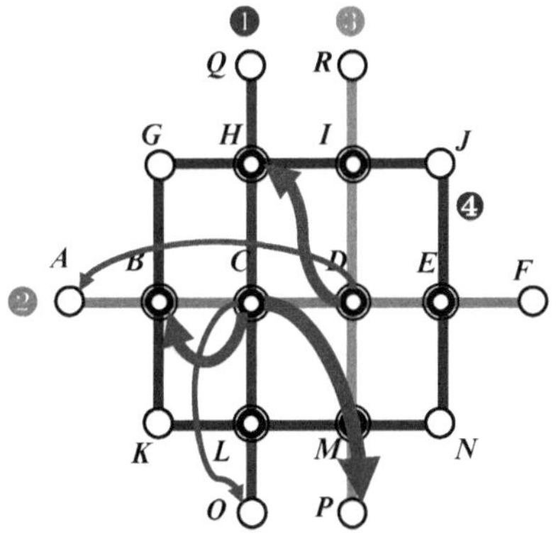

(b) 晚高峰（17:30—19:30）

图 2-7　某城市轨道交通网络工作日早、晚高峰主要客流 OD 流向图

2.4.2.2　关键节点的 OD 流向

在高峰时段易发生进出站大客流或换乘大客流的车站是城市轨道交通网络中的关键节点，须采取必要的线网客流管控和列车运行调整措施，以降低关键节点的客流压力，减少城市轨道交通运营安全风险。通过关键节点的 OD 流向分析，了解车站的客流来源，必要时能提前在 O 点采取限流措施，以实现对大客流的远程管控，有效缓解车站大客流。另外，通过关键节点 OD 客流分析，了解车站的客流来源组成，为主要客流来源的后方换乘站实施有效的列车调整方案提供数据支撑。

同样可以通过迁徙图分析主要车站 OD 的来源与去向分布。图 2-8 为某轨道交通网络 C 站在早高峰(07:30—09:30)和晚高峰(17:30—19:30)所有出发与到达中最大的 5 对 OD 的客流分布。从该图上可以直观看出 C 站在早、晚高峰时段客流 OD 主要来向与去向特征。

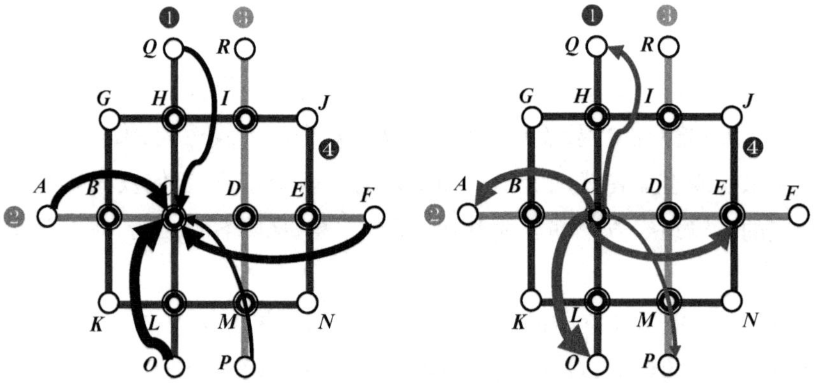

(a) 早高峰 (07:30—09:30)　　(b) 晚高峰 (17:30—19:30)

图 2-8　某城市轨道交通车站(C 站)与其他车站的 OD 流向图

2.4.2.3　组团的 OD 流向

城市轨道交通线路出于列车运行的需要，根据其跨越城市区域的用地功能及线路条件，可以将其划分为若干个区段(通常为市区段和郊区段)，每个区段内的若干个车站就构成一个组团。通过对组团内部及组团之间的客流 OD 流向分析，可以为线路制定列车开行方案提供数据支撑，也可以对既有的列车开行方案进行评价。如组团内部以短途客流为主，则可采用组团间的衔接交路和站站停车方案。如组团间或相关 OD 间的长距离出行客流比例较大，为避免大量乘客换乘，可考虑采用混合交路和部分列车跨多站停车方案。图 2-9 为线路的 OD 客流组团分析示意图。

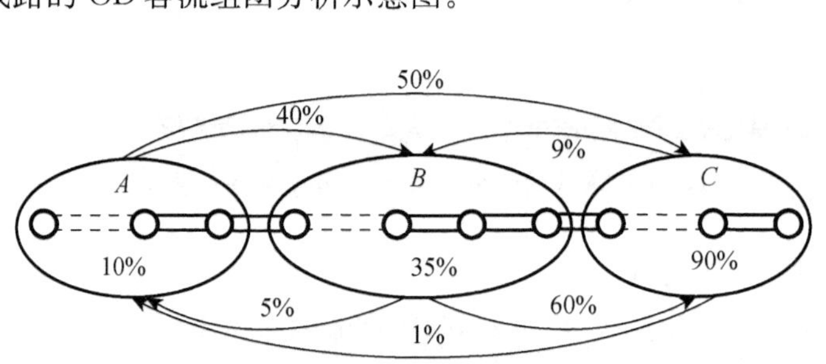

图 2-9　线路的 OD 客流组团分析

2.4.3 进出站客流分析

进出站客流可分为线网和车站进出站客流，分别表征宏观和微观的客流发生量及强度的时空分布。线网进出站客流主要用于分时分析，可以得到线路和网络中不同时段的客流量情况。通常，工作日有明显的早、晚高峰，全日呈马鞍形分布；周末波动相对平稳，全日呈纺锤形分布。线网进出站客流量代表线网总体客流强度，是运力配置和制订客流组织方案的总体性依据。而车站进出站客流则能体现更微观的客流发生量和客流强度在时间和空间上的分布特征。对于城市不同区位、线网上不同功能或周边不同土地利用性质的车站而言，其每日进出站的客流在不同时段和不同方向上也会存在明显的差异。所以，车站进出站客流是制订列车停站方案和车站客流管控方案的重要依据。

2.4.3.1 网络进出站客流

网络进出站客流的分析主要在于空间与时间特性的分析。散点图是数据点在坐标系平面上的分布图，因此可以将散点图与地理坐标系相结合，借助散点和地图表达车站及其所处的空间位置。图2-10为某轨道交通网络工作日客流数据的进出站客流分布图，分别为早高峰(07:30—9:30)和晚高峰(17:30—19:30)时的进站客流情况，点的大小和颜色深浅代表进站客流量大小。从图中可以看出，早高峰时段郊区车站的进站客流较大，市区车站的出站客流量最大，而晚高峰恰好相反。通过这类图表可以掌握网络进出站客流在时间与空间上的分布规律。

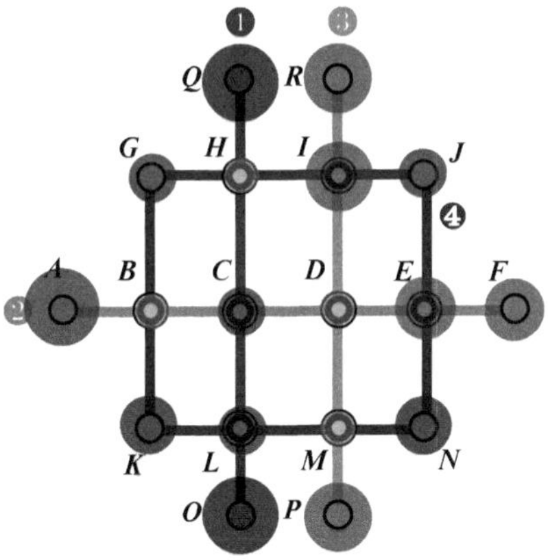

(a) 早高峰(07:30—09:30)

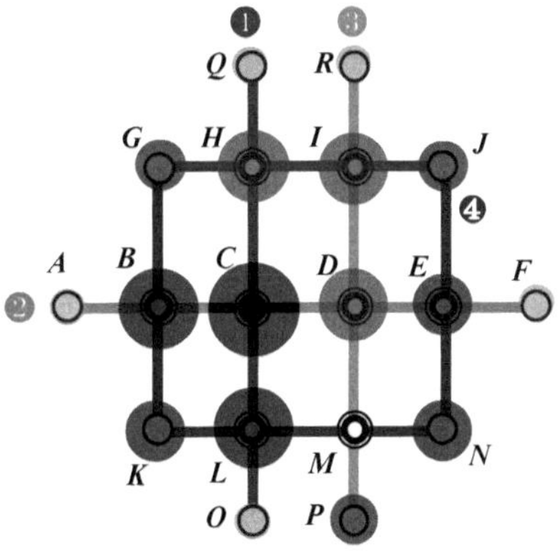

(b) 晚高峰(17:30—19:30)

图2-10 基于散点图的网络早、晚高峰进站客流量

2.4.3.2 车站进出站客流

针对车站进出站客流的分析主要包含两个层面：一是分析不同车站在同一时段的进出站客流差异性；二是分析同一车站在不同方向、不同时段上的进出站客流差异性。

在分析线路上同一时段各车站进站客流量和出站客流量的差异性时，可以将进出站汇总到同一图形中，更有利于从全局上把握不同空间位置处各车站的进出站客流特点，利用饼图(圆圈大小表示进出站总量)可以实现进出站客流量在网络上的宏观表现(图 2-11)。

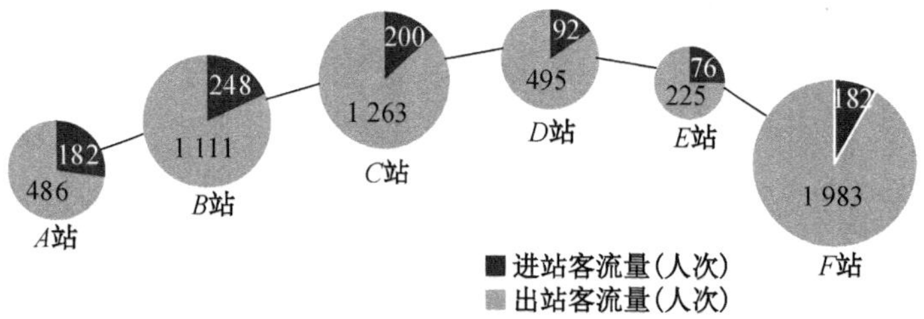

图 2-11　同一线路不同车站的进出站客流对比

同一车站在不同方向和时段上的进出站客流差异性体现在分时进出站客流分布特征上。研究表明，典型的城市轨道交通车站的进出站客流时间分布有五类(图 2-12)。第一类车站主要位于非中心城区，周边用地以居住用地为主，客流以通勤为主，进站高峰多发生在早高峰时段指向城市中心方向，出站高峰多发生在晚高峰时段远离中心方向。第二类车站主要位于中心城区，周边用地以办公用地为主，兼有商业用地，客流以通勤为主，出站高峰多发生在早高峰时段指向中心方向，进站高峰多发生在晚高峰时段远离城市中心方向。第三类车站介于城市中心和郊区之间，周边用地中办公用地与居住用地比例接近，客流以通勤为主，早晚高峰期间均有较大的进出站客流量，基本对称。第四类车站，周边用地以商业及休闲娱乐用地为主，客流多为购物和休闲娱乐，出站客流在早高峰形成峰值后逐渐下降，进站客流全天逐渐增加至晚高峰后下降，平峰客流量较大。第五类车站位于城市对外交通枢纽，以对外交通客流为主，全日进出站量维持在较高水平，但没有明显的早晚高峰集中大客流。另外，在周末和节假日，第二类车站全天进出站量具有和第四类车站类似的分布。

由于各车站位于网络的不同位置以及车站周边特征不同，各车站的进出站客流高峰时段存在时间先后和时段长短的差异，因此应对不同车站、不同运行方向上的进出站高峰客流发生时段和强度进行精确的分析。

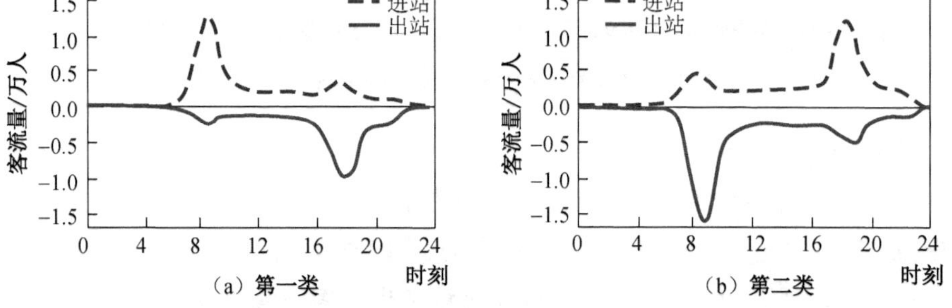

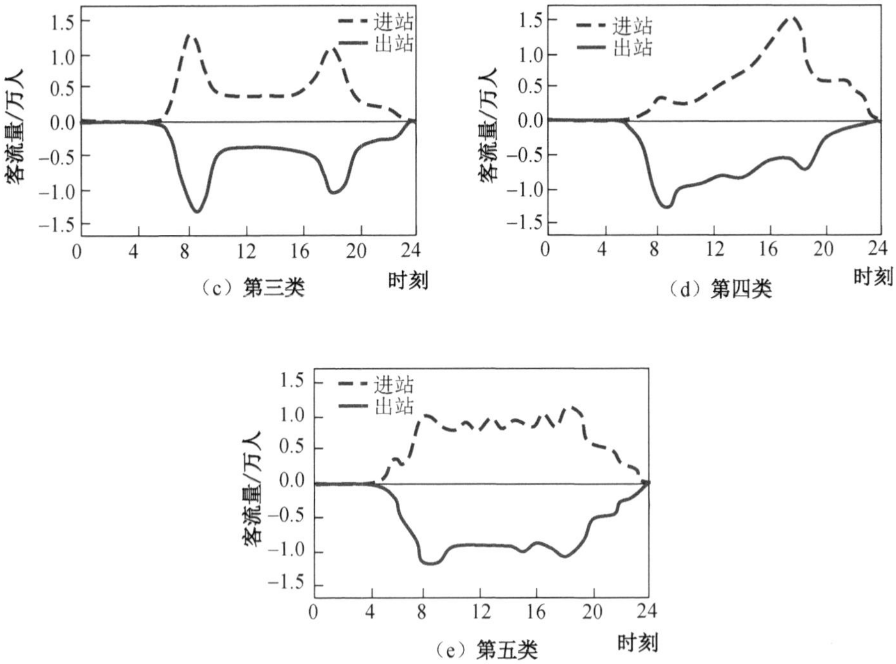

图 2-12 车站进出站客流时间分布特征分类分析

2.4.4 换乘客流分析

换乘站是城市轨道交通线网中的重要节点，对于换乘客流更为重要的是分析不同换乘方向上的换乘量。换乘客流的流向也取决于网络主要 OD 流向，在不同区位、不同时段、不同方向上的车站换乘客流高峰和走向均有着不同的特点。换乘客流是制订网络的运输组织方案和线路站点的客流协同管控方案，保证换乘客流的顺利出行及线网客流的均衡分配的关键。

换乘站在不同线路之间的换乘方向与该站衔接的线路条数有关，如 2 线换乘站共有 8 个方向，3 线换乘站共有 24 个方向，而 4 线换乘站则多达 48 个方向。弦图是以圆和弦为基础的图形表达方式，可以将换乘方向映射成弦图中的弧线，同时借助弧线颜色、粗细来反映换乘方向上的客流量大小。圆外的箭头方向指代线路的上下行方向，在内部通过弧线连接各线路，从而实现对不同线路不同方向间的换乘关系表达。图 2-13 展示了某 2 线和 3 线换乘站在某工作日 9：00—9：05 的换乘客流量。通过弧线的颜色和粗细可以清晰地看出 3 线换乘站中 1 号线上行换 3 号线上行、1 号线下行换 3 号线上行、2 号线下行换 3 号线上行方向的换乘客流量较大。弦图的最大优点是能适应不同的衔接线路数量，且有助于运营管理人员快速掌握各个方向换乘量大小及站内换乘客流分布，为制订合理客流组织方案与设施设备优化方案提供决策依据。

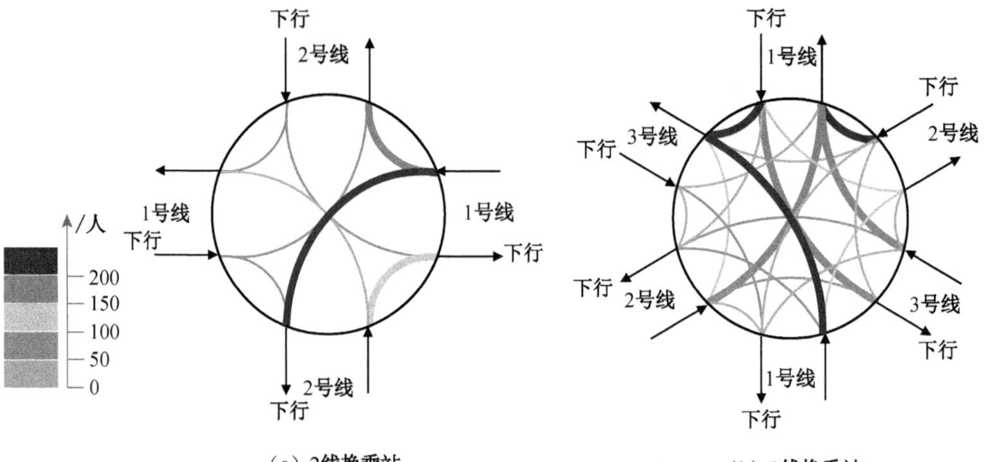

（a）2线换乘站　　（b）3线换乘站

图 2-13　多线换乘站的分方向换乘客流分析

2.4.5　断面客流分析

对于断面客流特征把握，既需要展现其在不同时段（早、晚高峰）、不同时期（工作日、双休日与节假日）的差异性，又要体现其在发生位置与发生方向（上、下行）的差异性[12]。基于分析目的的不同，断面客流可视化可以通过断面绝对量与断面满载率两个指标来展现，断面绝对量主要反映不同位置与方向上的客流量，而满载率是结合列车能力的综合性指标，反映列车的拥挤程度。

2.4.5.1　基于日期变化的网络断面客流分析

对于同一线路，其最大断面客流量在时间上存在较大差异，这种差异性既体现在一天中的不同时段上，还体现在一段时期内不同日期上。分析方法是将甘特图与日历图结合展示，实现对断面客流不同时段与不同日期的对比。图 2-14 展示了某轨道交通线路在 5 月份的分时最大断面客流量日历图，在传统日历格式基础上，融入分时条状图，通过条状元素颜色深浅描述分时最大断面客流量。从图中可发现，该线工作日最大断面客流量在时间上具有两个峰值，分别是 7：00—10：00 以及 17：00—19：00；周末断面客流比较均衡，起伏不明显；在节假日期间断面客流量较周末要大，且有一定的峰期。因此，可以通过这类可视化图表完成对基于时间特性断面客流的对比分析，从而得出一定的周期性变化规律。

2.4.5.2　网络断面客流分析

对于城市轨道交通网络断面客流的分析既要展现网络各断面在不同空间上的差异性，还要展现同一区间在不同方向上的差异性。通过网络拓扑结构中对点对象与边对象的处理，可实现线网拓扑结构的可视化，用车站节点间连接线的粗细来表示断面绝对量，用连接线的颜色深浅表示满载率。图 2-15 展示了某轨道交通网络某工作日 15 min 分时

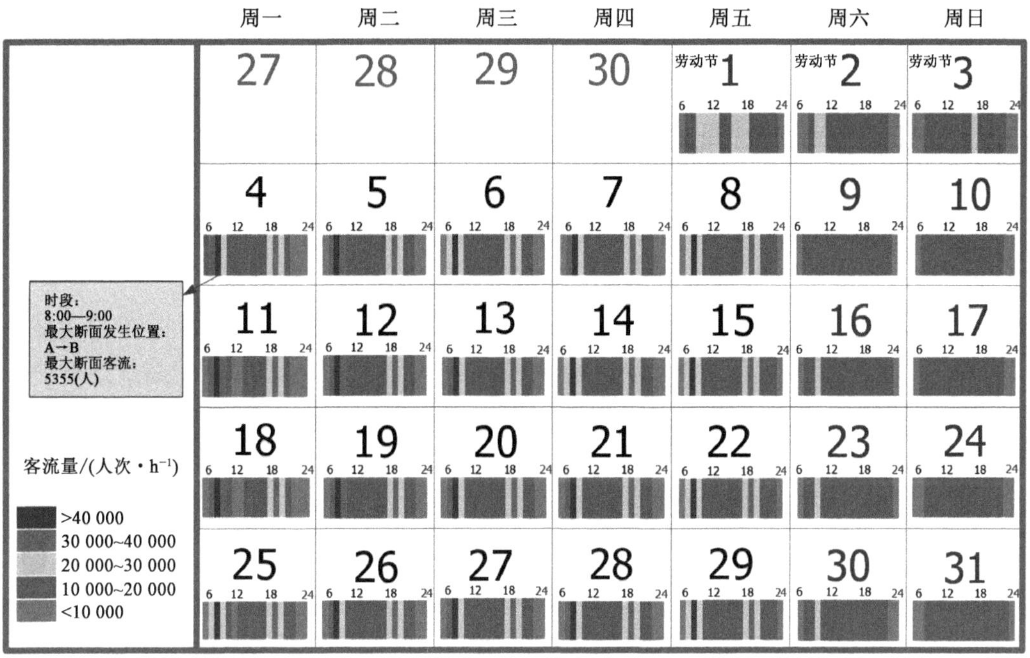

图 2-14　基于甘特图与日历图结合的单月分时最大断面客流分析

断面客流量与满载率的分布特征。从图中可以看到，早、晚高峰全网断面客流动态集散过程，图 2-15(a)为早高峰，全网络多数区间呈现拥挤状态，各郊区线路潮汐现象凸显，部分入城方向的运能紧张；图 2-15(b)为晚高峰，特征与早高峰刚好相反。该图将杂乱的客流数据利用坐标轴和时间轴清晰划分与排列，有效且直观地将断面客流信息映射到相应图形属性中[7]。这类可视化分析图充分结合了网络断面客流的空间与时间特征，可以辅助运营管理者从宏观、微观层全面了解断面客流的分布规律。

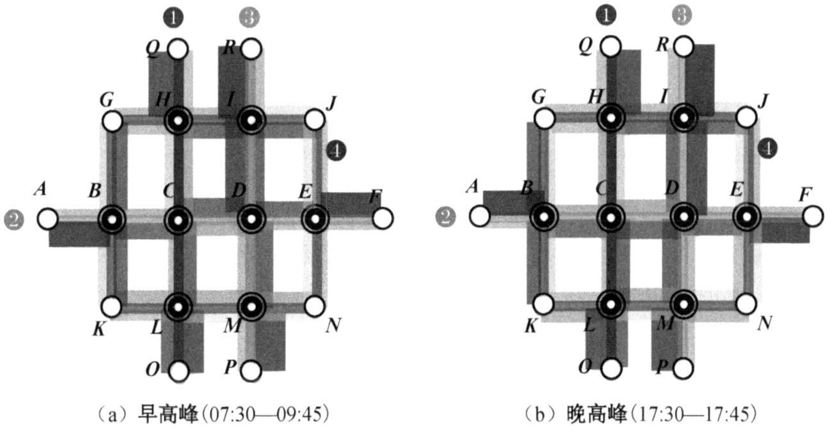

图 2-15　基于空间特性的网络断面客流可视化展示

需要指出的是，在图 2-15 的基础上，可以将断面客流数据中的时间变量映射到动画的时间轴上，实现通过控制时间轴来观察各个时段内各个断面客流的变化情况，也可将不同时间段的图形生成动画或视频文件。这种动态可视化分析可以更加直观地展示网络断面客流随时间演变的规律，对于优化列车开行方案与客流组织方案具有重要参考价值。

2.4.5.3 分区间断面客流特征分析

分区间断面客流特征是指在给定的时段条件下，线路上各区间分方向的小时(或其他刻度)最大断面客流分布，该特征是制定交路方案的基础。图 2-16 所示为某线图各区间在 8:00—9:00 的最大断面客流统计图，从图中可以看出，该时段内客流呈纺锤形分布，上下行客流主要发生在 *A* 至 *J* 区段，列车过 *J* 站后，断面客流明显下降，因此，在该类客流特征条件下，线路比较适合开行大小交路(小交路为 *A* 至 *J* 站，假设 *J* 站具备折返条件)。

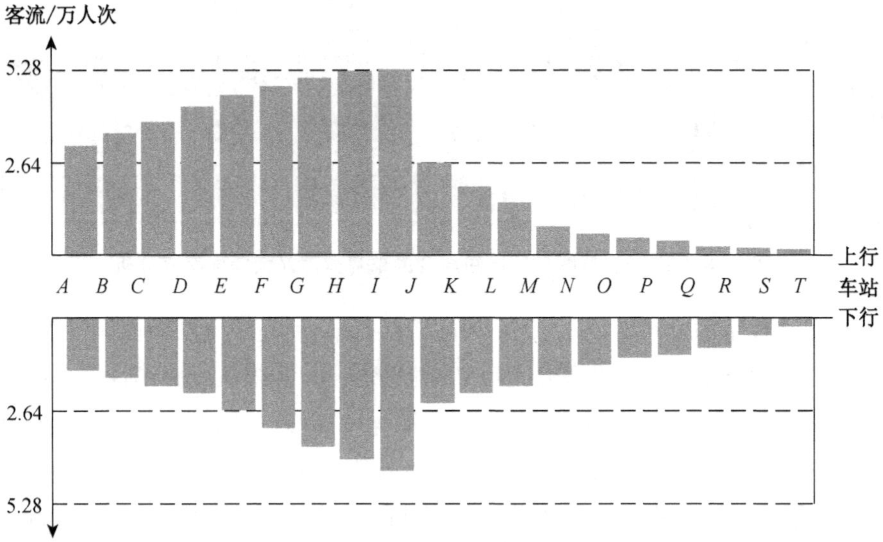

图 2-16 某线图各区间在 8:00—9:00 的最大断面客流

2.4.5.4 全日分时最大断面客流分析

全日分时最大断面客流特征是指全线所有区间(包括上、下行)在不同时段上的最大断面客流分布，该特征是制订全日行车计划的基础。图 2-17 为某线路各区间在每个小时的最大断面客流分布图，从图中可以看出，该线路全天具有明显的高低峰特征，在全日行车计划编制时需计算不同时段的列车开行数量。

最大断面客流分析的精细化是实现运行图精细化编制的基础。传统的最大断面客流计算都是以整点小时为单位。实际上，大部分线路的极端高峰断面往往不一定发生在整点的小时内，随着 AFC 系统的投用和客流分析的精细化程度加深，断面客流的统计精度可以精确至 5 min，能分析出全日的最大极端高峰断面发生的位置和持续时间。

2.4.5.5 运能运量适应性分析

在全日行车计划或运行图编制好后，可以用运能运量适应性评估图来分析运能与运量的匹配情况，在线路最大断面的分时特征图上可以加上计划能力线(图 2-17)，如果计划

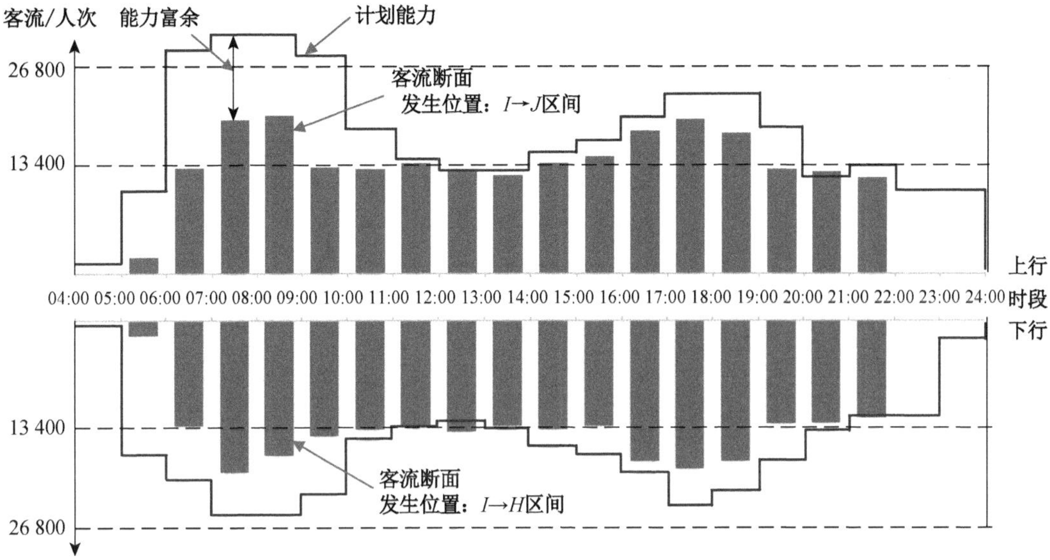

图 2-17 某线图各区间在不同时段的能力适应性评估

能力线能覆盖所有断面，则表示供给能力可以满足线路的需求。当然，能力线不能与断面客流量相差太远，如果过远则表示能力过于富余，需要修改全日行车计划或运行图，调整能力的供给，使能力与实际运量达到最佳匹配。

复习思考题

1. 客流的定义是什么？客流分析的意义是什么？

2. 客流有哪些指标？各个指标的计算方法是什么？

3. 什么是断面客流？断面客流的计算方法是什么？

4. 假设某线路共有 4 个车站，各车站之间的 OD 客流量、运行时间和区间距离等参数如题图 2-1 所示，试计算以下客流指标：车站进站量、车站出站量、车站乘降量、线路客运量、断面客流量、客运周转量、平均运距、线路客运强度和负荷强度。

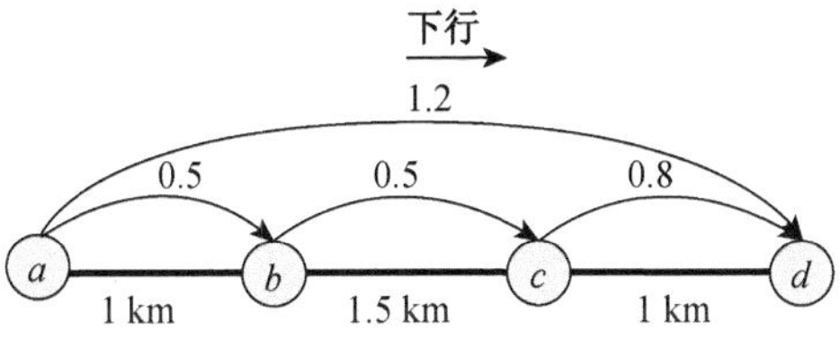

题图 2-1 单线客流计算实例(单位:万人)

5. 假设网络有 2 条线，5 车站(其中 1 个换乘站)，各站之间的 OD 客流量、区间距离和区间运行时分如题图 2-2 所示，假设 $b \to e$ 的 OD 客流从 2 号线的 b 站进站，$b \to c$ 的 OD

客流从 1 号线的 b 站进站，列车的停站时间为 1 min，乘客在 b 站的换乘时间为 6 min，试计算以下客流指标：线路与网络的进站量、出站量、换乘量、车站乘降量、客运量、区间断面客流量、周转量、平均运距、线网换乘系数、线网换乘比例、客运强度和负荷强度。

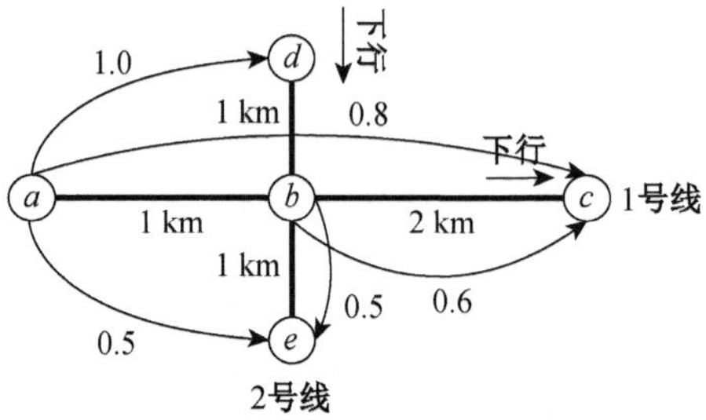

题图 2-2　简单网络客流计算实例(单位:万人)

6. 假设某线路由 a，b，c，d 4 个车站组成，各区间的运行时分如题图 2-3 所示，各个车站的 OD 客流量和客流进站时间如题表 2-1 所列，假设列车在各个车站的停站时间为 1 min，试计算各个车站的分时 15 min 的进站客流和区间断面客流。

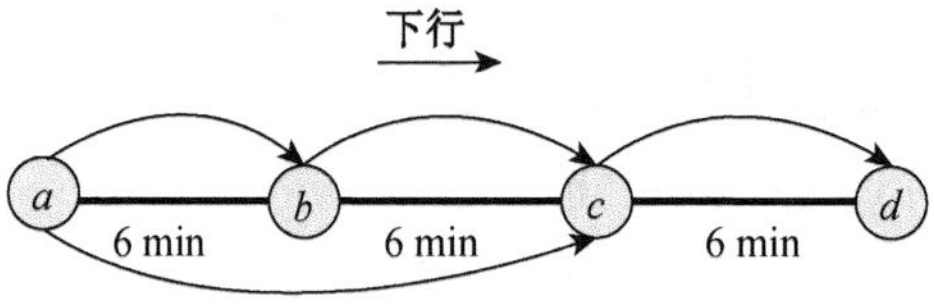

题图 2-3　带时间窗的客流计算实例

题表 2-1　分时进站客流量

OD	进站时段	客流量/人
$a \to b$	7:00	1 000
	7:15	2 000
	7:30	3 000
$b \to c$	7:00	2 000
	7:15	2 000
	7:30	1 000
$a \to c$	7:00	2 000
	7:15	2 000
	7:30	2 000
$c \to d$	7:00	3 000
	7:15	3 000
	7:30	3 000

7. OD客流如何分析？网络OD有什么样的展示方式？为何要进行组团客流分析？

8. 进出站客流如何分析？网络层与线路层的进出站客流有什么样的展示方式？

9. 换乘客流分析的目的是什么？如何分析多线(包括2线或3线)换乘站不同换乘方向的客流？

10. 基于日期变化的断面客流分析有什么方法？可以用什么样的图形进行展示？

11. 网络断面客流分析如何体现时间与空间上的差异？有什么展示的方法？

12. 分区间断面客流特征的分析有什么作用？全日分时最大断面客流的特征分析有什么作用？各有什么样的展示方法？

参考文献

[1] 颜景林.城市轨道交通运营管理[M].成都:西南交通大学出版社,2014.

[2] 张国宝.城市轨道交通运营组织[M].2版.上海:上海科学技术出版社,2012.

[3] 交通运输部科学研究院.城市轨道交通运营指标体系(征求意见稿)[S].2018.

[4] 徐瑞华,罗钦,高鹏.基于多路径的城市轨道交通网络客流分布模型及算法研究[J].铁道学报,2009,31(2):110-114.

[5] 张星臣.城市轨道交通运营管理[M].北京:高等教育出版社,2017.

[6] 江志彬,刘伟,韩彦钊,等.城市轨道交通网络客流大数据可视化[J].城市交通,2018,16(2):70-75,08.

[7] 谢英豪,江志彬,徐瑞华.城市轨道交通断面客流数据可视化分析及优化[J].城市轨道交通研究,2017(01):69-74.

第 3 章

网络行车计划

列车行车计划是城市轨道交通系统日常运输组织的关键，编制的基础是客流、技术设备及其能力等。线路列车行车计划的内容除了全日行车计划外，还包括列车开行方案、车辆运用计划和乘务计划等。网络行车计划包括网络能力配置计划、网络换乘节点的协调计划、网络首末班车衔接计划等。

3.1 全日行车计划

全日行车计划是指营业时间内各个时段(通常为小时)开行的列车对数(或行车间隔)计划，它规定了城市轨道交通线路的日常运输任务，是编制列车运行图、计算运输工作量和确定车辆运用的基础资料。与传统城市间铁路基于日开行对数(每日内开行的列车数量一般情况下不可减少，即车次不可取消)的计划相比，城市轨道交通的行车计划主要是基于行车间隔的组织，即服务水平的主要指标是行车间隔[1]，乘客出行也不是事先购买好指定车次的车票，这种特性也决定了城市轨道交通列车发生延误后，未按计划开行的列车不需要加开，因此城市轨道交通系统的运输能力在时间上不具有补充性。正是这种非计划出行的模式，使得线路的全日行车计划要在时间与空间上与客流需求尽量做到最佳匹配，这也就决定了计划的多时段、多交路、多间隔的特征。

3.1.1 编制资料

1. 营业时间

城市轨道交通系统营业时间的安排主要考虑两个因素：一是方便乘客，满足城市生活的需要，即考虑城市居民出行活动的特点；二是满足轨道交通系统各项设备检修养护的需要。根据资料，世界上大多数城市的轨道交通系统营业时长为 18～20 h，个别城市是 24 h 运营，如美国的纽约和芝加哥。适当延长运营时间，是城市轨道交通系统提高服务水平的体现[2]。

2. 全日分时最大断面客流量

列车能力的提供须满足最大断面客流需求，全日行车计划编制的依据是全日分时最大断面客流量。

3. 列车定员

列车定员是指线路客运列车额定载客能力，通常用列车编组辆数和车辆定员数的乘积表示。

$$C^{TU}=C^{V}\times N^{TU} \tag{3-1}$$

式中 C^{TU} ——列车定员数，人；

C^{V} ——车辆定员数，人；

N^{TU} ——列车编组辆数，辆。

列车编组辆数的确定以高峰小时最大断面客流量作为基本依据。初期、近期和远期列车编组的车辆数，应分别根据预测的初期、近期和远期客流量、车辆定员数和设定的行车密度来确定。在客流量一定的情况下，为达到一定的运能，除采用增加列车编组辆数措施外，也可采用缩短行车间隔时间的措施。但在行车密度已经较大时，为满足增长的客流需求，增加列车编组辆数往往成为首选的措施。此时，城市轨道交通系统保有的运用车辆数是增加列车编组辆数的限制因素之一，其他限制因素还包括车站站台长度、存车线或折返线长度等。

车辆定员数为车辆座位数和有效空余面积上站立的乘客数之和。我国《地铁设计规范》(GB 50157—2013)规定车厢有效空余面积上站立的人数宜按 5～6 人/m^2 计算[3]。车辆定员数的多少取决于车辆的尺寸、车厢内座位布置方式和车门设置数(定员标准见本书表 1-2)。一般来说，在车辆限界范围内，车辆长宽尺寸越大载客越多，车厢内座位纵向布置较横向布置载客要多，车厢内车门区较座位区载客要多。

4. 线路断面满载率

线路断面满载率是指在单位时间内特定断面上的车辆载客能力利用率。在实际工作中，线路断面满载率通常是指高峰小时单向最大客流断面的车辆载客能力利用率，计算公式如下：

$$\beta^{S}=\frac{P_{max}^{TU}}{C^{TU}}\times 100\% \tag{3-2}$$

式中 β^{S} ——线路断面满载率；

P_{max}^{TU} ——单向最大断面客流量，人。

线路断面满载率既反映了高峰小时开行列车在最大客流断面的满载程度，也反映了乘客乘车的舒适程度。为了提高车辆运用效率、降低运输成本和提高经济效益，在编制全日行车计划时,轨道交通系统可采用列车在高峰时段适当超载(如取满载率为 1.1),为了提高服务水平,在平峰时段也可以适当减载(如取满载率为 0.9)。

3.1.2 编制步骤

1. 计算营业时间内各小时开行列车数

营业时间内各小时开行列车数的计算公式如下:

$$n_i^{\mathrm{H}}=\frac{P_{i,\max}^{\mathrm{TU}}}{C^{\mathrm{TU}}\times\beta_i^{\mathrm{S}}} \tag{3-3}$$

式中 n_i^{H}——时段 i 的开行列车数,列或对;

β_i^{S}——时段 i 的计算满载率;

$P_{i,\max}^{\mathrm{TU}}$——时段 i 的最大断面客流量,人。

2. 计算行车间隔时间

行车间隔时间计算公式如下:

$$t_i^{\mathrm{I}}=\frac{3\ 600}{n_i^{\mathrm{H}}} \tag{3-4}$$

式中,t_i^{I} 为时段 i 的行车间隔时间,s;n_i^{H} 同前。

3. 最终确定全日行车计划

在已经计算得到各小时应开行列车数和行车间隔的基础上,应检查是否存在某段时间内行车间隔过长的情况。行车间隔过长,会增加乘客的候车时间,不利于吸引客流。为方便乘客、提高服务水平,轨道交通系统在运营时间内最终确定的行车间隔不宜大于某一标准值(如上海地铁规定,线路区段中心城内的最小行车间隔应不大于5 min,中心城以外区域最小行车间隔不宜大于 10 min)。另外,还需要对全日行车计划中的高峰小时行车间隔进行检验,如是否小于线路的最小行车间隔,车底运用数量是否满足等。

3.1.3 编制实例

1. 编制资料

(1) 假设某线路一天共分 5 个时间段,各时段最大小时断面客流量和计算的满载率如表 3-1 所列;

(2) 车辆定员为 310 人,编组为 6 辆;

(3) 各时段允许的最大服务间隔为 10 min。

表 3-1　某线路各时段最大小时断面客流量和计算满载率

时间段	时段	最大小时断面客流量/(人·h^{-1})	计算满载率
1	5:00—7:00	7 200	0.9
2	7:00—9:30	24 000	1.1
3	9:30—16:30	14 400	0.9
4	16:30—19:30	21 600	1.1
5	19:30—22:00	9 600	0.9

2. 计算过程

以第二时间段为例：

(1) 先计算该时段开行的列车数量：

$$n_2^{\mathrm{H}}=\frac{P_{2,\max}^{\mathrm{TU}}}{C^{\mathrm{TU}}\times\beta_2^{\mathrm{S}}}=\frac{24\ 000}{310\times6\times1.1}\approx11.73(\text{列}/\mathrm{h})$$

(2) 计算该时段开行间隔：

$$t_2^{\mathrm{I}}=\frac{3\ 600}{n_2^{\mathrm{H}}}=\frac{3\ 600}{11.73}\approx307(\mathrm{s})$$

(3) 最终确定列车实际开行间隔是否满足允许的最大服务间隔(10 min)，由于 $t_2^{\mathrm{I}}=307\ \mathrm{s}<10\ \mathrm{min}$，因此第二时段需要开行的最终间隔为 307 s。

同理可以计划其他时段的开行对数和开行间隔，得到最终的全日行车计划，如表 3-2 所列。

表 3-2　全日行车计划

时间段	时间	最大小时断面客流量/人次	满载率	开行列数	计算间隔/s	需要开行间隔/s
1	5:00—7:00	7 200	0.9	4.30	837	600
2	7:00—9:30	24 000	1.1	11.73	307	307
3	9:30—16:30	14 400	0.9	8.60	419	419
4	16:30—19:30	21 600	1.1	10.56	341	341
5	19:30—22:00	9 600	0.9	5.73	628	600

3.2　列车开行方案

列车开行方案包括列车编组方案、列车交路方案和列车停站方案三部分。在列车开行方案中，列车编组方案规定了列车是固定编组还是非固定编组，以及列车的编组辆数；列车交路方案规定了列车的运行区段与折返车站；列车停站方案规定了列车是站站停车还是非站站停车。此外，列车开行方案还规定了按不同编组、交路和停站方案开行的列车数。线路开行方案图是开行方案的具体表现形式（图 3-1），图上可清楚地表示线路的开行交路以及各交路开行的列车数量、行车间隔和可以提供的能力等信息。

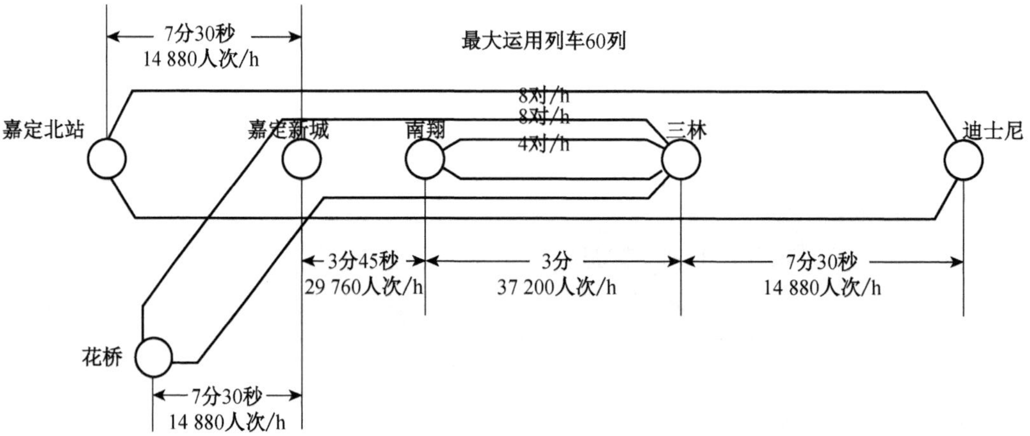

图 3-1　某轨道交通线路的列车开行方案示意图①

列车开行方案的比选应遵循客流分布特征与运营经济合理兼顾的原则，以实现既能维持较高的乘客服务水平，又能提高车辆运用效率的目标[4]。

3.2.1　列车编组方案

列车编组可由不同制式的车辆根据客流预测、设计运输能力、线路条件、环境条件及运营组织等要素确定。列车编组方案主要是确定编组种类，另外在方案制订过程中也要考虑影响方案比选的客流、通过能力和车辆选型等主要因素。

1. 列车编组种类

列车编组可分为固定编组和非固定编组两类。

固定编组是指在运营时间内列车的编组辆数固定。6～8 节的编组为大编组，如上海地铁 1 号线、2 号线为 8 节编组，11 号线为 6 节编组。3～4 节的编组为小编组，如上海地铁 6 号线为 4 节编组。

非固定编组是指在运营时间内列车编组辆数不固定，可以根据客流需求灵活编组，例如高峰开行大编组，非高峰开行小编组；某一方向开行大编组另一方向开行小编组；大交路开行大编组而小交路开行小编组等。大小编组也可以通过车辆重联（如 3/6 重联、4/8 重联）来实现。非固定编组方案可以有效提高能力利用效率，减少车辆的运用数量，但对

① 资料来源：上海申通地铁集团运营管理中心。

线路的配线条件要求很高，同时加大了行车组织和客运组织的难度。

2. 影响列车编组方案比选的因素

影响列车编组方案选用的主要因素是客流、通过能力和车辆选型。此外，在进行列车编组方案比选时，通常还应考虑乘客服务水平、车辆运用经济性和运营组织复杂性等影响因素[4]。2013 版的《地铁设计规范》(GB 50157—2013)明确指出[3]，列车编组数应分别根据预测的初期、近期和远期的客流量，综合车辆选型、行车组织方案、技术经济比较最终确定。初期、近期宜采用相同的列车编组，当远期车辆编组数与初期、近期不相同时，应按远期车辆的扩编要求预留条件。列车编组数关系到列车载客能力和系统的运输能力，同时关系到工程的土建规模，考虑到初、近期年限在地铁系统运行的间隔时间不长，差异化车辆编组对节省运营成本没有太大作用，反而会增加改造费用甚至干扰正常运营。但如果远期的运营规模与初、近期差别较大，则可以考虑远期车辆编组与初、近期不同的方案。为确保车辆在远期改造的可实施性，初、近期车辆应预留相应的技术条件[3]。

3.2.2　列车交路方案

列车交路规定了列车的运行区段、折返车站，以及各交路列车的开行数量。在线路各区段客流量不均衡程度较大的情况下，采用合理的列车交路，有利于保障服务水平，提高车辆运用效率，避免运能浪费，使行车组织做到经济合理。列车交路主要有单一交路、共线交路、环形交路等，也有一些由上述三种交路组合而成的组合交路形式，除此之外，还有列车出入库交路。

1. 单一交路

单一交路也称长交路，是指列车在线路的两个终点站间运行的交路形式(图 3-2)。在单一交路条件下，除出入库列车外，正常运行列车的始发与终到站都是固定的，乘客无须辨识同方向列车目的地即可上车，列车组织过程也相对简单。

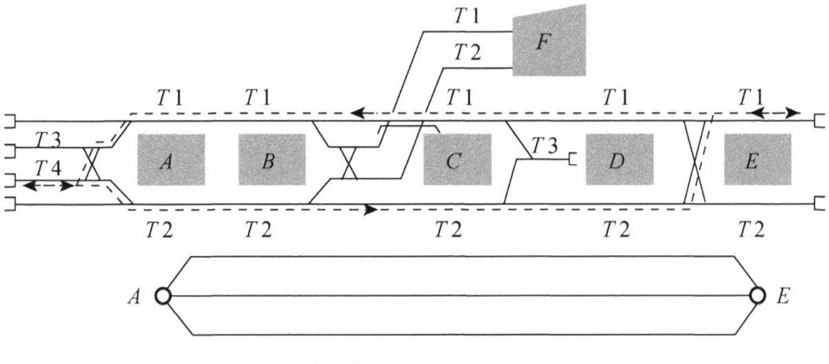

图 3-2　单一交路形式

2. 共线交路

共线交路产生的原因有两个：一是由线路结构特征产生的；二是由客流特征决定的。

1）由线路结构特征产生的共线交路

城市轨道交通网络从广义上讲，是由各种模式的轨道交通线路组成的综合性整体网络，而从连接形式上可分为连通型和非连通型两种。在连通型城市轨道交通网络上，由于轨道交通网络的强连通性，可组织列车跨线运营和多种交路开行。对于连通型城市轨道交通网络，常见的有 Y(双 Y 或多 Y)形线、直线加环形线等形式，这些线路由主线和支线组合而成，具有简单网络的特征，如图 3-3 所示。

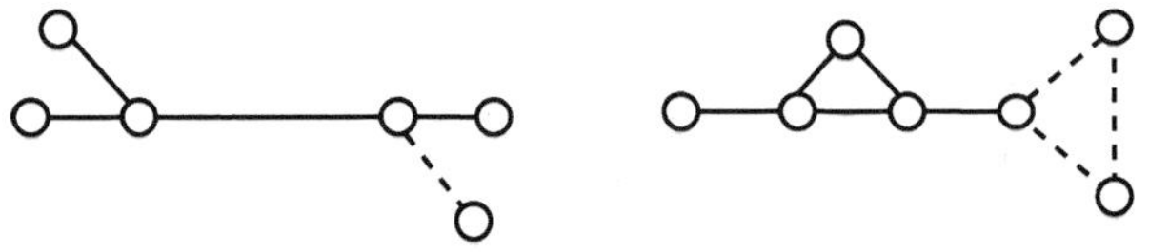

（a）Y（双Y）形　　（b）直线加环形

图 3-3　常见连通型网络的拓扑结构形式

(1) Y(双 Y)形线

Y(双 Y)形线是城市轨道交通网络中常见的线路形式，其线路特征是在主线某一个(或多个)车站引出一条(或多条)支线，形成一个简单网络。这类线路常见于连接市中心与多个城市副中心(郊区)的线路，其特点是线路距离较长，客流的基本特征是市区客流量大，郊区客流量小。这类线路类型在我国城市轨道交通网络中比较常见，如上海 10 号线与 11 号线、广州 3 号线等。

(2) 直线加环形线

直线加环型线是城市轨道交通网络中一种非常特殊的线路形式，其主要特征是由一直线加一环线组成，且环线可以与直线互通。环线可以连在直线的中间段，也可以连在两端。这类线路的主要特征是环线与直线存在共线的区段，交路组合形式多且复杂，其运行图的编制难度较高。目前，上海存在这样的线路形式(如 3 号线、4 号线，环在中间连接，共有 9 个共线站)。

因此，上述网络的物理结构决定了列车的共线运行，也必然会产生共线交路的形式，图 3-4 给出了几种常见的共线交路形式。

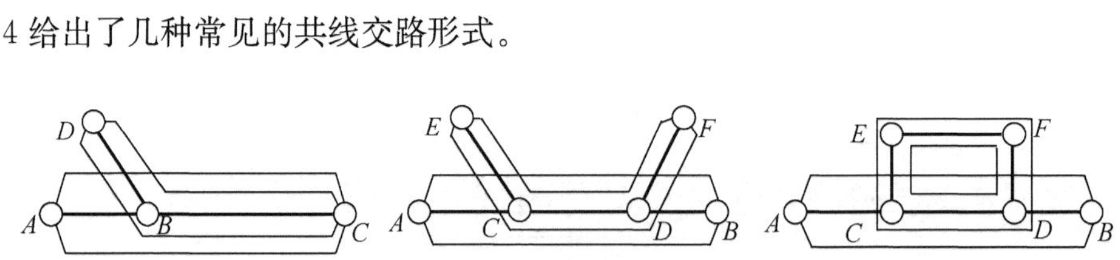

（a）单Y 形共线交路　　（b）双Y 形共线交路　　（c）直线加环形共线交路

图 3-4　线路网络结构特征产生的共线交路形式

2）由客流特征产生的共线交路

在单一形式的线路上，由于客流特征等原因需要开行两种或两种以上的交路形式，如果这些交路之间存在共线区段，也会形成共线交路，如图 3-5 所示。

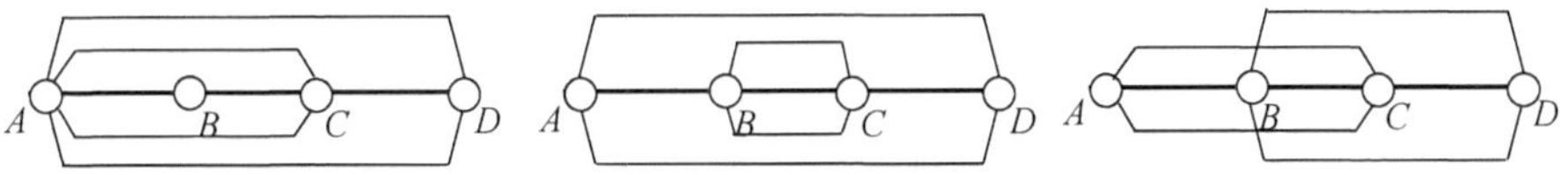

（a）大、小交路嵌套（共线段在两端）　（b）大、小交路嵌套（共线段在中间）　（c）两交路搭接

图 3-5　同一线路的不同共线交路形式

图 3-5 中的三种形式适用的条件各有不同，图 3-5(a)适用的条件是区段客流量不均衡程度较大，某一端断面客流量大，有明显客流断点的情况；图 3-5(b)适用的条件是区段客流量不均衡程度较大，中心区段断面客流量大，两端区段的断面客流量小，跨两端直通客流较大，有明显客流断点；图 3-5(c)适用的条件是区段客流量不均衡程度较大，中心区段断面客流量大，两端区段的断面客流量小，跨两端直通客流少，两端至线路中心区段客流大，有明显客流断点。

因此，可以将共线交路定义为：一条线路（包括非连通型与连通型线路）上开行两种或两种以上的交路形式，且至少存在两种交路通过某一相同区段。这个相同区段称为共线区段，其他区段称非共线区段[5]，如图 3-6 中的 A 至 C 区段为共线区段，C 至 E 区段为非共线段。

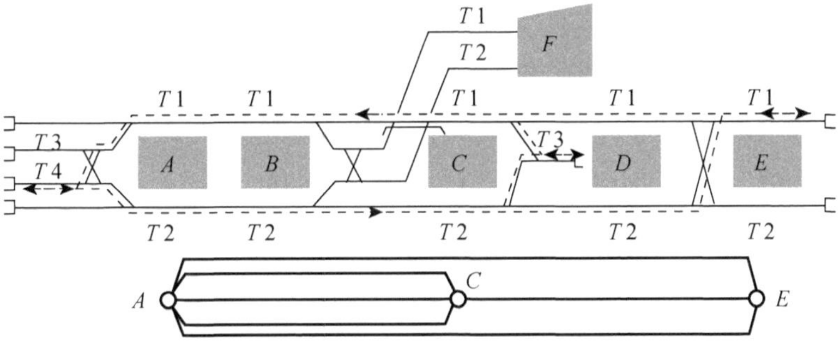

图 3-6　共线交路形式

在开行共线交路的线路上，车底周转有两种方式：套跑运用和独立运用，如图 3-7 所示。套跑运用时，车底周转与交路方式不完全匹配，在某一交路上运用的车底可以担任其他交路的运用任务。独立运用时，车底周转与某交路完全匹配，在某一交路上运用的车底

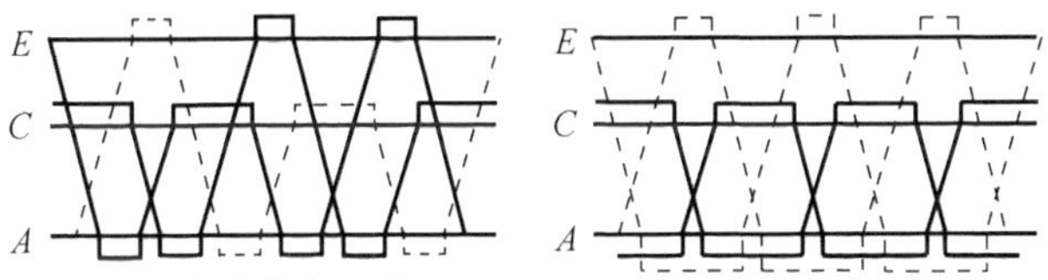

(a)车底套跑运用　(b)车底独立运用

图 3-7　共线交路车底周转形式

不能担任其他交路运行线的运用任务。

但是,车底套跑运用需要具备一定的条件:

(1) 不同交路必须存在一个相同的折返站,这是车底套跑运用的必要条件。

(2) 各交路的线路、车辆、信号等设备必须具备互通的条件,主要表现在车辆型号、信号制式可以兼容,车站的站台长度等设施与设备也能满足列车互通要求。

3. 环形交路

环形交路是一种特殊的交路形式,是在环形线路上形成的交路,这类交路的最大特点是列车没有变换方向的折返作业过程,列车都沿着固定的方向(顺时针或逆时针)循环运行(图 3-8)。环形交路的另一特点是上、下行开行方案可以单独编制(间隔可以不一致),另外在乘车方向上的引导(包括首末班车的提示)也有其特殊性。

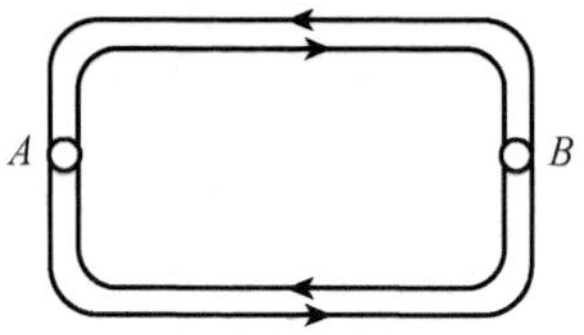

图 3-8　环形交路形式

4. 组合交路

受线路条件和客流特征的影响,某些线路需要开行更为复杂的组合交路,主要由上述三种交路形式组合而成,形式多样,包括衔接交路、搭接交路和组合交路等。如大小共线交路与衔接交路的组合(图 3-9),大小交路与 Y 形交路的组合(图 3-1),大小交路和环形交路的组合(图 1-13)。

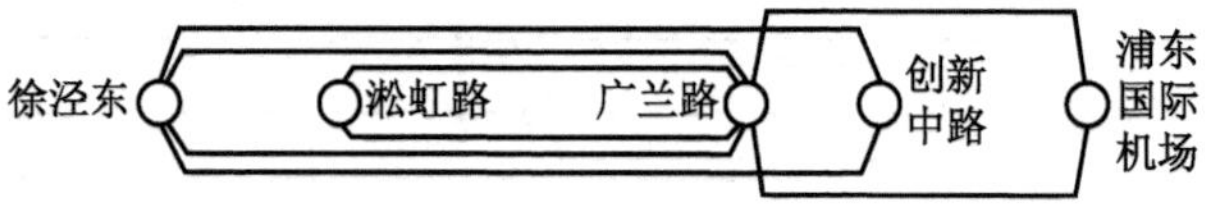

图 3-9　某轨道交通线路开行的组合交路形式[①]

5. 出入库交路

出入库交路是指连接车辆基地和正线的交路。出入库交路与线路的配线方案关系密切,通常情况下,为了提高出入库能力和减少车辆的空驶里程,出入库时可以采用反向行车的方式,以图 1-1 的配线方案为例,图 3-10 为对应的出库交路,图 3-11 为对应的入库交路。

6. 交路方案的选择依据

在制订交路方案时,需要综合考虑客流空间分布特征、乘客服务水平、运营经济性、通

① 资料来源:上海申通地铁集团运营管理中心。

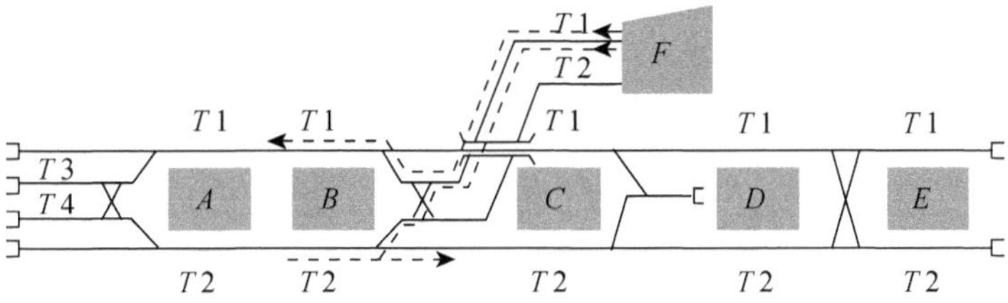

图 3-10　列车出库交路示意图

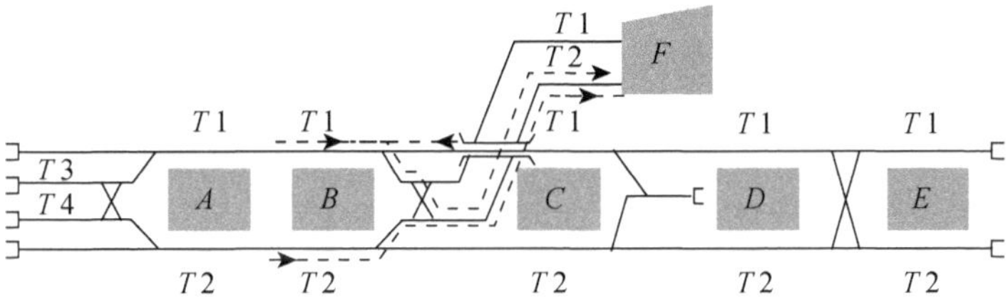

图 3-11　列车入库交路示意图

过能力适应性和运营组织复杂性等多种因素。如做好交路方案与客流分布不均衡性的匹配、减少旅客候车时间和换乘次数、优化折返站的折返方式和折返能力、提高客流组织和乘车导向服务等。

3.2.3　列车停站方案

列车停站方案可分为两种，站站停车和非站站停车。

1. 站站停车

站站停车，即列车在全线所有车站停车，是最为传统也是最常用的停站方式。该方案下，列车开行种类简单，乘车最为方便。

2. 非站站停车

非站站停车，即列车不一定在全线每个站都停车，选择在哪些车站进行停车的主要依据是 OD 客流，为了考虑一定的服务水平，也可采用不同停站方案的组合(如上海 16 号线)。非站站停车方案会增加部分乘客的候车时间和换乘次数。此外，由于不同停站次数带来列车旅行速度的差异性，有可能导致列车出现越行的情况，但城市轨道交通线路配线简单，通常不具备越行的条件，因此该停站方案不常使用。

为了提高列车旅行速度，避免快慢列车的旅行时间差带来的越行问题，城市轨道交通线路可以采用交替跳站停车的方案。交替跳站方案又称为 A/B 跳站方案，是指将线路上开行的列车分为①、②两类，全线的车站分为 A、B、C 三类，其中 A、B 类车站按相邻分布的原则设置，C 类车站按每隔 2 个、4 个或 6 个车站设一个的原则设置；①类列车在 B、C 类车站停车，在 A 类车站通过；②类列车在 A、C 类车站停车，在 B 类车站通过，即①类车和②类车交替跳站运行，如图 3-12 所示。

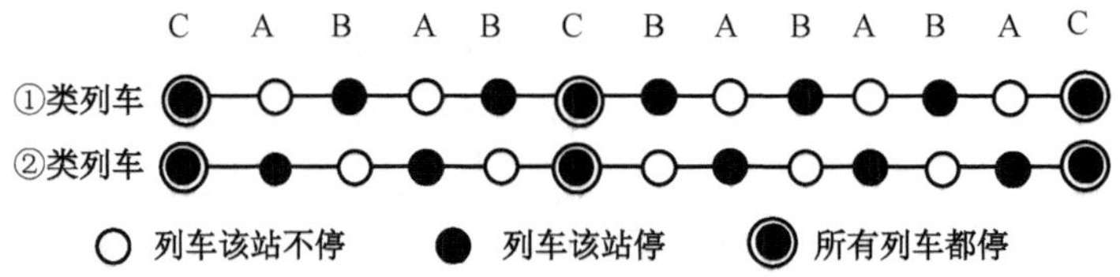

图 3-12 交替跳站的停站方案

在交替跳站的停站方案中两类列车的停站次数基本相同，因此可以有效避免越行，还可以提高旅行速度，但由于 A、B 两类车站的列车到达间隔加大，在这些车站上车乘客的候车时间会有所增加。此外，在 A、B 两类车站间上下车的乘客需要在 C 类车站换乘，会增加换乘时间并带来不便。因此，交替跳站方案比较适用于 C 类车站上下车客流量较大且乘客平均乘车距离较长的情形。

3. 停站方案的选择依据

影响列车停站方案比选的主要因素为站间 OD 客流、乘客服务水平、线路配线条件、运营经济性和运营组织复杂性等。非站站停车方案是否可行，应根据站间 OD 客流，定量分析计算长距离乘客节约的出行时间与部分乘客增加的换乘与候车时间。采用非站站停车方案时，必须对列车越行相关问题（如列车是否越行、越行站设置数量及位置等）做进一步分析。在长距离出行乘客比例较大及某些始发站、终到站间的直达客流也较大时，采用非站站停车方案通常是有利的[4]。

3.3 车辆运用计划

3.3.1 车辆运用分类

为完成乘客运送任务，轨道交通必须设置车辆基地，并配属一定数量的车辆。车辆按使用性质的不同，分为运用车、检修车和备用车三类。

1. 运用车

运用车是为完成日常运输任务而配备的技术状态良好的车辆，运用车的需要数与车底的运用周期和开行间隔有关。

2. 检修车

检修车是指处于定期检修状态的车辆。车辆的定期检修是一项有计划的预防性维修制度。车辆经过一段时间的运用后，各部件会产生磨耗、变形或损坏，为保证车辆技术状态良好和延长使用寿命，需要定期对车辆进行检修。

车辆检修宜采用日常维修和定期检修相结合的检修制度。车辆日常维修和定期检修的修程和周期应根据车辆技术条件、车辆的质量和既有车辆基地的检修经验制定。新建地铁工程的车辆检修修程和检修周期应符合表 3-3 的规定[3]。

表 3-3　车辆检修修程和检修周期

类别	检修修程	日常维修和定期检修周期指标		检修时间/d
		走行里程/万 km	时间间隔	
定期检修	大修	120	10 年	35
	架修	60	5 年	20
	定修	15	1.25 年	7
日常维修	三月检	3	3 月	2
	双周检	0.5	0.5 月	0.5
	列检	—	每天或两天	—

注：1. 表中检修时间按部件互换修确定；
2. 设计中检修周期，应采用年走行里程指标；
3. 可行性研究报告阶段可采用时间间隔指标。

3. 备用车

备用车是指为完成临时紧急运输任务或为替换退出运营的故障列车而储备的技术状态良好的车辆。备用车原则上停放在线路存车线、折返线或车辆基地内。

城市轨道交通新线车辆配属数量应根据运能与运量的匹配要求，以及检修车辆和备用车辆的数量要求，按初期需要进行配置。当城市的轨道交通网络已达到一定规模时，新线设计可与相交运营线路的运营组织方案适度匹配或按近期需要配车。一般情况下，检修车和备用车数量在设计中通常按运用车数的 15%～25%考虑，初期采用 25%体现增加配车；近期取 10%控制投资；远期取 20%为发展留出余地[3]。

3.3.2　车底运用数量计算

1. 计算方法

车底运用数量计算的前提是计算车底运用周期（T^R），车底运用周期是指列车在指定交路的始发、终到车站间运行一周所花费的总时间，该时间由列车运行时分，停站时分及列车在始发、终到站的折返停留时间四部分组成，如图 3-13 所示，T^R 的计算公式为：

$$T^R = t^R_{b,a} + t^T_a + t^R_{a,b} + t^T_b \qquad (3-5)$$

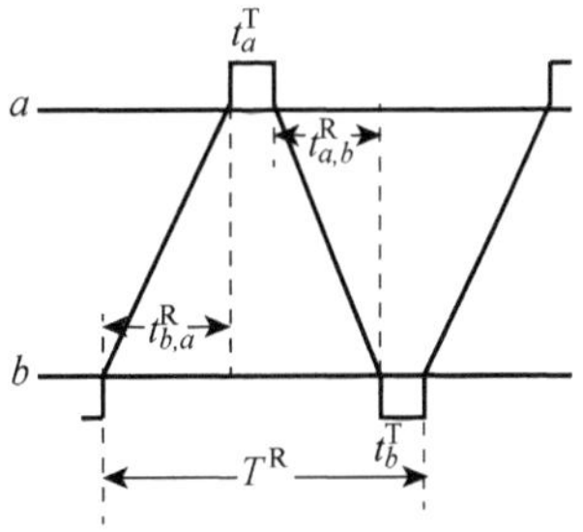

图 3-13　车底运用周期的计算原理

式中　$t^R_{b,a}$——b 至 a（上行）旅行时间，s；

$t^R_{a,b}$——a 至 b（下行）旅行时间，s；

t^T_a——列车在 a 站的折返停留时间，s；

t^T_b——列车在 b 站的折返停留时间，s。

一般来说，对于给定的开行方案，$t^R_{b,a}$ 与 $t^R_{a,b}$ 的时间基本是固定的，因此 T^R 主要受 t^T_a

与 t_b^{T} 的影响，如果 t_a^{T} 与 t_b^{T} 都取最小折返时间，则 T^{R} 达到最小值，称为 $T_{\min}^{\mathrm{R}}$。

车底运用数量的计算公式为：

$$N_i^{\mathrm{TA}}=\left\lceil\frac{T_i^{\mathrm{R}}}{t_i^{\mathrm{I}}}\right\rceil(\text{列}) \tag{3-6}$$

式中，⌈ ⌉为进整符号，i 表示一天中第 i 个时间段。

因此，一天中需要投入运营的最少车底的数量（$N_{d,\min}^{\mathrm{TA}}$）为：

$$N_{d,\min}^{\mathrm{TA}}=\max(N_i^{\mathrm{TA}})(\text{列}) \tag{3-7}$$

在已经铺画好的运行图上，车底运用数量的计算也可以通过图解法得到，在运行图的某一时刻，作一条与横坐标垂直的直线，然后竖直线与运行线（包括车底的折返线）交点处的数值就是该时刻的运用车数，图 3-14 所示时刻的运用车数量为 7 列。

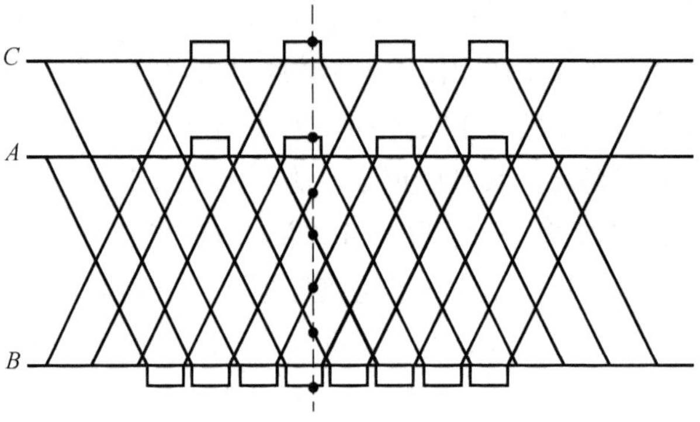

图 3-14　运用车数量计算的图解法

2. 车底运用数量计算实例

假设某线路的上、下行旅行时间均为 30 min，列车在两端的折返时间为 5 min，试求表 3-4（对应表 3-2 中的需要开行间隔）中各时间段需要运用的车底数量。

以第二个时间段（7:00—9:30）为例，

（1）计算线路全周转时间：

$$T_2^{\mathrm{R}}=30+30+5+5=70(\mathrm{min})=4\,200(\mathrm{s})$$

（2）计算车底数量：

$$N_2^{\mathrm{TA}}=\left\lceil\frac{T_2^{\mathrm{R}}}{t_2^{\mathrm{I}}}\right\rceil=\left\lceil\frac{4\,200}{307}\right\rceil=14(\text{列})$$

（3）计算实际开行间隔：

$$t_2^{\mathrm{I}}=\frac{T_2^{\mathrm{R}}}{N_2^{\mathrm{TA}}}=\frac{4\,200}{14}=300(\mathrm{s})=5(\mathrm{min})$$

（4）最终确定各时段车底数及实际平均开行间隔，如表 3-4 所列。

表 3-4 某线路各时段车底数和实际平均开行间隔时间

时间段	时间	计算间隔/s	车底数/列	实际间隔/s	实际间隔
1	5:00—7:00	600	7	600	10′
2	7:00—9:30	307	14	300	5′
3	9:30—16:30	419	11	382	6′22″
4	16:30—19:30	341	13	323	5′23″
5	19:30—22:00	600	7	600	10′

3.3.3 车底运用计划

车底运用包括列车的出入段、正线运行和列检等作业。车底运用应按计划进行，且该计划应在列车运行图和车辆检修计划的基础上进行编制。车底运用计划包括以下三个过程。

1. 铺画车底周转图

列车正线运行通常采用循环交路，根据列车运行图和车辆出段顺序，车底运用计划以车底周转图的形式规定了全日对应各出段顺序的车底在线路上往返运行的交路，包括车底在两端折返站的到达和出发时间、车底的出入段时间和顺序、车底出入的基地名称等，如图 3-15 所示。

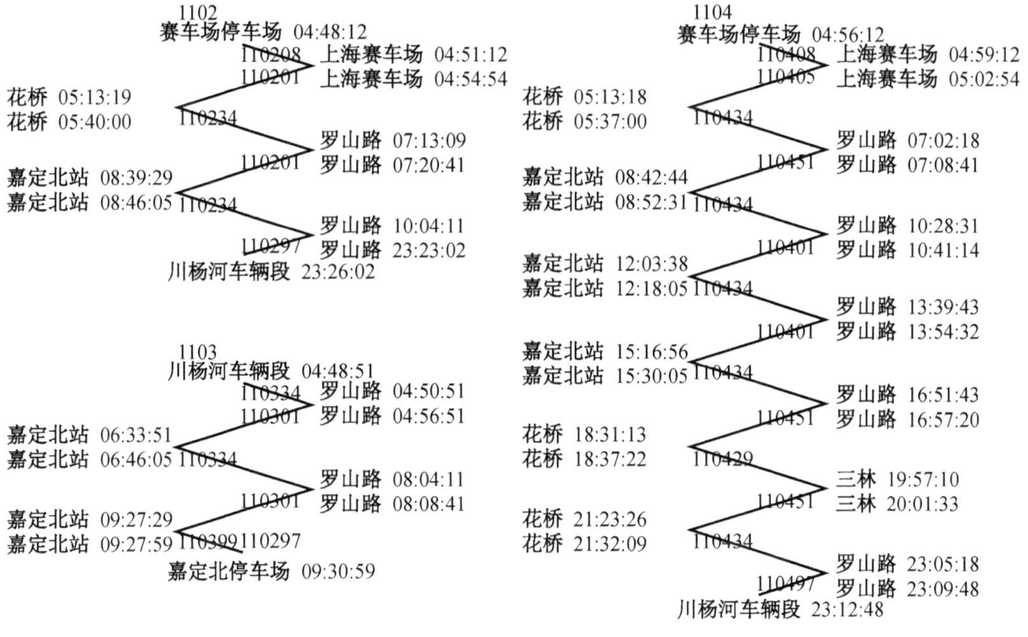

图 3-15 某线路的车底周转图

2. 确定对应各出段顺序的车底

在新列车运行图下达后，车辆基地应根据列车运行图的要求，及时排定车底的出段顺序、时间和担当车次以及回段顺序、时间和返回方向。出段时间根据计划列车运行图规定的时刻确定，出段时间应分别明确乘务员出勤时间、车底出库时间(表 3-5)。回库时间和返回方向同样也根据计划列车运行图确定。在具体规定车底的运用时，应注意使各车底的走行公里数能在一定时期内大致均衡。

表 3-5　确定对应各出段顺序的运用车

车底号	任务号	列车编号	接车车次	发车时间	担任司机
101	01	1011	01001	5:17:00	张三
102	02	1012	02001	5:19:23	李四
103	03	1003	03001	5:29:53	王五
104	04	1034	04001	5:33:25	江六

3. 配备乘务员

为提高车辆利用效率和劳动生产率，轨道交通系统的乘务制度通常采用轮乘制。由于乘务员值乘的列车不固定，在编制车辆运用计划时，应对乘务员的出退勤时间、地点和值乘列车车次，以及工间休息和吃饭等同步做出安排。

3.4　乘务计划

乘务计划是乘务人员的运用计划，即将列车运行图中的运行任务分配给乘务人员值乘的工作计划，具体内容是指定某位乘务员在某天中值乘某车次的运行任务。乘务计划从编制内容上可以分为乘务排班计划和乘务轮班计划。乘务排班计划是将列车运行图中的运行任务分解后组合成乘务工作班；乘务轮班计划则是安排某乘务员在某天执行哪个(些)乘务工作班[1]。

乘务管理包括乘务计划编制、乘务员管理、乘务值乘管理和绩效分析等内容。在乘务管理方面，合理选择乘务方式、优化配备乘务人员，对提高乘务管理水平和企业经济效益具有显著意义[6]。

随着我国各大城市轨道交通网络化运营程度的不断深入，不同日期客流特征的差异性加大、线路行车密度的增加、交路形式的多样化、运营时间的延长、网络资源的共享需求等都给乘务管理带来挑战，因此乘务管理也需要不断适应线路结构、客流特征、列车方案、管理制度等因素的变化需求[7]。

3.4.1　乘务计划概述

3.4.1.1　乘务制度

乘务制度是列车乘务员(司机、副司机)值勤的一种工作制度，它表示列车乘务员对运行列车值乘的方式。城市轨道交通乘务制度有两种：包乘制和轮乘制。

1. 包乘制

包乘制是指列车的值乘乘务员固定，由若干个乘务员包乘包管，其特点为：

(1) 列车乘务员能够比较全面地掌握值乘列车(车辆)的性能、熟悉列车(车辆)情况，有利于处理列车运行时的故障；

(2) 有利于管理、监督；

(3) 有利于列车维护、保养；

(4) 由于定人包车，对提高列车(车辆)的技术状况有一定的好处；

(5) 列车(车辆)使用相对不均匀、不平衡；

(6) 需配备的乘务员人数较多；

(7) 乘务员劳动生产率较低；

(8) 对车辆运用计划的编制要求较高。

2. 轮乘制

轮乘制是指列车的值乘乘务员不固定，由各个乘务员轮流值乘，其特点为：

(1) 可节省参与运行的乘务员数量，可减少到最低程度，能够有效降低运营成本；

(2) 司机运用灵活，有利于合理安排乘务员作息时间，均衡工作时间和工作量，提高工作和管理效率；

(3) 对列车乘务员的技术素质要求较高，对列车(车辆)性能的适应性要求较高；

(4) 不利于列车保养、维护。

目前，我国大多数轨道交通线路采用轮乘制。

3.4.1.2　乘务轮班制度

乘务员轮班制度是指制定乘务员每日执勤班种的规则。目前，常见的轮班制度有4种：四班二运转、四班三运转、五班三运转和三班二运转。

1. 四班二运转

“四班二运转”采用的轮转规则为：白班、夜班、休息、休息。其中，各班基本作业时间如表3-6所列。表中“夜班”工作时间跨越两天，实际上“四班二运转”中第一个休息日并非完全休息，而需要在当日凌晨4:00—11:30之间完成一定的驾车任务。因此，“四班二运转”轮转规则为：白班、夜班、早班、休息。其中夜、早班需要连乘完成，乘务员夜间留宿在车辆基地。

表 3-6 "四班二运转"基本作业时间

班种	出勤时间	退勤时间	工作时间
白班	8:00—11:00	14:00—19:30	约 10 h
夜班	14:00—19:30	次日 8:00—11:00	约 14 h(夜间休息时间不计)

2. 四班三运转和五班三运转

"四班三运转"采用的轮转规则为:白班、早班、夜班、休息。其中,各班基本作业时间如表 3-7 所列。"四班三运转"乘务员夜班结束后不留宿在车辆基地。"五班三运转"采用的轮转规则为:白班、早班、夜班、休息、休息,相对于"四班三运转"多了一个休息日,各班基本作业时间没有差异。

表 3-7 "四班三运转"和"五班三运转"基本作业时间

班种	出勤时间	退勤时间	工作时间
早班	运营开始—11:00	8:00—11:00	约 5 h
白班	8:00—11:00	14:00—19:30	约 10 h
夜班	14:00—19:30	20:30—运营结束	约 9 h

3. 三班二运转

"三班二运转"采用的轮转规则为:工作、工作、休息。乘务任务分为白班、夜班(夜早连乘)。因此,若采用"三班二运转",则必须将"夜班"和"早班"分开轮转,即一部分人员专门轮转"夜班",一部分人员专门轮转"白班"。其中夜班轮转规则为:夜班、休息(或夜班、早班、休息);白班轮转规则为:白班、白班、休息。其各班基本作业时间与"四班二运转"一致。

以上各轮班制度的轮换规则对比如图 3-16 所示。

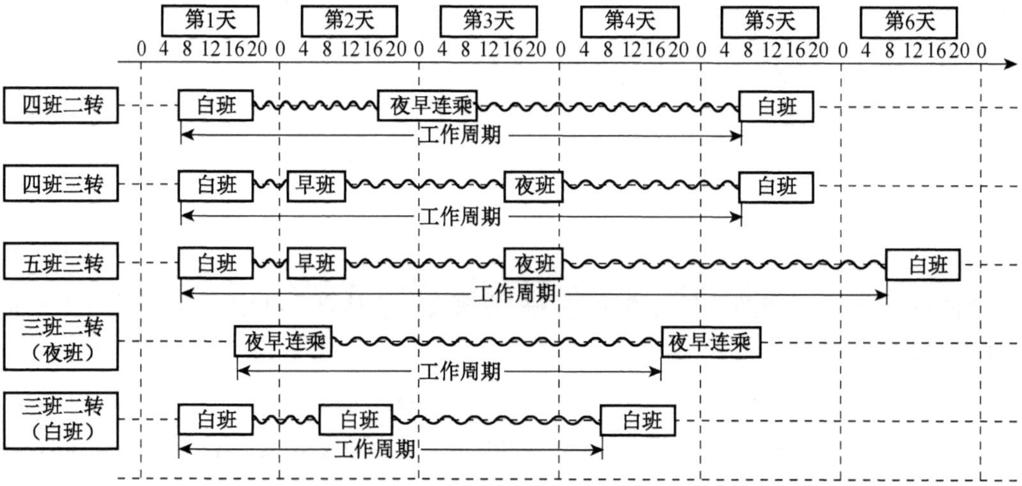

图 3-16 各轮班制度的轮换规则对比

根据各个轮班制度的轮换规则和工作时间分布，可以得出各轮班制度特点，如表 3-8 所列。

表 3-8　各轮班制度特点

<table>
<tr><th>轮班制度</th><th colspan="2">工作时间</th><th>休息时间</th><th>班组数量</th></tr>
<tr><td>四班二运转</td><td colspan="2">单次工作时间长，夜班后留宿车辆基地</td><td>集中</td><td>四</td></tr>
<tr><td>四班三运转</td><td colspan="2">工作时间分散，夜班后不留宿车辆基地</td><td>分散</td><td>四</td></tr>
<tr><td>五班三运转</td><td colspan="2">工作时间分散，夜班后不留宿车辆基地，轮转周期长</td><td>分散，总体休息时间长</td><td>五</td></tr>
<tr><td rowspan="2">三班二运转</td><td>夜</td><td>单次工作时间长，轮转周期短，夜班后留宿车辆基地</td><td>集中</td><td rowspan="2">三</td></tr>
<tr><td>白</td><td>工作时间合理，轮转周期短</td><td>分散</td></tr>
</table>

不同轮班模式，需要的乘务员数量为所有班次所需乘务员数量的总和。实际工作中，针对不同的运行图和车底周转计划，各轨道交通运营单位所采用的轮班模式不一定是上述的标准模式。运营单位可以根据实际情况采用个性化的轮班模式，如增加小单班（或称尖峰班、替饭班）、增加日勤班等，这种情况可称为混合轮班模式。混合轮班模式可以针对实际需求有效降低运营成本，但乘务计划的编制难度会有所增加。

3.4.2　乘务计划编制

城市轨道交通乘务计划编制是城市轨道交通运营管理的核心计划之一，编制的依据是计划列车运行图、乘务员数量、班制等。

3.4.2.1　乘务计划编制的前期工作

乘务计划编制之前需要做很多前期工作，如确定正线配备人数、备用人数、制定乘务轮班制度等。

1. 确定正线配备乘务员数量

正线乘务员是指参与正线列车驾驶的乘务员。在轨道交通线路运营前期，可根据线路的列车配备数量来确定该线路配备乘务员数量，一般采用人车比进行配备。计算公式如下：

$$n^{DR}=N_{L}^{TR}\times r^{PT} \tag{3-8}$$

式中　n^{DR}——线路配备的乘务员人数，人；

N_{L}^{TR}——线路上配备的列车数量，列；

r^{PT}——人车比（人/列），一般取值为 4.5～6.0。

2. 确定备用乘务员数量

除配备正线乘务员之外，一般还需配备一定数量的备用乘务员。备用乘务员数量的确定需要一定的科学依据，配备过多，会导致人员空闲，成本提高；反之，会导致现场人员使用紧张和部分乘务员工作强度过大，影响正常工作。

1）影响乘务员备用数量的主要因素

（1）处于婚龄的年轻乘务员数量：处于婚龄的乘务员结婚时，需要为其安排一定时间的婚假，一般婚假安排的休假时间为 7 天。

（2）未生育的女乘务员数量：未生育的女乘务员，随时可能因为怀孕需要休长时间产假，对现场工作影响较大，一般产假的休假时间为 6 个月。

（3）乘务员生病或特殊事假：一般特殊事假或生病的休假时间平均为 2 天。

（4）人员调动：人员调动指部分乘务员可能因为特殊原因被调离岗位，如临时借调、升职、离职等。

（5）人员储备：运营单位需要储备一定的乘务员，以用于后期增能、线路延伸、人员退休等。

除上述事件外，可能还存在其他原因，需要各运营单位根据具体情况自行确定。

2）备用乘务员人数计算

备用乘务员可以年为单位进行配备和更换，备用乘务员的人数可按照下式进行计算：

$$n_r^{DR} = \sum (n_i^E \times p_i^E \times d_i^E)/365 \tag{3-9}$$

式中 n_r^{DR}——备用乘务员数量，人；

n_i^E——事件 i 可能发生的人数，人；

p_i^E——事件 i 发生的概率；

d_i^E——事件 i 的影响天数，天。

3）算例

设某条线路正线乘务员数量为 200 人，假设以上五类事件的基本参数如表 3-9 所列。

表 3-9 五类事件的基本参数

事件类型	发生人数/人	发生概率	影响天数/天
婚假	100	0.2	7
产假	30	0.1	180
特殊事假	200	0.1	2
人员调动	200	0.03	365
人员储备	200	0.03	365

根据以上参数，可以计算出该线路需要配备的备用乘务员人数为 14 人。计算过程如下：

$$n_r^{DR}=100\times0.2\times\frac{7}{365}+30\times0.1\times\frac{180}{365}+200\times0.1\times\frac{2}{365}+200\times0.03+200\times0.03$$
$$\approx14(人)$$

3. 设定基本乘务驻点

乘务驻点是指乘务员可以下车停留的地点,通常为车站或车辆基地的运转值班室。

1) 乘务驻点分类

(1) 出退勤地点

出退勤地点是指允许乘务员出勤和退勤的地点,乘务员不得在出退勤点以外的车站出勤或退勤。

(2) 轮换休息地点

轮换休息地点是指乘务员可以下车休息轮换的地点,乘务员在轮换点下车休息时,会安排其他乘务员接替当前乘务员驾驶的列车,休息一段时间后,再接替其他乘务员,继续执行列车驾驶任务。

(3) 用餐地点

用餐地点是指允许乘务员下车用餐的地点,用餐地点需设立相应的用餐空间。

2) 乘务驻点设立的影响因素

(1) 设施设备

一般设立为用餐的地点必须设置一定的用餐空间;设立为轮转休息的地点,必须设立乘务员休息的场所;设立为出退勤的地点必须设立乘务员储物间、更衣室等,便于乘务员进行出退勤准备工作。

(2) 管理的便利性

一般乘务员出勤需要进行统一的班前点名、状态检查和注意事项提醒等工作,因此出退勤地点与班组长办公室通常设立在同一地点,便于班组长对乘务员进行管理。

(3) 车站性质

车辆基地是列车出入库的场所,因此车辆基地通常设立为出退勤或夜间休息的地点。另外,通常会将多个属性的乘务驻点设立在同一位置,以节省建设成本。如将用餐地点和出退勤地点设立在一起,将用餐点和轮换点设立在一起,以便于乘务管理。

4. 选择乘务轮班制度

基于各轮班班制的优缺点,各线路应根据线路条件、乘务员数量、计划运行图特征来选择合理的轮班制度。

5. 确定乘务员基本工作指标

在编制乘务计划之前,需要确定乘务员的基本工作指标,这些指标为乘务计划编制提供了参考。其中,需要确定的主要指标有:乘务员每日工作时间、乘务员每日驾驶里程、乘务员月基本指标等。

3.4.2.2　乘务计划编制的基础资料

1. 线路条件

线路条件决定了线路的停车场位置、出退勤地点、乘务员用餐地点、轮换休息地点等参数。乘务驻点的选择需要综合考虑运营需求，随着线路结构的多样化、线路长度的不断增加以及运营方案的复杂化，也有可能需要增加折返点、轮换地点和用餐地点。

2. 列车运行图

计划列车运行图是乘务计划编制的基础，乘务计划编制的主要目的是在有限的资源条件下，合理安排乘务员以完成运行图规定的所有列车运行任务。在轨道交通网络化运营条件下，由于客流特征的差异性，日常运营组织中会在不同日期实施不同类型的运行图(如工作日图、双休日图、节假日图、特定日图等)，完整的乘务计划应该能够满足完成一个调图周期内所有运行图的任务需求。不同的运行图在最小行车间隔、出入库方式和时间、开行方案等和最大上线车底数量等方面的差异会对乘务员的轮乘计划产生较大影响[7]。图 3-17 为某城市工作日图的上线列车数和乘务员配置人数的分配图，如果采用固定班制，则早晚高峰，平峰与高峰需要使用的乘务员数量差异会非常大。

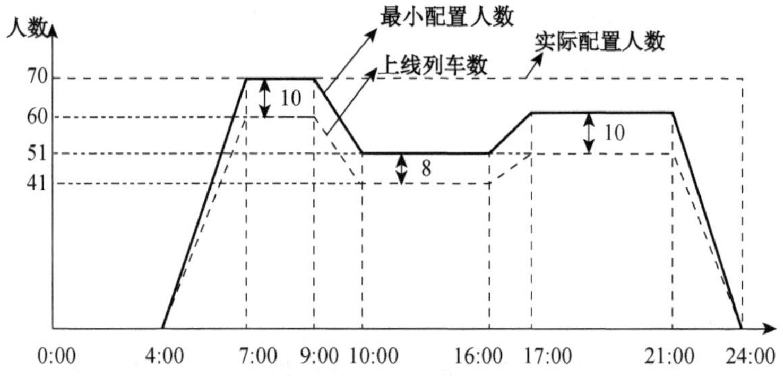

图 3-17　某城市工作日图的上线列车数和乘务员配置人数

3. 时间标准

时间是乘务计划编制过程中最为重要的约束条件，包括日工作时间、日作业时间、周与月工作时间、连续驾车时间、驾车中途休息时间、吃饭时间等。这些因素都会在计划编制时被作为约束参数。

3.4.2.3　乘务计划编制的基本流程

1. 根据列车运行图，基于设立的乘务驻点，将其拆分为多个乘务任务段

乘务任务段(简称任务段)定义为：两个相邻乘务驻点之间的列车运行区段。任务段是一个乘务员驾驶列车的最小单元，任务段不可以再进行拆分。

以图 3-18 所示的运行图为例，设车站 A、E 为出退勤地点兼轮换休息地点，车站 C 为用餐地点加轮换休息地点，可将运行图拆分为若干乘务任务段，如图 3-19 所示。该图将每列列车拆分为两个乘务任务段。

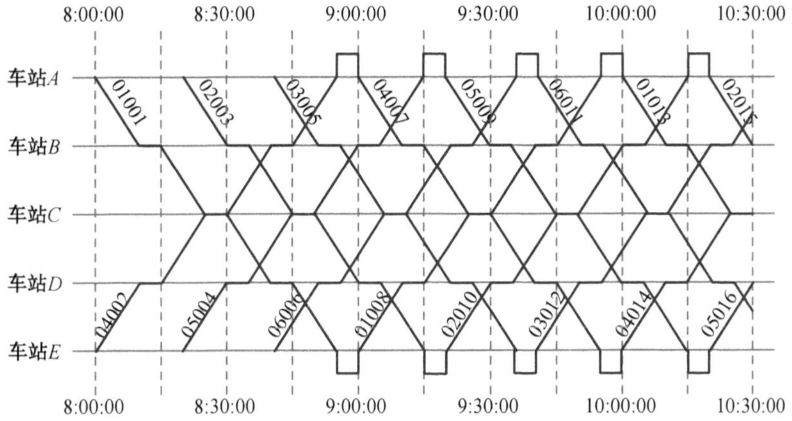

图 3-18　计划列车运行图

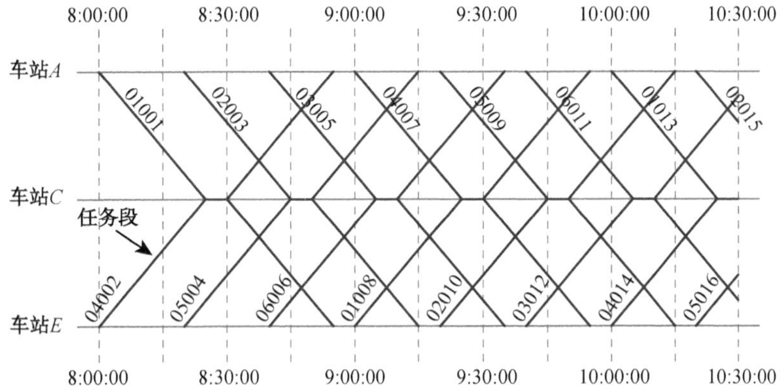

图 3-19　乘务任务段示意图

2. 将任务段组合,形成可行的乘务任务

乘务任务定义为:由若干任务段组合而成,可供乘务员一天值乘的任务段序列。一个合理的乘务任务需满足若干条件,如连续驾驶时间、轮转休息时间、用餐时间等均不能超过规定的时间标准。组合形成乘务任务的过程称为乘务任务配对,如图 3-20 所示。图中

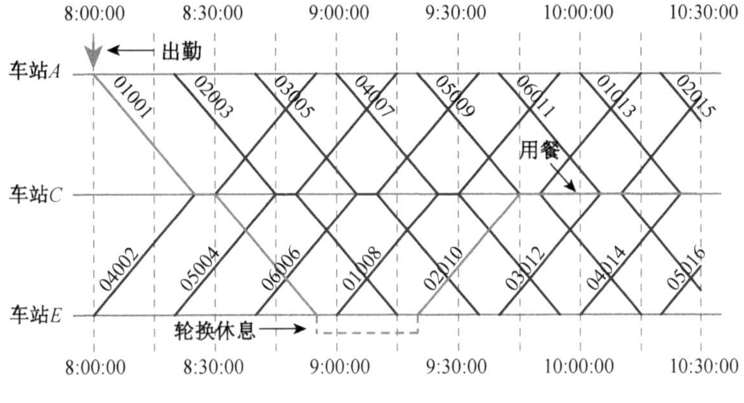

图 3-20　乘务任务段组合示意图

实线部分为驾车行驶阶段,虚线部分为乘务员停留阶段,所有粗线即为组合形成的乘务任务,该乘务任务由车站 A 出勤,驾驶 01001 次列车到达车站 E 后轮换休息,折返后驾驶 02010 列车到达车站 C 后下车用餐,用餐后继续执行驾车任务。

3. 编制乘务任务配对方案

将运行图拆分的所有任务段进行配对,形成若干乘务任务,当所有任务段均被安排完成后,所形成的乘务任务集合即为乘务任务配对方案。

一个合理的乘务任务配对方案必须保证以下条件:

(1) 所有任务段包含在乘务任务中,即合理的配对方案必须保证乘务任务包含了所有运行图中的任务段,不得出现遗漏。

(2) 所有任务必须为合理乘务任务。合理乘务任务必须满足所有约束,如连续驾驶时间约束、休息时间约束、用餐时间约束、出退勤地点约束、工作量约束等。如果乘务任务方案中所有的乘务任务均为合理的乘务任务,则该方案为合理方案,否则为不合理方案。

4. 编制夜早连乘方案

夜早连乘方案编制主要针对"四班二转"和"三班二转(夜班)"两种乘务轮班制度,其主要工作是将"夜班"任务与"早班"任务进行搭配(图 3-21)。夜早连乘任务需满足乘务员夜间休息时间均衡、夜早连乘工作量满足约束等要求,常用的规则是早回库早出库。

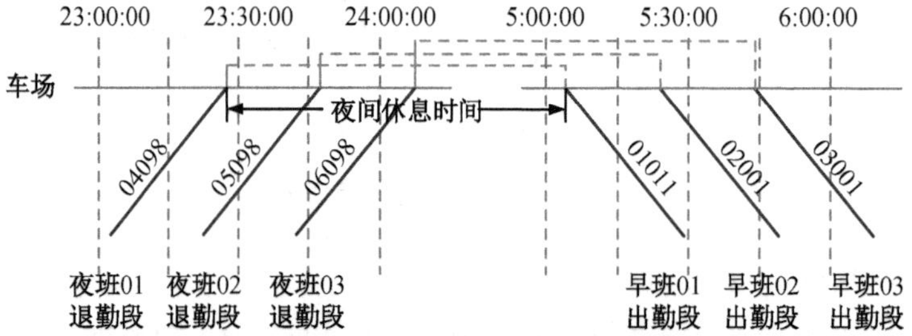

图 3-21　夜早连乘搭配示意图

夜早连乘方案编制需根据乘务任务配对方案使用计划而定,要与计划列车运行图版本对应,如若第一日使用乘务任务配对方案 A,第二日使用乘务任务配对方案 B,那么就需要对方案 A 中的夜班任务集合与方案 B 中的早班任务集合进行夜早连乘搭配,编制夜早连乘方案。以表 3-10 中某地铁某阶段乘务任务配对方案使用计划为例,需要进行夜早连乘方案编制的情况有:"CP001 夜班任务"与"CP001 早班任务"、"CP001 夜班任务"与"CP002 早班任务"、"CP002 夜班任务"与"CP002 早班任务"和"CP002 夜班任务"与"CP001 早班任务"。

表 3-10　某线路运行图与乘务任务方案对应表

星期	一	二	三	四	五	六	日
运行图编号	PR101	PR101	PR101	PR101	PR101	SX001	SX001
任务方案编号	CP001	CP001	CP001	CP001	CP001	CP002	CP002

5. 编制乘务任务轮班方案

乘务任务轮班方案是在乘务任务配对的基础上，基于特定的轮转制度安排乘务员一个阶段的工作计划。乘务任务轮转需要安排的内容有：

1）完成阶段内每日乘务任务

乘务任务轮转需要将每日乘务任务安排给乘务员，保证完成每日乘务任务配对方案中所有的乘务任务。

2）安排乘务员正常的休息日

轨道交通一般采用集中工作、集中休息或轮换调休等工作方式。因此，城市轨道交通乘务员并非统一在正常休息日休息，而是采用轮换方式安排。乘务任务轮转需要合理安排乘务员在阶段内正常的休息日。

3）安排乘务员特定的活动单元

城市轨道交通乘务员除完成每日需要完成的驾车任务外，还需进行一定的特定活动，如阶段性培训、特殊请假、年假等。因此乘务任务轮转过程中，还需安排乘务员完成这些特定的活动单元。

图 3-22 为某线路 7 天的乘务任务轮转工作安排，其中每日需安排的乘务任务和特殊

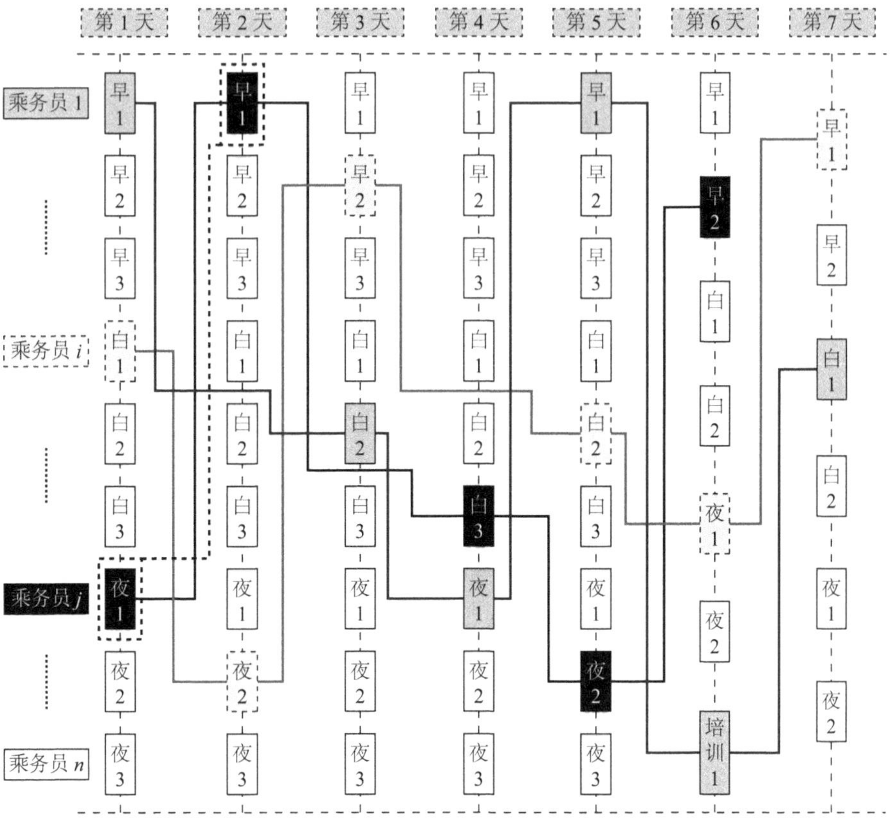

图 3-22　乘务任务轮转示意图

活动在图中已给出，正线配备乘务员为 n 人，乘务任务轮转工作即安排 n 个乘务员的阶段工作计划。图 3-22 中已安排乘务员 1、乘务员 i 和乘务员 j 的乘务任务轮转计划，详细计划如表 3-11 所列。

表 3-11　部分乘务员阶段计划表

乘务员	工作计划
乘务员 1	早 1、休息、白 2、夜 1、早 1、培训 1、白 1
乘务员 i	白 1、夜 2、早 2、休息、白 2、夜 1、早 1
乘务员 j	夜 1、早 1、休息、白 3、夜 2、早 2、休息

乘务任务轮转工作即为每个乘务员对应一个阶段工作安排，如乘务员 1 为"早 1、休息、白 2、夜 1、早 1、培训 1、白 1"，将此称为乘务任务序列。所有乘务员的乘务任务序列的集合即为乘务任务轮转方案，一个合理的乘务任务轮转方案必须包含所有的乘务任务，不得出现遗漏。

6. 乘务计划结果文件编制与打印

乘务任务轮转工作编制完成后，乘务计划编制的工作就基本完成了，后期需将编制结果整理成规定文件，并打印分发给对应的乘务员。

常用的文件包括：乘务任务详情表和轮班表。

1）乘务任务详情表

乘务任务详情表须标明各版本运行图中所安排的任务详细信息。具体包括任务的编号、任务基本指标（工作时间，驾驶里程）、任务详情（详细驾驶任务）、出退勤时间等，表 3-12 所列为某乘务任务的详情。

表 3-12　某乘务任务详情表

<table>
<tr><th>任务</th><th>出勤时间</th><th>接车时间</th><th>接车地点</th><th>接车车次</th><th>下车地点</th><th>下车车次</th><th>下车时间</th><th>退勤时间</th></tr>
<tr><td rowspan="3">编号：白班 01</td><td rowspan="10">7:14</td><td>7:34</td><td>车站 A</td><td>2P070</td><td>车站 B</td><td>1S107</td><td>8:09</td><td rowspan="10">16:42</td></tr>
<tr><td>8:18</td><td>车站 B</td><td>1S115</td><td>车站 C</td><td>2P182</td><td>9:41</td></tr>
<tr><td>9:53</td><td>车站 C</td><td>2P190</td><td>车站 A</td><td>1S213</td><td>10:28</td></tr>
<tr><td rowspan="3">工时：8.75 h</td><td>10:40</td><td>车站 A</td><td>1S219</td><td>车站 B</td><td>1S219</td><td>11:14</td></tr>
<tr><td colspan="6">用餐</td></tr>
<tr><td>12:35</td><td>车站 B</td><td>2P276</td><td>车站 C</td><td>1Q293</td><td>13:09</td></tr>
<tr><td rowspan="4">公里：198.6 km</td><td>13:21</td><td>车站 C</td><td>1Q299</td><td>车站 A</td><td>1Q299</td><td>13:54</td></tr>
<tr><td>14:18</td><td>车站 A</td><td>1Q311</td><td>车站 B</td><td>2P398</td><td>15:11</td></tr>
<tr><td>15:23</td><td>车站 B</td><td>2P406</td><td>车站 A</td><td>2P406</td><td>16:17</td></tr>
</table>

(2) 轮班表

轮班表是指每个乘务员每天的具体安排,包括:每日班种,对应的任务号,对应的配对方案编号等。基本形式如表 3-13 所列,其中 CPXXX 为每日对应的乘务任务配对方案名称。

表 3-13　基本轮班表

日期	09/01	09/02	09/03	09/04	09/05	09/06	…
配对方案	CP001	CP001	CP001	CP001	CP001	CP002	…
张三	白班 01	夜班 05	早班 02	休息	白班 04	夜班 08	…

3.4.3　乘务值乘管理

乘务值乘管理包括对乘务员出退勤的管理、实际值乘过程的管理、值乘过程中乘务计划的调整、乘务员值乘绩效的统计与分析等。

1. 出勤管理

出勤管理是指对乘务员出勤计划制定、出勤考勤、出勤班前培训等进行管理。

出勤计划制定是指班组长根据乘务计划,制定当日的乘务出勤计划(表 3-14)。若无特殊事由,出勤计划与乘务计划保持不变;若有特殊事由申请,班组长则需根据实际情况进行出勤计划调整,以保证乘务计划的正常执行。

表 3-14　乘务出勤计划表

出勤顺序	工号	姓名	出勤时间	出勤地点	接车时间	接车车次
1	02001	张三	8:00:00	人民广场	8:31:22	01001
2	02002	李四	8:00:00	人民广场	8:34:22	02001
3	02003	王五	8:15:00	人民广场	8:37:22	03001
4	02004	丁六	8:15:00	人民广场	8:20:22	04001

出勤考勤是指班组长对需要出勤的乘务员进行考勤,保证所有乘务员能够正常出勤。

出勤班前培训指对乘务员进行上班前的培训,包括出勤状态考核、班前培训、当日值乘注意事项提醒等。

2. 乘务值乘过程管理

乘务值乘过程管理指对乘务员实时值乘情况进行管理。目前主要包括:报单(表 3-15)数据管理、乘务员值乘调整等。

表 3-15 乘务员报单

车号:201						
工号	姓名	车次	发站	发点	到站	到点
02001	张三	20101	人民广场	8:21:05	广兰路	8:51:05
02002	李四	20102	广兰路	8:53:05	淞虹路	9:48:22
02003	王五	20101	淞虹路	9:50:01	广兰路	10:46:20
02004	丁六	20102	广兰路	10:48:12	徐泾东	11:51:01

报单数据管理的作用为实时记录乘务员驾车的数据,便于对乘务员的驾车情况进行查询以及对乘务员绩效统计。

乘务员值乘调整指当乘务员值乘过程中出现特殊情况,如临时性行车调整、乘务员身体不适等,需要班组长进行值乘调整。

3. 退勤管理

退勤管理指对乘务员的退勤情况进行管理。目前,乘务员退勤管理采用的方式为乘务员与班组长进行面对面确认或电话确认的方式退勤。

4. 绩效统计

绩效统计指根据采集的报单数据,对乘务员实际绩效进行统计。

3.4.4 乘务绩效统计与分析

3.4.4.1 乘务绩效指标

1. 乘务员驾驶公里数

乘务员驾驶公里数指标可分为日均驾驶公里数、月驾驶公里数和年驾驶公里总数。

日均驾驶公里数是指一定阶段(1 周或者 1 个月或 1 年)内驾驶总公里的平均值(休息天不计入)。

月驾驶公里数是指某月内乘务员累计的驾驶总公里。

年驾驶公里总数是指某年内乘务员累计的驾驶总公里。

2. 乘务员驾驶时间

乘务员驾驶时间指标可分为日均驾驶时间、月驾驶时间和年驾驶时间。

日均驾驶时间是指一定阶段(1 周或者 1 个月或 1 年)内驾驶时间的平均值(休息天不计入)。

乘务员月驾驶时间数是指某月内乘务员累计驾驶总时间。

乘务员年驾驶时间数是指某年内乘务员累计驾驶总时间。

3. 扣除公里数

扣除公里数是指由于乘务员在驾驶过程中发生运营事故而扣除的驾驶公里数,这个扣除值由事故等级决定。

4. 月公里补贴

月公里补贴是指每个司机每个月得到的与月驾驶里程相关的补贴。

5. 运营事故等级和数量

运营事故等级和数量是指统计阶段内发生的运营事故的等级和数量。

3.4.4.2　乘务绩效报表

为了方便对乘务员进行绩效考核和后续计划的编制，将一定时间段内的乘务绩效进行统计汇总制作成乘务绩效报表。目前，乘务部门常用的报表主要包括乘务员日驾驶公里统计、阶段驾驶公里统计、年安全公里等报表的输出，见表 3-16 至表 3-18。

表 3-16　报表名称汇总表

序号	报表名称	报表功能
1	乘务员日行驶公里统计表	统计乘务员每日任务的详细公里数
2	乘务员阶段行驶公里统计表——日报表	以日为单位统计乘务员的公里数
3	乘务员阶段行驶公里统计表——月报表	以月为单位统计乘务员的公里数
4	乘务员阶段行驶公里统计表——年安全公里报表	统计乘务员的年安全公里数、总驾驶公里数等

表 3-17　乘务员日行驶公里统计表

司机编号	所属班组	乘务员姓名	任务号						日驾驶公里数/km
			1	2	3	4	5	6	
00906	一组	张三	6.12	36.2	36.2	16.06			94.58
00303	一组	李四	11.62	27.67	27.67	27.67	27.67	2	124.3
00430	一组	王五	0.68	21.55					22.23
00795	一组	张六	0.68	6.12	36.2	20.14			63.14

表 3-18　乘务员阶段行驶公里统计表——日报表

司机编号	所属班组	乘务员姓名	日驾驶里程						总驾驶里程/km
			8/1	8/2	8/3	8/4	8/5	8/6	
00906	一组	张三	0	101.83	0	103.06	0	168.02	372.91
00303	一组	李四	0	174.63	0	103.06	0	58.28	335.97
00430	一组	王五	0	200.16	147.89	0	0	200.15	548.2
00795	一组	张六	0	217.2	0	87	0	44.47	348.67

3.4.5 网络化运营条件下的乘务计划编制

在网络化运营条件下，车辆基地数量的增加、全日开行列次的增多、运营交路复杂度的提高会给乘务计划编制带来诸多困难。

1. 计划编制的工作量大

目前，国内城市轨道交通乘务计划主要采用人工编制的方法，首先根据运行图编制软件生成的运行图，绘制出列车在出发站、交接班站运行的交路图，再根据交路图人工判断各车出发的先后顺序和时间，从而推算乘务员出班的地点和时间，并安排相应的人员驾驶车辆。手工编制乘务计划具有编制效率低、灵活性较差、劳动时间标准不规范、工作量不均衡、数量无法共享以及应对突发情况应变能力弱等缺点。一般编制一项乘务计划周期长达 2～3 周，很难满足网络化运营条件下运行图频繁更新的要求，也无法满足乘务管理的信息化需求。

2. 编制复杂度高

乘务排班问题是一类典型的组合优化问题，国内外大量研究成果早已证明排班问题属于 NP-Hard 问题。乘务计划编制需要考虑的因素很多，如出退勤地点、连续驾车时长、用餐地点、用餐时间等。计划受早晚高峰的上线车底的差异性影响，存在乘务员的工时分配不均衡，有部分劳动工时闲置等问题。随着运营交路复杂度提高，如何合理安排乘务员驾车任务组合(长交路组合短交路、长交路组合长交路、短交路组合短交路)，保证乘务员任务之间的均衡性成为需要考虑的重点因素。因此，随着运输组织模式的复杂化，乘务计划编制的复杂度也随之提高。

3. 编制的多目标需求

乘务计划编制问题是一类典型的多目标优化决策问题，如实现乘务员数量最少、任务最均衡、有效工时利用率最大等目标。这些目标既有一定的相关性，同时也会存在矛盾，因此，在编制乘务计划时，应综合考虑。如在乘务员数量紧张或高峰期运营时段，可以重点考虑乘务员数量最少这一目标，而在乘务员数量充足或低峰期运营时段，则可以重点考虑不同乘务员工作量的均衡分配这一目标。事实上受计划运行图和班制的影响，在同一天的工作时间内，每位乘务员工作的绝对均衡是不可能做到的，但通过优化轮换方案，在一段时期内(如 1 周或 1 个月)各乘务员的工作量的相对均衡是可以实现的。

4. 编制错误难以检验

在乘务计划编制过程中容易出现“漏车”(部分车次未安排)、轮转休息时间不足等错误，而这些错误一旦出现往往难以察觉，需要编制人员在编制过程中做到仔细认真，并且编制完成后需要进行专门校验，校验工作量大。当校验发现错误，若出现在编制阶段，则部分工作需要返工，若出现在编制完成阶段，则可能导致乘务计划需要重新编制。

5. 不同线路之间的乘务员共享需求

随着运营线路的增加，不同线路之间乘务员数量的差异性和运用的紧张程度也不同，为了提高乘务员的运用效率，乘务员的网络共享问题也逐步被提出来。不同线路乘务员的共享相当于增加了计划编制过程需要考虑的变量和约束数量，这大大增加了优化的规模和运算难度。

6. 编制的人性化

乘务计划的执行对象是乘务员，乘务员的身体状态、情绪等都会影响工作效率和安全性。如何在计划中体现乘务员的个性化需求也是乘务计划编制过程需要考虑的因素。如安排乘务员的出退勤地点时尽量考虑与乘务员的住址靠近、考虑乘务员年龄和性别上的差异性、每个班或每天工作量的相对均衡性等[7]。

7. 计划编制的智能化和信息化

人工编制的乘务计划很难实现数据的互通与共享，尤其是会限制乘务员的信息管理、绩效管理等信息化手段，不仅会降低管理效率，还无法适应网络运营管理信息化发展的需求。因此，乘务计划不仅要与实际运营相结合，而且还要有一定的科学依据作保障，在保证行车安全的前提下，合理设置编制乘务计划的各项参数，然后设计编制乘务的优化算法，设计相应的乘务计划编制计算机系统，可以达到提高编制效率、优化乘务人员配置、均衡工作任务、精确任务统计、提高信息化管理水平的目的。

8. 新技术应用

新技术的应用也会对乘务计划的编制产生影响，如列车驾驶的自动化为提高乘务员劳动生产率提供了新的技术支撑。在实现了列车出入车辆基地的自动化驾驶以及具备了自动折返功能的线路，乘务计划编制时可以不用安排出入场乘务员，只需考虑正线运营列车的乘务员安排，同时折返点也因为无需人工驾驶折返而不用配备折返乘务员，从而可以降低列车乘务员的配置数。

3.5 网络行车计划

在网络化运营条件下，网络行车计划编制既需要考虑线路本身的运能供需协调性，也需要考虑与其他线路的衔接协调性。网络行车计划包括网络能力配置计划、网络换乘节点协调计划和网络首末班车衔接计划。编制网络行车计划可以采用基于线路层分线管理与路网层交互协作的编制技术，并明确不同层次运行计划的编制需求[6]。

3.5.1 网络能力配置计划

网络能力配置计划是指从线网层对各条线路运能（包括开行交路、最小与最大间隔、开行列数、车底运用数量等规定）供需协调性的规定，需要考虑各线路的功能、定位和线路拓扑结构的差异性。网络能力配置计划编制同样需要考虑各线路之间换乘客流量和主要换乘方向的车站能力适应性问题，如能力规划不合理，容易造成在换乘枢纽处积聚大量客流，形成能力制约瓶颈，不仅会降低网络效率，影响网络服务水平，也容易造成安全隐患。网络的运能需求以网络换乘客流和各线全日分时最大断面客流量为依据。

运营计划的协调，一方面，应使各条线路相互补充、相互配合，有效提升网络的整体运输能力；另一方面，应通过多线路联合调度指挥，做好不同线路的列车在换乘站的运力衔接，使各条线路的运输能力得到均衡利用。

为了满足未来运输能力的供给，往往需要对网络的总体能力做好提前规划与筹备，如车底购置、线路改造、设备升级等。

3.5.2 换乘节点协调计划

城市轨道交通网络运营协调的目的是通过一定的手段，更好地整合、管理和调配资源，实现轨道交通线路、列车和出行者构成的整体系统最优化，提升客运服务水平。其核心是达到各条线路的列车运行与乘客出行的协调，乘客通过换乘站在各条线路的列车之间实现转换，因此运营协调的最直接体现是在路网各换乘站内乘客出行时间达到连续协调。

换乘节点协调计划制定应通过组织手段，为相继到达换乘站的不同线路的列车建立时序衔接关系，尽可能减少乘客的换乘等待时间。对单个节点而言，应根据线路的走向特征及承担运送客流的重要程度选择主要协调线路，排定各线列车的到发时刻，建立衔接方案。在中间站停及区间运行时间一定的条件下，相邻两节点的最优衔接方案可能存在矛盾，而矛盾的焦点多集中在多线交汇的换乘站，网络协调的目标是解决节点内和节点间的冲突。

因此，网络化运营组织可通过两个层次进行协调：换乘站内部线路间的协调和换乘节点间相互影响的协调。

换乘站协调应根据不同时段的客流特征分别制定协调方案。

1. 高峰时段

对某条线路而言，高峰时段客流量大，列车运行间隔时间小，当其他线路的乘客换乘至该条线路时，若未能及时搭乘到期望列车，换乘等待时间也不会过长，但客流会短时间内成批集聚而使换乘站负荷骤增，导致服务水平下降。因此，运营组织的协调应实现：一方面安排不同线路不同方向列车配合到站，另一方面尽量促成换乘运力衔接，加快客流的流动速度。

2. 非高峰时段

在客流平峰或低谷时段，运营部门为降低运营成本，一般会减少上线列车数量，适当增大列车开行的间隔，因此会引起乘客换乘等待时间的延长，随即导致服务水平下降。为解决这一问题，应采用运营组织协调的方法，通过优化两衔接线路列车的到达、出发时序关系，安排衔接列车间的间隔时间大约为乘客换乘走行的时间，这样乘客自到站下车走行至期望换乘线路时，不需等待或稍作等待即可搭乘所需列车，从而缩短换乘等待时间，改善服务质量(如图 3-23 中的 $C \rightarrow E$ 方向的衔接，从由 C 过来的 1 号线 102 次下车的乘客到达 2 号线下行站台时，不需要等待，恰好可以换上 201 次列车)。

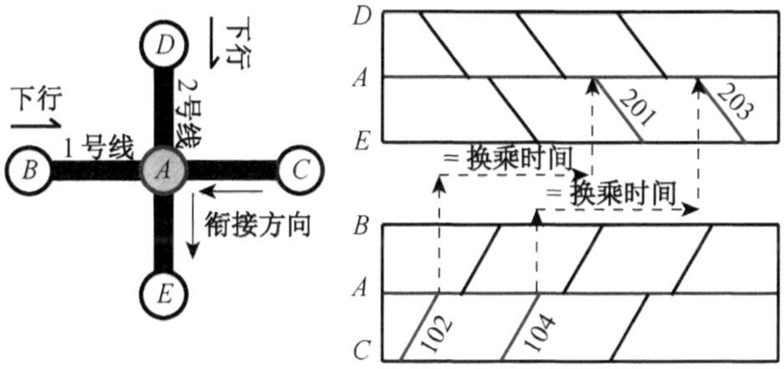

图 3-23　换乘节点的衔接方案图

网络换乘节点协调一般可分为两种：其一，指定路网中心线路的全网协调，以指定线路为基准协调线路(常为环线)，根据衔接关系递推获得路网所有车站的时刻；其二，指定特定线路的分步协调，以特定线路为基准线路，逐步计算基准线路和与其有直接换乘关系的衔接线路之间的协调方案，协调顺序由用户指定。

应该指出的是，随着轨道交通路网规模的不断扩大，路网结构日趋复杂，实际运营中很难实现全网所有换乘站的完全协调。因此，需要针对不同时段的客流空间分布特征对整个路网的换乘协调划分不同优先级，先满足优先级高的线路或方向，然后基于制定的协调标准，按照分层协调优化的方法，实现指定换乘站的衔接协调，再根据其时刻表推算至其他线路。

3.5.3　首末班车衔接计划

在网络化运营条件下，随着换乘节点的增多，乘客可选路径大幅增加，运营组织需保证乘客换乘后所需线路列车的接续，并以尽可能少的等待时间完成换乘，这在首、末班列车的运行组织中尤为突出，因而对多线首末班列车在换乘站的衔接提出了更高要求。网络首末班车计划编制，旨在规定适宜的列车始发、终到和通过各主要站点时刻的基础上，使各方向列车在换乘站的到发时刻相互衔接，为路网运营组织、联网售票、列车运行合理控制提供保障。针对城市轨道交通网络特征与服务需求，首、末班车计划需要设置一定的原则与目标，如针对市郊出行量较大的城市轨道交通网络可以设定以下原则：

(1) 首班车：使早间市郊区域线路的客流经换乘后能够尽快乘坐所需列车进入市区范

围从事日常工作，因此市郊区域的首班车开行时间应相对早于线网中心线路。

(2) 末班车：需保证晚间市区范围的客流换乘后，可搭乘到市郊的列车返程，即要求末班车需要保证在每天运营结束前，能够将市中心客流输送至郊区。

根据以上原则，再排定首、末班车在换乘站的到发时序，确定合理的发车时间域。从客流出行特点来看，末班车的衔接尤为重要。

网络首末班车计划编制一般将以下三点作为计算条件：

(1) 路网基准衔接线路：作为各条线路首末班车时刻推算的基准线路，划分市区、市郊范围。

(2) 基准衔接车站：网络中首末班车应重点保证的车站，也可以是基准线路的始发车站，首末班车的衔接从基准站开始，作为推算基准线路首末班车时刻的基础。

(3) 基准衔接车站的上、下行发车时间：以指定的基准车站的发车时刻为基础，可推算基准线路所有车站的到发时刻。

在特殊运营情况下(如大型活动举办期间)，指定某条特殊线路的首、末班车在某站的发车时间，以此为基础推算路网中其他线路的首末班发车时间。该情况一般是对末班车的衔接有特殊需求，根据运营单位指定的不同时间的路网可达性需求，推算某两条或某几条线路的末班车时刻。

正常和特殊两种运营需求导致首末班车推算依据产生差别，具体如下：

(1) 协调层次：正常运营条件下，根据线路与基准线的换乘关系划分协调层次；特殊情况下，根据特殊线路的位置、衔接其他线路的走向、换乘节点来建立层次关系，作为推算的依据。

(2) 衔接原则：正常运营条件下，根据网络客流特点(如市郊、市区间的出行需求)确定协调主方向；特殊情况下，首班车要满足其他线路区域的客流向特殊线路的出行需求，末班车要保证特殊线路的客流经换乘节点向其他线路的接续。

(3) 基准时间：正常运营情况下，由决策者制定路网基准线路的首、末班车在某站的上、下行发车时间；特殊情况下，决策者需指定特定线路某站的首末班车的上、下行发车时间，作为推算的基础。

(4) 推算顺序：正常运营情况下，按照协调层次自基准层推算至直接衔接层，再至间接衔接层，最后至远端衔接层；特殊情况下，要将特定线路出入的客流输送至路网有关地点，计算流程是自特定线路开始，至距特定线路最远端的线路区域，以及由最远端线路逐步迭代至特定线路的反复过程。

需要指出的是，随着路网结构日趋复杂，实际运营中很难实现全网所有首末班车的合理衔接。实际运营过程中，基于已经制定好的运行图方案，实现网络动态可达性方案的生成和发布对实现乘客出行的智能化诱导具有十分重要的现实意义。如上海地铁在官网和手机 APP 提供了网络末班车的动态可达性方案查询，满足了乘客出行规划需求(图 3-24)。

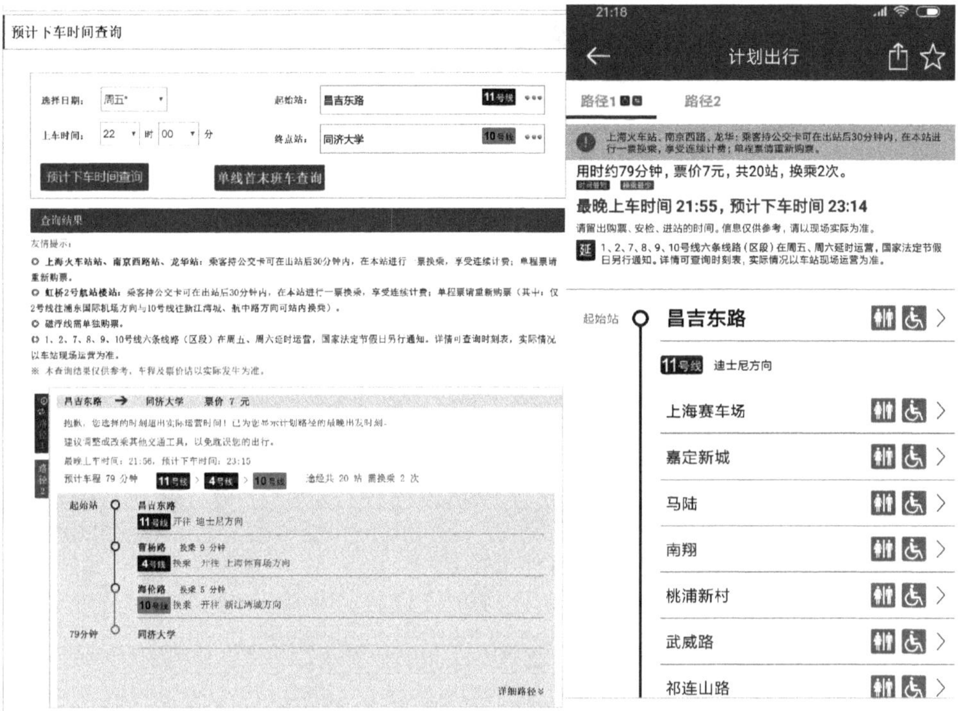

图 3-24　上海地铁官网和 APP 提供的末班车可达性查询功能

复习思考题

1. 列车开行计划包括哪几部分？各有什么作用？

2. 线路断面满载率如何计算？

3. 编制全日行车计划需要哪些资料？编制步骤是什么？

4. 列车编组方案有哪几种？各有什么特点？影响列车编组方案的因素有哪些？

5. 列车交路方案有哪几种？各有什么特点？影响列车交路方案的因素有哪些？

6. 什么是共线交路？共线交路形成的原因是什么？

7. 共线交路开行条件下，车底的运用方案有哪两种，各有什么特点？

8. 环形交路有什么特点？

9. 列车停车方案有哪几种？各有什么特点？影响列车停车方案的因素有哪些？

10. 交替跳站停车的方案特点是什么？有什么优缺点？

11. 车辆运用分哪几类？各有什么作用？

12. 什么是全周转时间？车底运用数量该如何计算？

13. 假设某线路上下行旅行时间各为 40 min，列车在两端的折返时间为 5 min，假设一天共分 5 个时间段，各时段最大小时断面客流量和计算的满载率如题表 3-1 所列。假设车辆定员为 310 人，编组为 8 辆，允许的最大服务间隔为 12 min。试编制该线路的全日行车计划并计算各时段需要运用的车底数量。

题表 3-1　某线路各时段最大小时断面客流量和计算满载率

时间段	时段	小时最大断面/(人·h^{-1})	计算满载率
1	5:00—7:00	18 000	0.9
2	7:00—9:00	35 000	1.1
3	9:00—16:00	20 000	0.9
4	16:00—19:00	30 000	1.1
5	19:00—22:00	15 000	0.9

14. 车底运用计划包括哪几个方面？
15. 乘务制度有哪几种？各有什么特点？
16. 乘务轮班制度有哪几种？各有什么特点？
17. 乘务计划编制的流程是什么？
18. 乘务值乘管理的基本流程是什么？
19. 乘务指标统计有哪些？
20. 网络行车计划包括哪几个方面？
21. 什么是网络能力配置计划？
22. 换乘节点的协调计划编制的主要原则是什么？
23. 首末班车计划编制的原则是什么？

参考文献

[1] 毛保华.城市轨道交通系统运营管理[M].2 版.北京：人民交通出版社，2017.
[2] 徐瑞华.轨道交通系统行车组织[M].北京：中国铁道出版社，2005.
[3] 中华人民共和国住房和城乡建设部，中华人民共和国国家质量监督检验检疫总局.地铁设计规范：GB 50157—2013[S].北京：中国建筑工业出版社，2013.
[4] 张国宝.城市轨道交通运营组织.[M].2 版.上海：上海科学技术出版社，2012.
[5] 江志彬，徐瑞华，吴强，等.计算机编制城市轨道交通共线交路列车运行图[J].同济大学学报(自然科学版)，2010，38(05)：692-696.
[6] 罗钦.城市轨道交通运营组织与管理[M].成都：西南交通大学出版社，2017.
[7] 田益锋.网络化运营条件下的地铁乘务计划优化方法[J].城市轨道交通研究，2017，20(5)：112-116.

第 4 章

列车运行图

4.1　列车运行图概述

城市轨道交通的列车运行是一个很复杂的环节，需要利用多种技术设备，以及各部门、各工种、各项作业之间的互相协调配合，才能保证行车安全和提高运输效率。列车运行图是城市轨道交通运营单位实现列车安全、正点运行和经济有效地组织运输工作的列车运行生产计划，它规定了线路、站场、车辆等设备的运用，以及与行车有关的各部门的工作。列车运行图把整个城市轨道交通网络的运输生产活动联系成一个统一的整体，使其严格按照一定的程序有条不紊地工作，保证列车按运行图运行。它既是城市轨道交通系统运输生产的一个综合性计划，又是运营单位向社会提供运输供应能力的一种有效形式[1]。

城市轨道交通系统通过能力与列车正点运行及列车运行的流水性密切相关。列车运行生产即列车运行图的实现有赖于城市轨道交通线路通过能力的保证，特别是当列车运行过程发生波动，即发生偏离于计划运行的情况时，只有在充分的通过能力保证的条件下，才能确保运输生产按计划准时进行，列车才有可能重新恢复正点运行。

4.1.1　列车运行图概念

列车运行图是用以表示列车在城市轨道交通线路的区间运行及在车站到发或通过时刻的技术文件，规定了各次列车占用区间的顺序、列车在每个车站的到达和出发（或通过）时刻、列车区间的运行时间、列车在车站的停站时间以及车底接续方案等，是城市轨道交通系统组织列车运行的基础[1]。

4.1.2 列车运行图的图形表示方法

列车运行图是运用坐标原理对列车运行时间、空间关系的图解表示，因而实际上它是列车运行时空过程的图解。在列车运行图上，横坐标表示时间，纵坐标表示距离，列车运行图上的水平线表示分界点的中心线，水平线间的间距表示分界点间的距离，垂直线表示时间[2]。在城市轨道交通系统中，通常采用一分格运行图(图 4-1)，它的横轴以 1 min 为单位，用细竖线加以划分。

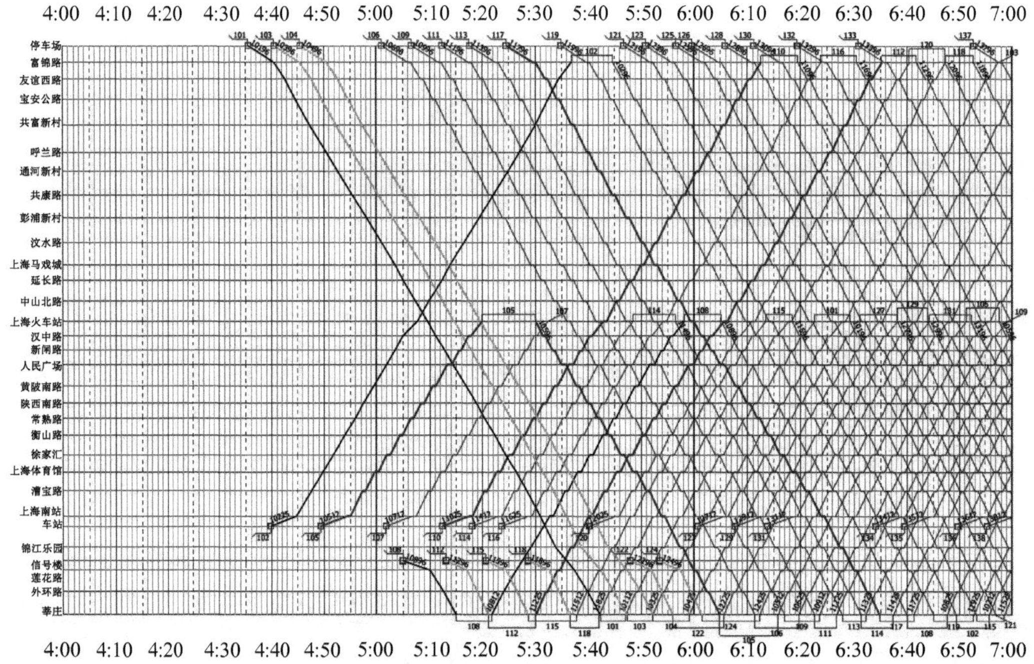

图 4-1 某城市轨道交通线路的计划列车运行图

在列车运行图上，车站中心线可以按区间运行时分(通常为下行)的比率确定，即按整个区段内各车站间列车运行时分的比例来确定横线位置。采用这种方法时，可以使列车在整个区段的运行线基本上是一条斜直线，既整齐美观，也易于发现列车区间运行时分上的差错。运行图上的列车运行线(斜线)与车站中心线(横线)的交点即为列车到、发或通过车站的时刻。在运行图上，每一列车都冠以规定的车次，车次的命名规则视各个城市(或线路)而不同，如上海地铁的车次由 5 位(线路编号超过 9 时为 6 位)组成，前 1 位(或 2 位)为线路编号，中间 2 位为出库顺序号，最后 2 位为目的码，如图 4-2 所示。

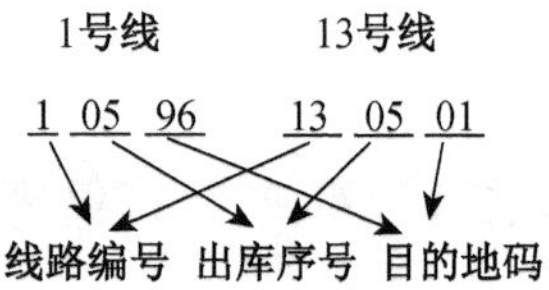

图 4-2 上海地铁的车次号命名规则①

① 资料来源：上海申通地铁集团运营管理中心。

4.1.3　列车运行图的类型

由于城市轨道交通客流在不同时期有不同的变化规律，为了适应不同的客流特点会编制不同类型的列车运行图，如工作日（某些线路还会额外区分周五与其他工作日）、双休日、节假日以及特殊活动时期（如大型体育活动、大型展览会等），如表 4-1 所列。

表 4-1　城市轨道交通列车运行图的类型及特点[3]

类　型	特　点	客流变化图
工作日	一天中客流波动明显，一般会形成 5 个时间段，早晚高峰客流最大，列车出入库频繁	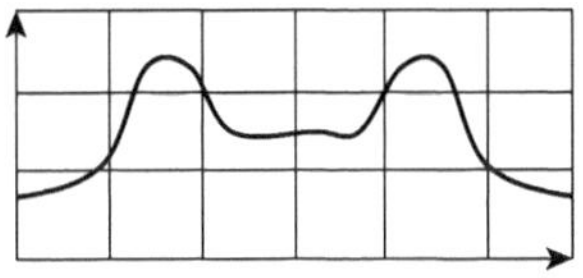
双休日	一天中客流波动不明显，列车出入库不频繁	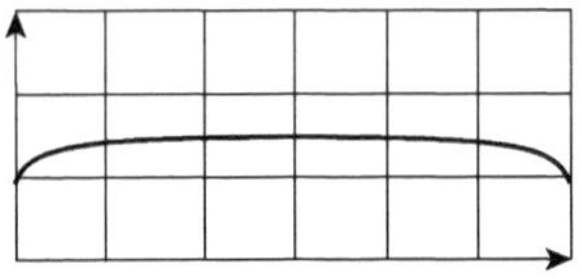
节假日	一天中客流波动不明显，但整日客流量都较大，列车出入库不频繁	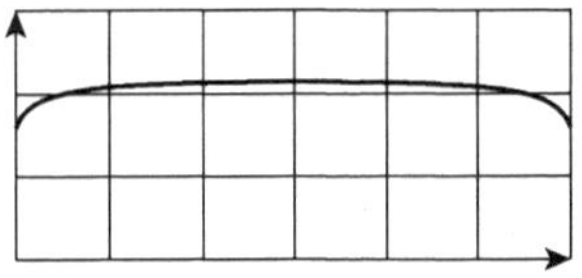
特殊时期	一天中客流波动十分明显，客流会在某一时间段内密集到达或密集离开，可能会形成几个超高峰时间段。列车出入库非常频繁	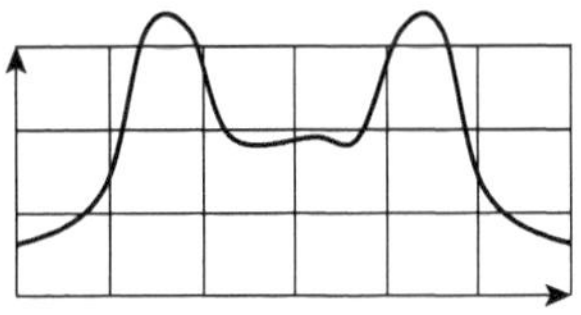

4.2　列车运行图要素

列车运行图虽然有不同的类型，但都是由一些基本要素所组成的。城市轨道交通列车运行图的主要要素包括：区间运行时分、停站时间、折返时间、换乘走行时间、追踪列车间隔时间等。

4.2.1　区间运行时分

列车区间运行时分是指列车在两个相邻车站之间的运行时间标准，通过列车牵引计算和列车试运行相结合的方法确定。确定列车区间运行时分的基本参数是区间距离、运行速度、加减速度和线路的平面、纵断面条件等。列车区间运行时分的区间距离按车站中心线之间的距离计算。由于上、下行方向线路的平面和纵断面条件以及列车运行速度不同，区间运行时分应按上、下行方向和各种列车分别确定。

此外，区间运行时分还应根据列车在每一区间的两个车站不停车通过和停车两种情况分别确定。列车不停车通过两个相邻车站所需的区间运行时分称为纯运行时分。列车起动出站所需的区间运行时分与纯运行时分之差称为起动附加时分，列车到站停车所需的运行时分与纯运行时分之差称为停车附加时分(图 4-3)。起动、停车附加时分应根据车辆类型和进、出站线路的平面和纵断面条件来综合确定。

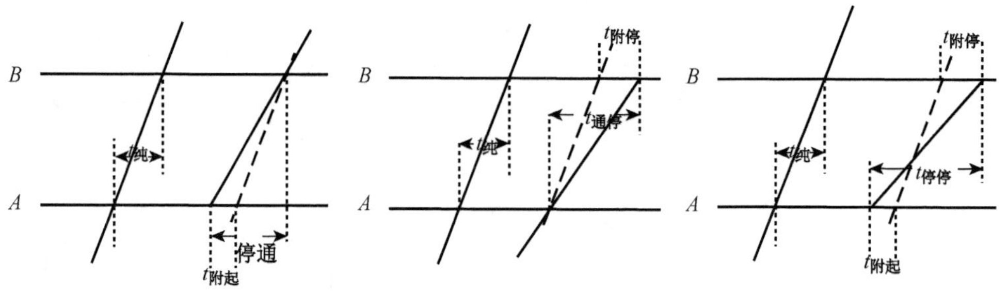

图 4-3　纯运行时分与起停附加时分

区间运行时分的大小可以由列车的运行速度曲线计算而得。图 4-4 给出了某一列车在某区间运行的距离-速度曲线。

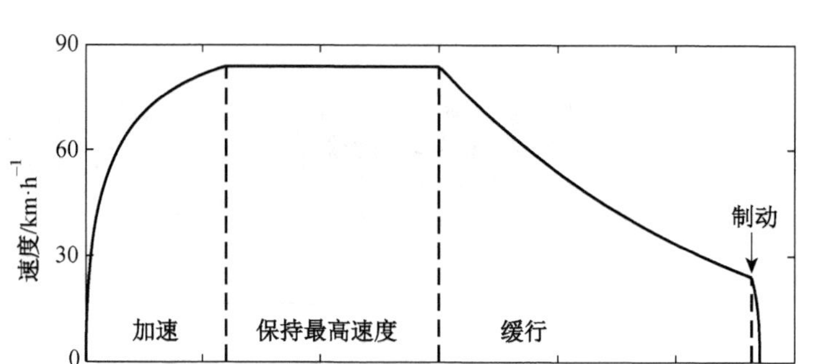

图 4-4　列车在区间运行的距离-速度曲线

如果列车在区间的两个车站均停车，假设区间线路无曲线和坡度，则列车在区间的运行过程可以分为 5 个部分：加速、匀速运行、缓行、制动、停车。在加速过程中，列车往往以最大的加速度使列车尽快提高到最大运行速度，然后列车保持最大的速度匀速运行，为了节省列车的能耗，列车在匀速运行后停止给列车提供动力，列车运行保持缓行状态至列车将要到达车站，列车制动，最后列车停在车站规定的位置。

为了提高系统的可靠性，在确定区间运行时分时，需要加上一定的缓冲时间。缓冲时间的设定有三个目的(图 4-5)：第一，防止或减少列车在区间由于列车故障或外部因素干扰而造成的列车延误；第二，吸收列车在进入区间前已经发生的延误；第三，利于节省能耗。当列车有一定的缓冲时间时，列车在区间内的最大运行速度可以持续更短时间，保持较长时间的缓行状态[3]。

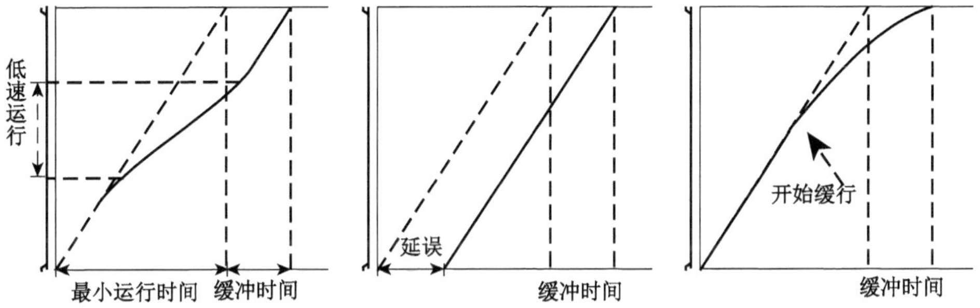

图 4-5　区间运行缓冲时间的作用

4.2.2　停站时间

停站时间指列车停站作业过程所需要的时间总和。

根据列车在车站的实际停站作业过程，可将停站过程分为以下 7 个部分[4]：列车停稳至车门完全打开的时间 ($T1$)、车门完全打开至屏蔽门完全打开的时间($T2$)、乘客完成上下客作业的全部时间($T3$)、乘客上下车结束至车门蜂鸣器响之间的时间($T4$)、关车门蜂鸣器响至车门完全关闭的时间($T5$)、车门完全关闭至屏蔽门完全关闭的时间($T6$)、车门与屏蔽门完全关闭至列车动车的时间($T7$)。 各部分时间组成情况如图 4-6 所示。

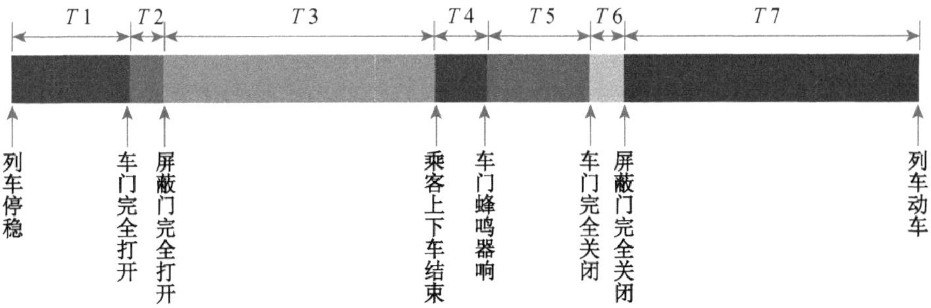

图 4-6　停站时间组成

1. 列车停稳至车门完全打开的时间($T1$)

$T1$ 包括列车停稳后司机从驾驶位上步行到站台的时间，司机立于开门侧站台后按压列车开门按钮，以及车门打开的时间。$T1$ 与司机操作熟练程度和设施设备的稳定程度有关，该时间长度较为固定，通常约为 5 s。

2. 车门完全打开至屏蔽门完全打开的时间($T2$)

在司机按压列车开门按钮之后，再按压电动栏杆开门按钮打开屏蔽门，车门还未完全打开时屏蔽门已经开始打开。因此，$T2$ 时间很短也比较固定，并且仅与设施设备有关，通常约为 1 s。

3. 乘客完成上下客作业的全部时间($T3$)

$T3$ 与车门上下车人数和乘客上下车的速度有关，$T3$ 的数值在时间与空间上的差异性比较大，最终的时间取决于耗时最长的车门，在乘客先下后上的规则下，通用的计算公式如下：

$$t^{T3}=\max(P_i^{A}\times t^{AT}+P_i^{B}\times t^{BT}) \tag{4-1}$$

式中　P_i^{A}，P_i^{B} ——列车在车门 i 的下车人数和上车人数，人；

t^{AT}，t^{BT} ——乘客下车和上车的乘客上下车的平均时间，s。

在实际运营过程中，上下车人数往往会受多种因素的组合影响，这些因素有：

1) 时段

在一天的不同时段内，客流有所不同，早、晚高峰时段上下车人数较多，平峰时期上下车人数较少。工作日、双休日以及节假日的出行客流也不一样，因此在不同日期与时段存在差异。

2) 空间

不同车站的客流量大小不同，市区范围内的车站进出站客流一般较大，郊区车站客流早、晚高峰明显，早高峰向心客流量大，晚高峰离心客流量大，换乘站的换乘客流在不同换乘方向上的客流量大小也有较大差异。

3) 列车运行间隔

在相同的客流到达规律条件下，列车运行间隔越小，在间隔时间内站台聚集的乘客也就越少，上下车人数也相应较少；反之，列车运行间隔越大，上下车人数也会相应较大。因此，当某趟列车发生延误时，后续车站的上下车人数会比正常状态下多。

4) 列车运行交路

不同的运行交路也会影响上下车人数，例如在大小交路的折返站，大多数乘客更愿意乘坐作为起点站的小交路列车，因此通常小交路列车的上车人数比大交路列车的上车人数多。

同样，影响乘客上下车速度的因素也有很多，包括以下四个方面：

1) 列车车门宽度

在站台总人数一定的情况下，列车车门越宽，每个车门乘客上下车的速度就越快。

2) 车厢和站台的拥挤程度

车厢和站台越拥挤，乘客得不到及时的疏散，上下车速度也就越慢。不同车门处站台的乘客聚集人数也不一样，通常靠近出入口通道的车门比其他车门更拥挤，各车门处上下车人数分布的不均衡也会导致不同车门的上下客时间差异性大。

3）乘客构成

不同年龄、不同性别、不同类型乘客的上下车速度都存在一定差异，在火车站、机场或长途汽车站等交通枢纽的乘客，通常会携带大件行李，从而会减慢上下车的速度。

4）上下车规则

不同地方的城市轨道交通上下车规则不一样，有的是下车的乘客先从中间下，上车的乘客再从两边上；有的则是车门一半下车，车门另一半上车。不同的上下车规则会使得乘客上下车速度有差异。当候车乘客不按规则排队上车，并且占用下车乘客的通道时，会使得上下车过程变得混乱无序，从而减慢乘客的上下车速度。

4. 乘客上下车结束至车门蜂鸣器响之间的时间（$T4$）

在高峰期列车计划停站时间不满足实际停站时长的需求，或者列车发生了延误的时候，$T4$ 时间会比计划时间要短，乘客上下车一结束就会立即关门。但是在平峰期或者计划停站时间比较长的时候，乘客上下车结束后，还未到计划的发车时间，车门会仍保持开着的状态。

5. 关车门蜂鸣器响至车门完全关闭的时间（$T5$）

$T5$ 包括司机按压关门按钮和车门关闭的时间，正常情况下，$T5$ 时间是相对固定的。但是站台客流较大并有滞留现象发生时，常会由于车厢过于拥挤而导致车门无法正常关闭，从而导致 $T5$ 时间会延长。这类现象一般发生在工作日的高峰时段，$T5$ 通常约为 4 s。

6. 车门完全关闭至屏蔽门完全关闭的时间（$T6$）

与 $T2$ 时间相类似，时间也仅与设施设备有关，时间很短并且比较固定，通常约为 1 s。

7. 车门与屏蔽门完全关闭至列车动车的时间（$T7$）

在司机操作开关车门的过程中，为了保证安全，司机需要完成一定的标准作业流程。以上海为例，标准的司机作业流程如图 4-7 所示，这套操作不仅要求司机进行手指呼唤，口中还需唱诵一定的口诀，因此 $T7$ 耗时较长，通常约为 15 s。该过程与司机停站作业标准是否熟练有直接关系，不同的司机对应的 $T7$ 时间长度存在一定的差异。

图 4-7 $T7$ 时间内司机作业标准流程图（上海地铁）①

受不同车站在不同方向和不同时段上客流的差异性影响，通常运行图的停站时间分车站、分时段、分上下行单独定义。

① 资料来源：上海地铁第四运营有限公司。

4.2.3 折返时间

折返时间指列车在终点站或在区间站进行折返作业的时间总和。折返时间包括确认信号时间、出入折返线时间、上下客作业时间、列车换端作业时间等。折返时间受折返线折返方式、折返模式、列车长度、列车制动能力、信号制式、乘务员操作水平等诸多因素的影响。图 4-8 给出了站前和站后折返的作业过程图解。

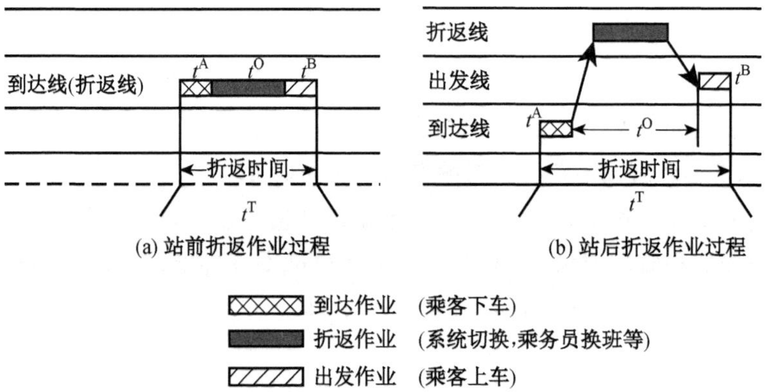

图 4-8 站前与站后折返的作业图解

因此,折返作业时间的计算公式为:

$$t^{\mathrm{T}}=t^{\mathrm{A}}+t^{\mathrm{O}}+t^{\mathrm{B}} \tag{4-2}$$

式中 t^{A} ——乘客下车需要花费的时间,包括列车门/站台门动作时间,s。

t^{O} ——列车在折返站进行技术作业花费的时间,还包括一定的缓冲时间。站前折返时,技术作业时间为列车换端作业时间;站后折返时,技术作业时间包括列车转线、列车换端等作业时间,s。

t^{B} ——乘客上车需要花费的时间,包括列车门/站台门动作时间,s。

需要说明的是,通常情况下站前折返过程中上述三个作业过程可以同时进行。

4.2.4 换乘走行时间

换乘走行时间是保证乘客在不同交路列车之间相互换乘和衔接的时间,在城市轨道交通系统中,换乘衔接主要表现在换乘站的时刻协调和列车首末班车之间的衔接,因此,在运行图编制过程中需要考虑换乘的衔接。另外,在一些发车间隔比较大的线路上,乘客出行会根据时刻表选择车次,这时也需要考虑换乘时间的衔接。换乘走行时间由乘客下车站台步行至另一线路的站台上的时间组成。因此,换乘走行时间的大小与乘客的步行速度、换乘需步行的距离大小、是否有自动扶梯、站台的拥挤程度等因素相关。为了保证乘客换乘的可靠性,换乘走行时间也要包括一定的缓冲时间。

4.2.5 追踪列车间隔时间

在自动闭塞线路上，同方向运行的两列车以闭塞分区(轨道电路区段)或制动距离加上安全防护距离为间隔运行，称为追踪运行。追踪运行的两列车在运行过程中相互不受干扰的最小间隔时间称为追踪列车间隔时间。影响追踪列车间隔时间的主要因素包括：列车停站时间、列车运行控制方式、列车间隔距离、列车运行速度、接近车站线路的平纵断面、车站是否设置配线和行车组织方法等。

4.3 列车运行图编制

在新线投入运营，或既有线路技术设备、客运量或行车组织方式发生较大变化时，均需要重新编制列车运行图。

4.3.1 编制要求

列车运行图编制应符合下列要求：

(1) 确保行车安全：列车运行图应符合《行车组织规则》等行车规章的有关规定，严格遵守行车作业程序和各项时间标准。

(2) 合理运用设备：列车运行图应流线结合，充分利用线路通过能力。在满足客流需求的同时，注意提高列车满载率和旅行速度，充分利用线路通过能力，合理分配冗余时间，确保运行图有一定的抗干扰能力。

(3) 优化运输产品：列车运行图应根据客流特点，开行列车间隔、编组辆数、列车交路和旅行速度不同的列车。列车运行图应合理规定列车到达换乘站时刻，减少乘客换乘时间；合理规定运营非高峰时段的列车间隔，减少乘客候车时间。此外还需要考虑与其他交通方式的相互衔接。

(4) 配合站段工作：运行图编制应充分考虑折返站、换乘站的客运组织工作的要求，在线路成网后，尤其要充分考虑线路能力和首末班车时刻的衔接。

4.3.2 列车运行图编图资料准备

在列车运行图编制前需要准备的运行图编制资料有开行方案类、能力类、时分类和其他要求等。

(1) 开行方案类包括：全日行车计划、列车编组方案、列车交路方案和列车停站方案。

(2) 能力类包括：运用车数、线路通过能力、车站折返能力、列车出入段能力、换乘站设备能力、车站或车辆基地的存车能力。

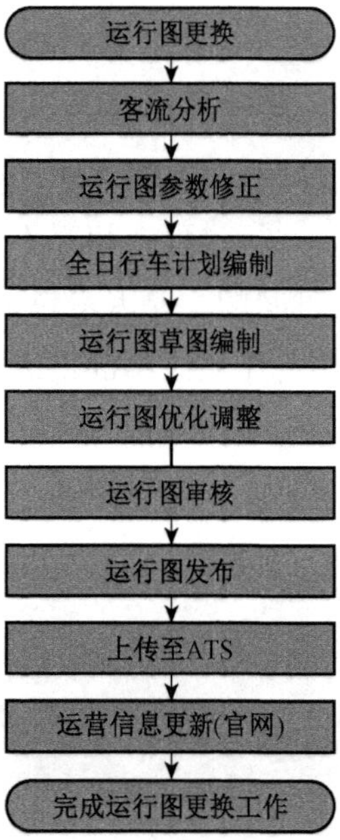

图 4-9　运行图编制流程

(3) 时分类包括：区间运行时分、列车停站时间、折返时间、折返出发间隔时间、出入段作业时间、追踪间隔时间。

(4) 其他包括：运营时间、首末班车要求、分时最大断面客流量、乘务员安排、换乘衔接、与其他交通方式的衔接等。

4.3.3　列车运行图编制流程

运行图的编制由运营管理部门负责组织，涉及多个工种和多个部门，需要经历客流分析、全日行车计划编制、运行图草图编制、运行图优化调整、运行图发布等复杂的流程，如图 4-9 所示。

4.3.4　列车运行图指标

列车运行图编制完成后，需要计算各类运行图指标，运行图指标分为线路和网络两个层次，如表 4-2 所列。

表 4-2　列车运行图指标

类型	指标名	说　明
线路层	每天运营营业时间	全天运营时间，如 5:00—23:00(18 h)
	车底出库次数	要完成一天正常运营需要从车辆基地中发出的车底数，单位：列
	不同时间段投运车底数量	不同时段(通常为 1 h)需要投运的车底数量，单位：列
	最大投运车底数量	要完成一天的正常运营需要投入运营的最大车底数量，该数值一般会小于车底出库次数，单位：列
	每天开行列次	一天中计划运行图铺画的列车数量，包括出库和入库列车，还可以区分载客列车、空驶列车、轧道(巡道)列车、备用车等，可分方向统计，单位：列
	不同时间段开行列次	如果运行图中存在不同开行间隔的时间段，可分别统计，单位：列
	车底运用指标	包括各车底的出库位置、入库位置、出库时刻、入库时刻、总周转时间、总周转公里、连挂车次等
	分车场的出入库次数	不同车辆基地的车底出库次数和回库次数统计，单位：次
	全周转时间	不同时段的全周转时间，如果是多交路，则需要单独计算，单位：s
	列车走行公里	所有列车的走行公里数统计，也可分交路统计，单位：车公里
	车小时	所有列车的车小时数统计，也可分交路统计，单位：车小时
	输送能力(载客能力)	所有载客列车的能力之和，按标准定员计算，单位：人
	客位里程	列车载客能力与线路载客里程的乘积，单位：人公里
	分时开行列次	不同计算刻度(15 min，30 min 或 1 h)条件下各区间分方向的开行列车数量，单位：列

（续表）

类型	指标名	说　明
线路层	分时断面能力	不同计算刻度（15 min，30 min 或 1 h）条件下各区间分方向的输送能力，单位：人
	分时列车间隔	不同计算刻度（15 min，30 min 或 1 h）条件下各区间分方向的列车平均间隔，单位：s
	最大发车间隔	平峰期列车最大发车间隔（不包括早晚出车与收车时段），单位：s
	最小发车间隔	高峰期列车最小发车间隔，单位：s
	车站的首末班车时刻	每个车站最早到达该站和最晚从该站出发的载客的列车时刻（分上下行，复杂交路时需要分目的地）
	旅行速度（v^{TR}）	$v^{\mathrm{TR}}=\dfrac{\sum l^{\mathrm{TU}}}{\sum t^{\mathrm{RT}}+\sum t^{DT}}$ (km/h) 式中 l^{TU}——列车运行距离(km) t^{RT}——每列车在区间的运行时间总和(h) t^{DT}——每列车在各车站（两终点站除外）停站时间的总和(h)
	技术速度（v^{TE}）	$v^{\mathrm{TE}}=\dfrac{\sum l^{\mathrm{TU}}}{\sum t^{\mathrm{RT}}}$ (km/h)
网络层①	网络总开行列次	网络所有线路开行的总列次之和，还可以区分载客列车、空驶列车、轨道（巡道）列车、备用车等，也可分方向统计，单位：列
	网络平均旅行速度（$\overline{v^{\mathrm{TR}}}$）	$\overline{v^{\mathrm{TR}}}=\dfrac{\sum l_i^{\mathrm{TU}}}{\sum t_i^{\mathrm{RT}}+\sum t_i^{DT}}$ (km/h) 式中 l_i^{TU}——线路 i 的总列车运行距离(km) t_i^{RT}——线路 i 所有列车在区间的运行时间总和(h) t_i^{DT}——线路 i 所有列车在各车站（两终点站除外）停站时间的总和(h)
	网络平均技术速度（$\overline{v^{\mathrm{TE}}}$）	$\overline{v^{\mathrm{TE}}}=\dfrac{\sum l_i^{\mathrm{TU}}}{\sum t_i^{\mathrm{RT}}}$ (km/h)
	网络最大发车间隔	网络所有线路的最大发车间隔，单位：s
	网络最小发车间隔	网络所有线路的最小发车间隔，单位：s
	网络最大投运车底数量	各线路最大投运车底数量之和，单位：列
	网络总列车走行公里	网络所有列车的走行公里数统计，单位：车公里
	网络总车小时	网络所有列车的车小时数统计，单位：车小时
	网络总输送能力（载客能力）	网络所有载客列车的能力之和，按标准定员计算，单位：人
	网络客位里程	所有线路客位里程的总和，单位：人公里

① 由于每天各条线执行的运行图版本有差异，因此网络指标需要分日期统计。

4.3.5 列车运行图有关规定

列车运行图有关规定即列车运行图执行的技术说明文档，该文档对运行图中所有列车的行车方式、操作要求等进行了相应规定，包括运行图运营参数、运行规定、列车延误调整的相关规定等。以上海地铁为例，列车运行图有关规定包括[①]：运行图运营参数、运行规定、列车延误调整的相关规定和其他规定。

1. 运行图运营参数

(1) 载客运营时段；

(2) 开行列数，包括总开行列次、载客列次、空驶列次；

(3) 运营里程，包括总运营里程、载客里程、空驶里程；

(4) 列车周转时间；

(5) 技术速度、旅行速度；

(6) 运用列车数，包括最大上线运营列车数、备车数量及停放位置；

(7) 列车运用和行车间隔。

2. 运行规定

(1) 列车出入库的规定，包括列车出库、列车回库，巡道车的规定；

(2) 首末班车的规定，包括首班车始发站发点及车次号、末班车始发站发点及车次号、各站首末班车时刻；

(3) 备车的规定；

(4) 空驶列车的规定；

(5) 列车折返的规定；

(6) 列车驾驶模式的规定。

3. 列车延误调整的相关规定

(1) 速度等级、调整策略；

(2) 停站时间；

(3) 调整方法。

4. 其他规定

其他规定包括执行列车运行图时的作业要求，以及列车出入场作业要求、折返方式调整作业要求、临时限速设置作业要求等。

4.3.6 列车运行图发布与实施

列车运行图编制好后，需要将运行图上传至 ATS 系统中，供执行时调用。同时给各部

① 资料来源：上海申通地铁集团运营管理中心。

门下发运行图、时刻表和运行图规定等技术文件，并更新官方网站的时刻表或开行方案信息，如图 4-10—图 4-12 所示，组织相关人员学习新图，了解与熟悉新图的规定与要求等。

1 号线首末班车时刻表

注：

1. 1号线每周五、周六延长运营时间。
2. 遇国家法定节假日，将另行通知。实际情况以车站现场运营为准。

车站	首班车			常态末班车发车时刻（周日-周四）			延时运营末班车发车时刻（周五-周六）		
	往富锦路方向	往上海火车站方向	往莘庄方向	往富锦路方向	往上海火车站方向	往莘庄方向	往富锦路方向	往上海火车站方向	往莘庄方向
莘庄	05:30	05:30	06:04	22:32	22:32	23:34	23:50	23:50	次00:54
外环路	05:32	05:32	06:02	22:34	22:34	23:32	23:52	23:52	次00:52
莲花路	05:34	05:34	06:00	22:36	22:36	23:30	23:54	23:54	次00:50
锦江乐园	05:37	05:37	05:57	22:39	22:39	23:27	23:57	23:57	次00:47
上海南站	05:18	04:55	05:54	22:42	22:42	23:24	次00:00	次00:00	次00:44
漕宝路	05:20	04:57	05:51	22:45	22:45	23:21	次00:03	次00:03	次00:41
上海体育馆	05:23	05:00	05:49	22:48	22:48	23:19	次00:06	次00:06	次00:39
徐家汇	05:25	05:02	05:46	22:50	22:50	23:16	次00:08	次00:08	次00:36
衡山路	05:27	05:04	05:44	22:52	22:52	23:14	次00:10	次00:10	次00:34
常熟路	05:29	05:06	05:42	22:54	22:54	23:12	次00:12	次00:12	次00:32
陕西南路	05:31	05:08	05:40	22:56	22:56	23:10	次00:14	次00:14	次00:30
黄陂南路	05:34	05:11	05:38	22:58	22:58	23:08	次00:16	次00:16	次00:28
人民广场	05:37	05:14	05:35	23:01	23:01	23:05	次00:19	次00:19	次00:25
新闸路	05:38	05:15	05:33	23:03	23:03	23:03	次00:21	次00:21	次00:23
汉中路	05:40	05:17	05:31	23:05	23:05	23:01	次00:23	次00:23	次00:21
上海火车站	05:43	05:19	05:30	23:08	23:08	23:00	次00:26	次00:26	次00:20
中山北路	05:45	--	05:57	23:10	--	22:57	次00:28	--	次00:17
延长路	05:48	--	05:55	23:13	--	22:55	次00:31	--	次00:15

图 4-10　上海地铁官网公布的 1 号线首末班车时刻表①

1 号线列车运行间隔

周一——周四（工作日）			
名称	时段	列车间隔	
		莘庄—上海火车站	上海火车站—富锦路
早高峰	7:00—9:30	约2分44秒	约2分44秒—5分28秒
平峰	9:30—17:00	约4分01秒	约4分01秒—8分02秒
晚高峰	17:00—19:00	约3分21秒	
其他时段		约4分 — 6分	约6分—12分
周五（工作日）			
名称	时段	列车间隔	
		莘庄—上海火车站	上海火车站—富锦路
早高峰	7:00—9:30	约2分44秒	约2分44秒—5分28秒
平峰	9:30—14:00	约4分01秒	约4分01秒—8分02秒
晚高峰	14:00—17:00	约3分21秒	约6分42秒
	17:00—19:00	约3分21秒	
其他时段		约4分—6分	约6分—12分
周六、周日（双休日）			
名称	时段	列车间隔	
		莘庄—上海火车站	上海火车站—富锦路
高峰时段	9:00—20:00	约4分05秒	约4分05秒
其他时段		约6分~12分	

图 4-11　上海地铁官网公布的 1 号线列车开行间隔②

① 资料来源：http://www.shmetro.com/。

② 资料来源：http://www.shmetro.com/。

⑯ 号线大站车时刻表（工作日）

往滴水湖方向	1	2	3	4	5	6	7	8
滴水湖站	07:41（到达）	08:12（到达）	10:35（到达）	12:16（到达）	14:04（到达）	15:46（到达）	17:32（到达）	19:15（到达）
惠南站	07:23	07:54	10:17	11:58	13:45	15:27	17:13	18:56
新场站	07:15	07:46	10:08	11:49	13:37	15:19	17:05	18:48
罗山路站	07:03	07:34	09:57	11:38	13:25	15:07	16:53	18:36
龙阳路站	06:57	07:28	09:50	11:31	13:19	15:01	16:47	18:30

往龙阳路方向	1	2	3	4	5	6
滴水湖站	08:58	10:44	12:17	14:08	15:54	17:38
惠南站	09:17	11:03	12:37	14:27	16:13	17:57
新场站	09:25	11:12	12:45	14:35	16:21	18:05
罗山路站	09:37	11:24	12:57	14:47	16:33	18:17
龙阳路站	09:42（到达）	11:29（到达）	13:02（到达）	14:52（到达）	16:39（到达）	18:22（到达）

图 4-12　上海地铁官网公布的 16 号线列车时刻表①

4.3.7　列车运行图评估

运行图的实际编制效果需要在现场执行过程中得到及时反馈与评估。传统的运行图评估方法建立在运行图执行效果的经验分析上。随着实际运营数据（如实际运行图数据、客流数据）的获取变得可行，可以通过大数据挖掘与大数据可视化的手段来评估运行图，如基于实际运行图数据的运行图参数（如停站时分、区间运行时分）合理性评估、运行图能力适应性评估[5]（图 4-13）、运行图执行效果（正点情况、延误情况）评估等。

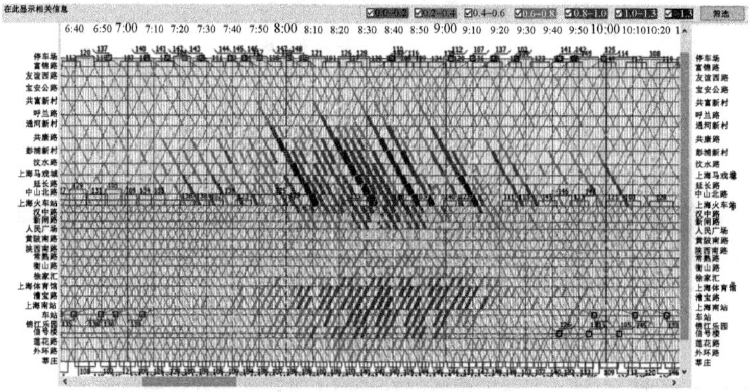

图 4-13　基于断面客流的运行线能力适应性评估

① 资料来源：http://www.shmetro.com/。

4.3.8 网络列车运行图编制

城市轨道交通成网运营后，各线路运行图的编制需要综合全网能力，基于网络客流特征，从不同层面来综合考虑，如换乘节点的时刻配合协调、首末班车的衔接、各线路的能力（间隔）协调等。在车辆、乘务员共享的线路之间，还需要考虑乘务员配置的综合优化、车底运用的协同优化等问题。

4.4 列车运行图编制理论与方法

4.4.1 单一交路运行图编制

4.4.1.1 线路拓扑结构定义

列车运行图的底图结构是线路拓扑结构的表示形式，合理的底图结构形式不仅能使运行线直观、顺直，还能更好地反映列车之间的相互关系以及车底的周转关系。

单线的拓扑结构定义需要考虑两种情况：车辆基地在正线的两端和车辆基地在线路中间。

对于第一种情况，线路的拓扑结构定义非常简单，只需要把车辆基地（图 4-14 中的 E 站）当作正线的一个车站，底图结构中，车站中心线只需要按下行站序依次排列即可。

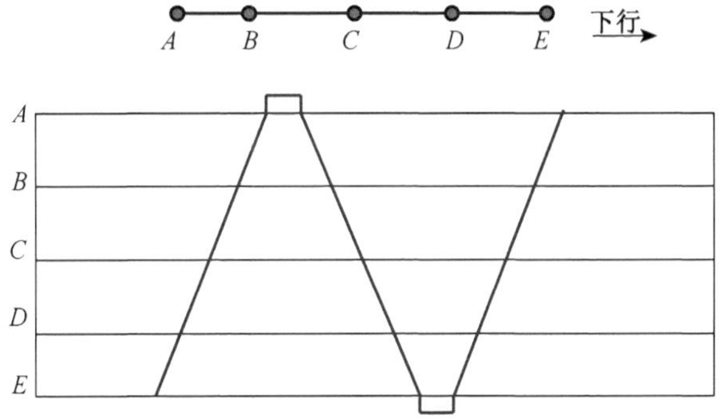

图 4-14　单线的拓扑结构定义方法（车辆基地在线路两端）

对于第二种情况，车辆基地通过出入库线与正线连接，该类线路的拓扑结构实质上类似于主线＋支线的模式，可以把出入库线当作支线来处理。因此，车站底图结构的定义需要考虑车场中心线的摆放位置，车场放置的位置有两种形式：一是放在最下面，与主线独立［图 4-15(a)］；二是与 BC 区间合并放置［图 4-15(b)］。由于出入库列车的数量不多，为了比较直观地表示列车出入库过程与其他列车的接续关系，常采用第二种形式。

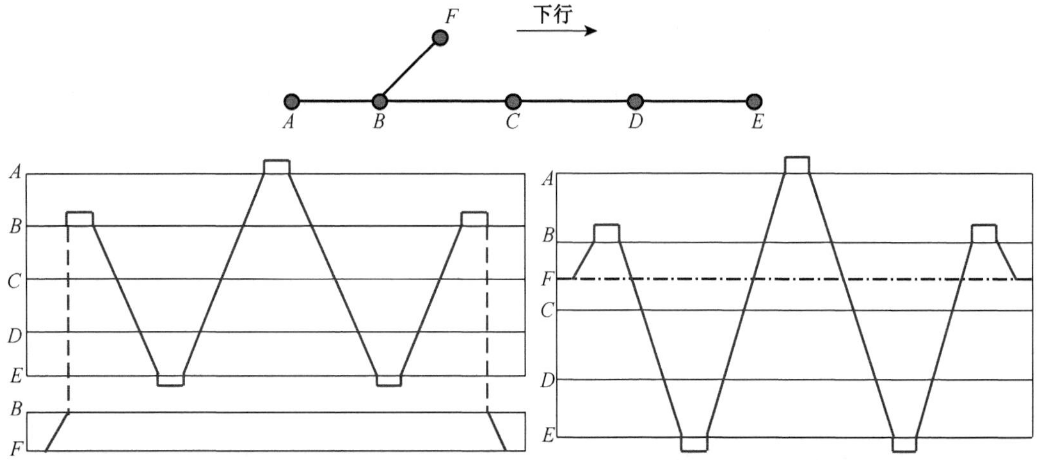

(a) 车场放到最下面　　(b) 车场与BC区间合并放置

图 4-15　带车场线的底图结构定义方法

4.4.1.2　车底运用数量和行车间隔的匹配

受到需要的车底数量（N^{TD}）、需要开行的列车间隔（t^{IN}）、最小的车底运用周期（$T^{\mathrm{R}}_{\min}$）和折返条件等限制，实际开行列车间隔（t^{I}）、实际车底数量（N^{TA}）以及实际车底运用周期（T^{R}）间存在着相互制约、相互影响的关系。为了在既有设备条件下最大限度地满足不同时间段客流需求，编图时采用下述方法[6]：

(1) 当 $N^{\mathrm{TA}} \geqslant N^{\mathrm{TD}}$，且 $T^{\mathrm{R}}_{\min}/t^{\mathrm{I}}$ 的值不为正整数时，要使等式 $N^{\mathrm{TD}} = T^{\mathrm{R}}_{\min}/t^{\mathrm{I}}$ 成立，有两种办法：第一种是放大运用周期，即把运用周期放大至 t^{I} 的整数倍，这样就导致列车在两折返站的折返时间比实际要求的折返时间要长。第二种是保持周期不变，缩小运行间隔，这就导致运行图上列车铺画的实际运行间隔比要求的运行间隔要小，假设在时间段内第 j 与第 $j+1$ 列车之间的实际运行间隔为 t^{I}_j，则：

$$t^{\mathrm{I}}_j = \operatorname{int}\left(\frac{T^{\mathrm{R}}}{N^{\mathrm{TD}}}\right),\ j = 1,\ 2,\ \cdots,\ N^{\mathrm{TD}} - 1 \tag{4-3}$$

$$t^{\mathrm{I}}_{N^{\mathrm{TD}}} = T^{\mathrm{R}} - \operatorname{int}\left(\frac{T^{\mathrm{R}}}{N^{\mathrm{TD}}}\right) \times (N^{\mathrm{TD}} - 1) \tag{4-4}$$

(2) 当 $N^{\mathrm{TA}} < N^{\mathrm{TD}}$ 时，需要根据可运用的车底数来计算最小的发车间隔，如果要保持运行间隔的均衡，这时必然要牺牲所有列车的运行间隔。但是，如果要保证在一个周期里的某些列车间隔与 t^{I} 一致，则可采用牺牲周期里其余列车的间隔来保证，即需满足下列公式：

$$\begin{cases} t^{\mathrm{I}}_1 \times N^{\mathrm{TA}}_1 + t^{\mathrm{I}}_2 \times N^{\mathrm{TA}}_2 = T^{\mathrm{R}} \\ N^{\mathrm{TA}}_1 + N^{\mathrm{TA}}_2 = N^{\mathrm{TA}} \end{cases} \tag{4-5}$$

式中　N_1^{TA}——保持 t_1^{I} 间隔的车底数量，列；

N_2^{TA}——剩余的车底数，列；

t_1^{I}——列车的间隔时间，s；

t_2^{I}——剩余列车的间隔时间，s。

图 4-16(b)中的不等间隔方案通常用于高峰期车底运用数量不足，但仍然可以保证部分列车间隔时间满足极端高峰开行的情况。

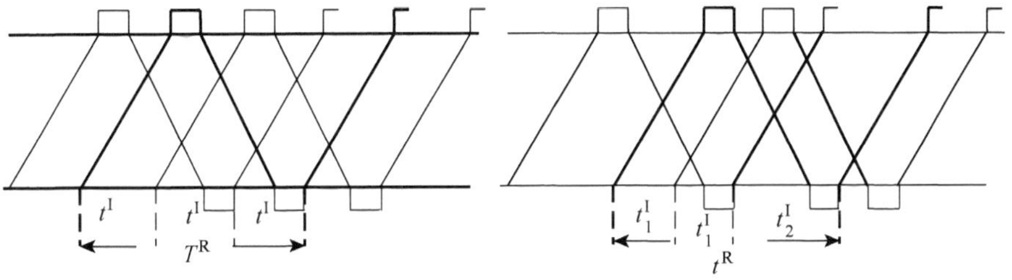

(a) 等间隔方案　　(b) 不等间隔方案

图 4-16　不同间隔方案条件下的周期运行线布置方案

4.4.1.3　列车出入库运行线的编制

列车出入库运行线是指连接车场与折返站的列车运行线，车场的设置不同，出入库的方式和出入库运行线的编制也随之不同。在城市轨道交通系统中，出入库方式主要有以下三种，如表 4-3 所列。

表 4-3　车底出入库方式类型表

车场、线路布置形式	出入库方式	出入库交路图示
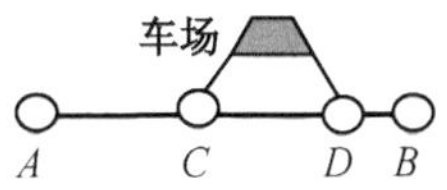	车底多方向出库	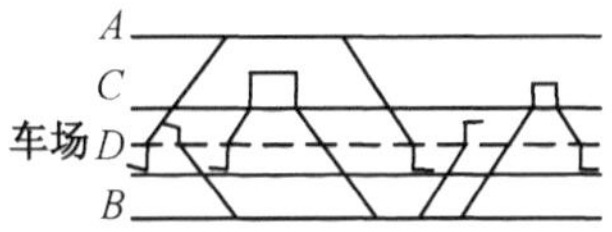
	车底分方向出库	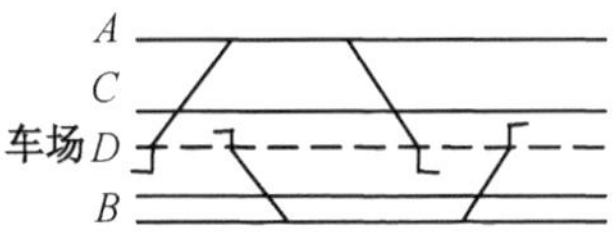
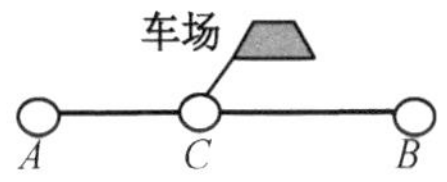	车底单方向出库	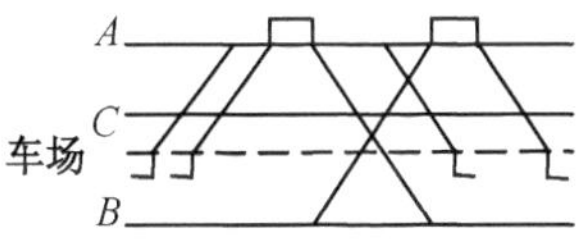

对于前两种方式,列车出入库比较灵活,能力也较大。对于第三种方式,由于车场没有与车站 B 直接相连接的线路,车底出场时要先从车库到达站 A(或站 C),然后从站 A(或站 C)到达站 B,如果是入库车,列车要从站 B 先到站 A(或站 C),然后再由站 A(或站 C)入库。

4.4.1.4 高峰与非高峰时间段过渡运行线的编制

由于客流具有时间上的不均衡性,存在高峰和平峰时间段,因此列车运行图上的列车运行间隔也呈现出多时间段的特点。但在同一运行间隔时间段内,列车运行线呈现出周期性特点。编制时可以先以周期运行线为基础,根据时间段的起始时间与终止时间来铺画该时间段内的其他运行线。

由于不同运行间隔的时间段所需要运用的车底数不相同,在不同间隔时间段的前后时间内,需要安排车底出入库,从而形成过渡时间段。过渡时间段列车运行线的铺画是城市轨道交通列车运行图最难也是最复杂的部分,铺画时不仅要考虑车底的出入库方式,还要考虑车底的折返要求及列车的运行间隔要求等。

1. 时间段由疏至密

当前一时间段的运行间隔大于后一时间段的运行间隔时,表明后一时间段需要运用的车底数要比前一时间段需要运用车底数要多。因此,在前一时间段结束时,会有部分车底出库,这些车底出库线在铺画时要考虑出库的合适时间和出库方式。

2. 时间段由密至疏

当前一时间段的运行间隔小于后一时间段的运行间隔时,表明后一时间段需要运用的车底数要比前一时间段需要运用的车底数要少。因此,在前一时间段结束时,会有部分车底入库,这些车底入库线在铺画时要考虑合适的入库时间和入库方式,如图 4-17 所示。

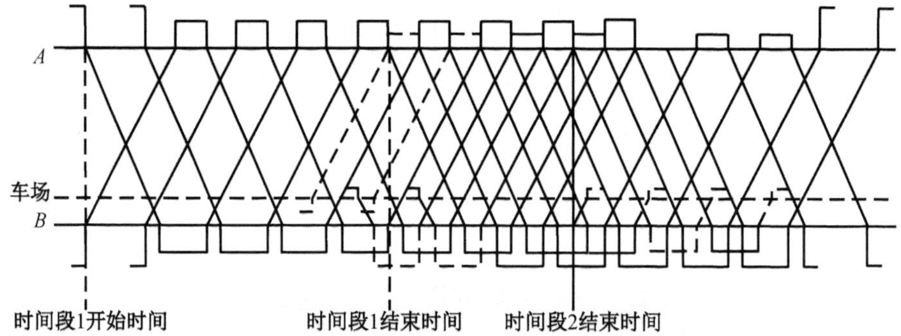

图 4-17 过渡时间段运行线的铺画

4.4.1.5 站后折返、站前折返及区间交叉干扰约束

在城市轨道交通线路上,列车之间除了要满足追踪间隔时间约束外,在折返站还需满足折返时间及折返方式的约束。当列车出入库时,需考虑可能会在区间形成的列车运行交叉干扰,如表 4-4 所列。

表 4-4　站后、站前折返以及区间交叉干扰约束条件

干扰条件	站台、线路布置图例	运行图图示	约束条件
站后折返	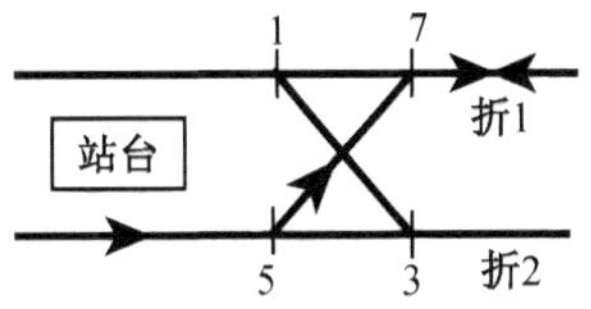	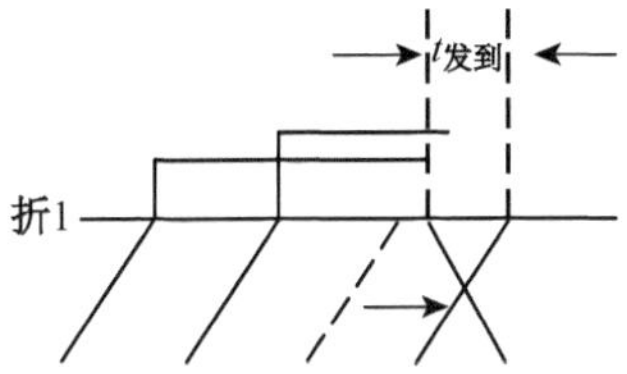	折返线数量及布置形式
站前折返	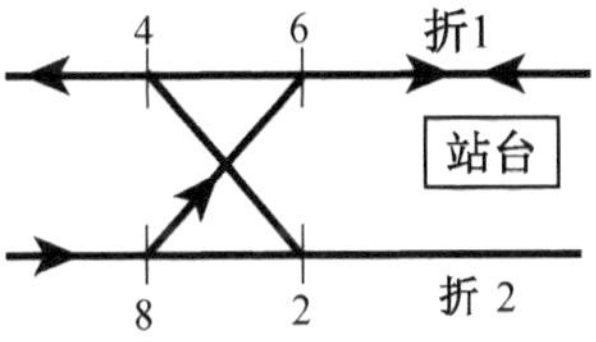	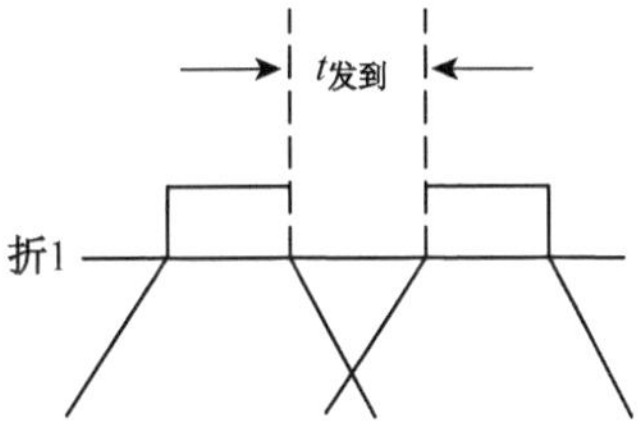	站前折返间隔时间
区间交叉干扰	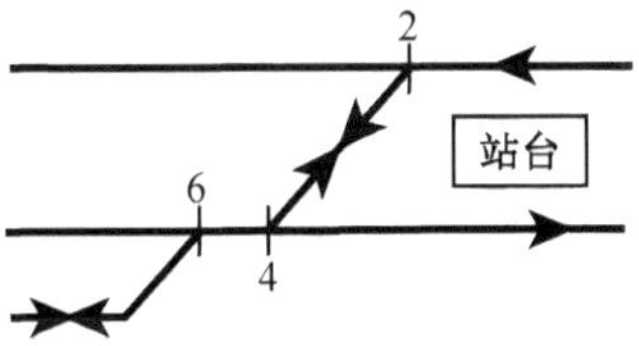	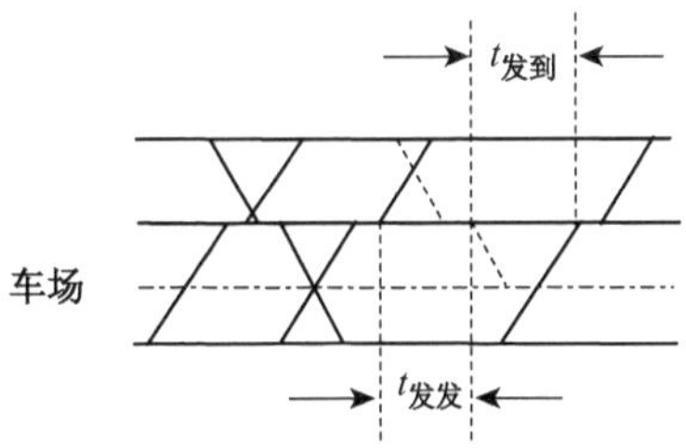	车场与区间正线的连接方式及行车交叉间隔时间

4.4.2　共线交路运行图编制

4.4.2.1　共线交路的底图结构定义

在共线交路中，Y 形线路是典型的共线形式，其底图结构定义与车辆基地在线路中间的单线结构类似。但由于支线开行的列车数量也比较多，底图结构的定义形式与各交路列车开行数量有关系，以单 Y 形线路运行图底图结构为例，底图结构的定义形式如图 4-18 所示。

图 4-18(a)适用于 $D-C$ 交路开行列车数量较 $A-C$ 交路大的情况，图 4-18(b)适用于 $A-C$ 交路开行列车数量较 $D-C$ 交路大的情况。

4.4.2.2　共线交路的车底运用方式

共线交路的车底套跑运用较独立运用时的车底周转更灵活，不仅可以加快车底的周转速度，节省车底数量，还能提高共同折返站的接发车能力。图 4-19 为共线段间隔和大小交路开行比例相同的两套运行图方案，图 4-19(a)为车底独立运用方案，需要 7 组车底，而图 4-18(b)为车底套跑运用的方案，仅需 6 组车底。

共线交路车底运用数量取决于各独立交路的运行周期和车底的运用方式，可以通过

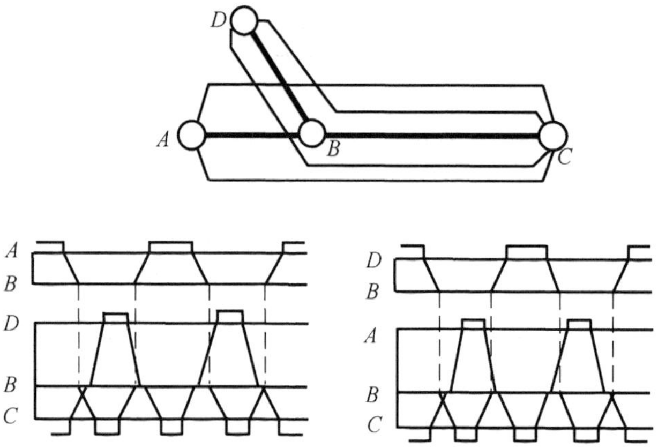

(a) *AB*区段独立　　(b) *DB*区段独立

图 4-18　Y 形线路的底图结构定义方法

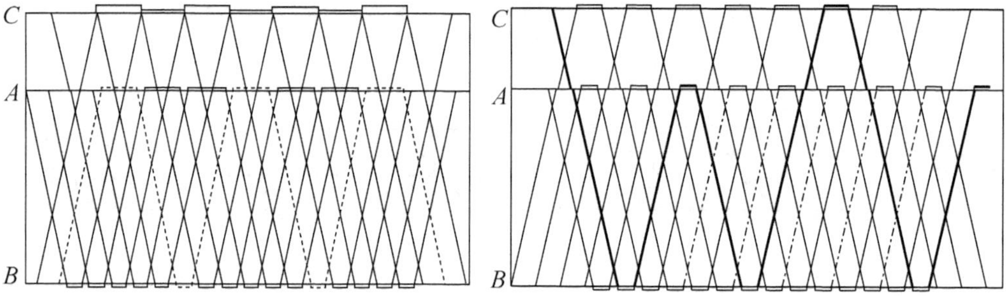

(a) 车底独立运用(7组车底)　　(b) 车底套跑运用(6组车底)

图 4-19　共线间隔与开行比例相同条件下的不同车底运用方式

计算各独立交路的车底数量之和来估算，但这种方法不够精确。因为在共线交路的运行条件下，车底运用与共线段行车间隔、不同交路列车的开行比例、共线段及非共线段运行时分、折返站的折返时间标准以及车底的运用方式（独立或套跑运用）等因素关系密切。精确的计算方法可以建立车底独立及套跑运用条件下的车底运用多目标非线性混合整数规划优化模型，得到车底运用数量最少和运用方式最优的方案，详细的模型建立方法请参考文献[7]。

4.4.2.3　不同时段开行间隔和开行比例定义

对于共线交路，不同交路的开行间隔共同决定着共线段的开行间隔，这种情况下共线段开行列车数为各交路开行列车数之和。在实际运营过程中，为了保证较高的服务水平和能力利用，列车的开行要尽量保证行车间隔的均衡（尤其在共线段）。因此，在落实到计划运行图时，同一时间段内，不同交路列车的开行数量通常要保持一个严格的比例关系（如 1∶1，1∶2，2∶1 等）。表 4-5 为图 4-20 开行交路条件下的两交路的间隔匹配关系表。

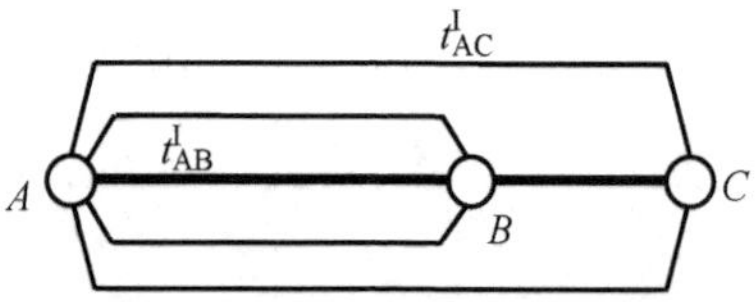

图 4-20　共线交路的开行方案

表 4-5　共线交路运行间隔的匹配关系表

$b=\frac{t_{AC}^{I}}{t_{AB}^{I}}$	交路 $A-C$ 平均间隔	交路 $A-B$ 平均间隔	共线段间隔	开行比例 $\frac{n_{AC}^{H}}{n_{AB}^{H}}$	图示
$b\approx 1$	t_{AC}^{I}	t_{AC}^{I}	$\frac{t_{AC}^{I}}{2}$	1∶1	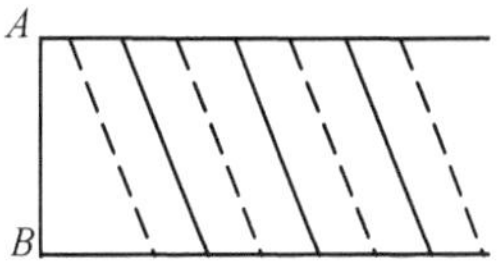
$b\approx 2$	t_{AC}^{I}	$\frac{t_{AC}^{I}}{2}$	$\frac{t_{AC}^{I}}{3}$	1∶2	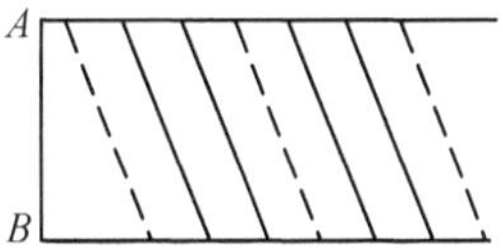
$b\approx 0.5$	$\frac{t_{AB}^{I}}{2}$	t_{AB}^{I}	$\frac{t_{AB}^{I}}{3}$	2∶1	

4.4.2.4　共线交路运行图的编制流程

编制共线交路运行图时，需要先定义底图结构，然后选择基准交路，根据开行间隔的要求计算两交路需要开行的比例，根据两交路的车底运用方式（套跑还是非套跑）分别计算车底运用数量、折返站的实际折返时间并铺画方案运行图，然后铺画出入库线并定义好首末班车与换乘节点的衔接方案，最后计算相关指标并输出运行图，详细的铺画流程如图 4-21 所示。

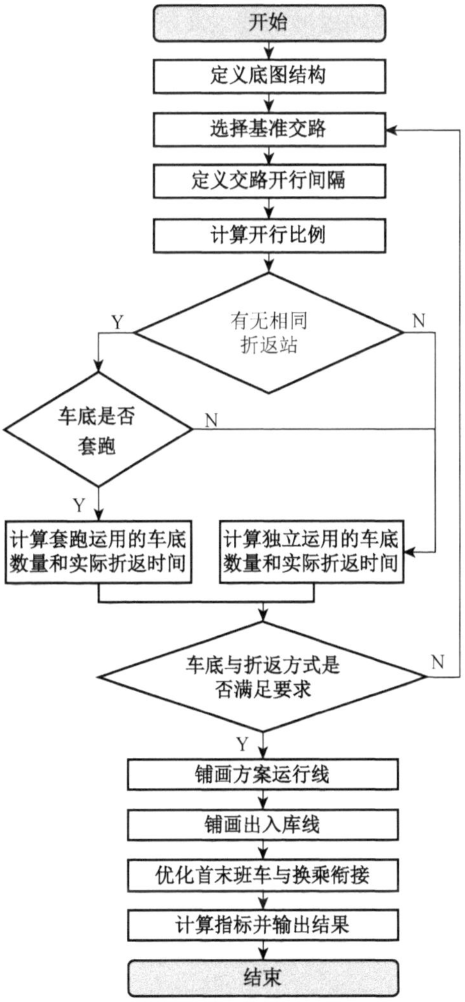

图 4-21　共线交路列车运行图编制流程图

4.4.2.5　共线交路列车运行图编制需要注意的问题

编制共线交路列车运行图时需要关注以下四个方面的问题。

1. 列车首末班车时刻的优化

列车首末班车时刻是城市轨道交通列车运行图铺画过程中需要重点考虑的条件，对于共线交路运行图，除了要考虑首末班车与网络其他线路的有效衔接外，还需要考虑同一线路不同交路首末班车的要求，尤其对于大、小交路嵌套的运行图，铺画时通常考虑首班车与末班车都采用长交路，这样便于乘客记住该线首末班车时刻。

2. 列车在换乘车站的衔接

在共线交路运行图中，除了要考虑列车在换乘站与其他线路列车或其他交通工具的有效衔接外，还需要考虑乘坐不同交路的换乘乘客的要求。尤其是在Y形或双Y形线路中，不同交路乘客的换乘一般都在同站台换乘，因此需要重点考虑接轨站（包括接入与接出站）乘客换乘的需求，尽量减少乘客在站台的停留时间。

3. 车场的有效利用

如果线路存在多个车辆段或车场，开行共线交路时，列车的出入库方式会存在多种形式，车辆段或车场的运用要以灵活与经济为首要原则。

4. 列车延误的影响

受线路条件制约，共线交路列车在运行过程中，某一交路列车的延误有可能影响到其他交路的列车。在共线段，由于列车密度大，行车间隔小，延误的传播速度与影响范围往往比较大。因此，在共线交路列车运行图编制过程中，可以通过设置合理的区间运行缓冲时间、停站缓冲时间以及折返缓冲时间来降低延误的影响。

4.4.3 环形交路运行图编制

4.4.3.1 线路拓扑结构定义

环线是一类特殊类型的线路，环形交路是指列车运行的交路为环形，即始发站与终到站是同一个车站，列车不需要在始发或终到站进行换端作业，因此折返时间（即停站时间）可以比较短。

环形线路的拓扑结构定义需要特殊处理[8]。环线运行图的编制问题可以经过节点虚拟化后转换为单线运行图编制问题，如图4-22所示。将A站虚拟成两个站A与A'，然后拉直，形成A至A'的单一线路，底图的定义与单一交路的方式一致。

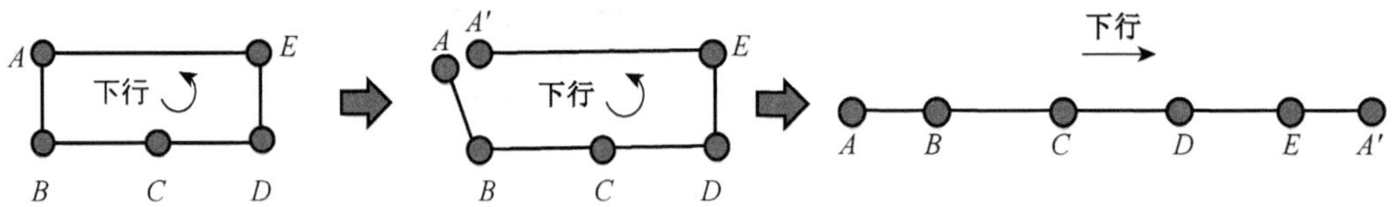

图4-22 环形交路运行图的拓扑结构定义

4.4.3.2 运行线的表示形式

在运行图上，环线交路运行图的表示方式与单线的交路表示方式不同，图4-23表示的是环线交路下行方向的列车运行线，从图中可以看出，环线交路的运行线的车底接续的都是同方向的列车，并且在车站$A(A')$完成车次变换与虚拟折返。为了更直观地表示列车在车站$A(A')$的接续关系和停站作业时间，在车站$A(A')$的车站中心线上分别复示一段上一区间（或下一区间）的运行线。

在环形运行图中，如果在始发站或终到站只有双向两股道，则列车在始发站或终到站

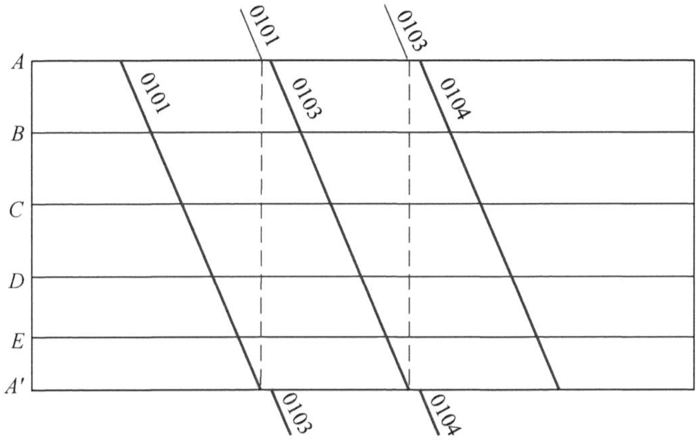

图 4-23　环形交路列车运行图表示方法(单方向)

的停留时间不能过长,如果过长则会影响后续列车的正常到达。因此,在编制环线交路列车运行图时,需要综合考虑列车总运行时分与发车间隔的合理匹配。

4.4.3.3　车底运用数量的计算

在正常的周转过程中,环线交路的列车运行过程是一直沿某一方向(外圈或内圈)套圈运行的,与另一方向的列车互不干扰,因此,车底的运用周期即为列车绕圈运行一周的时间。由于上、下行运行时分和停站时间有差异,因此环线列车的运用周期需要分别计算,如图 4-24 所示。

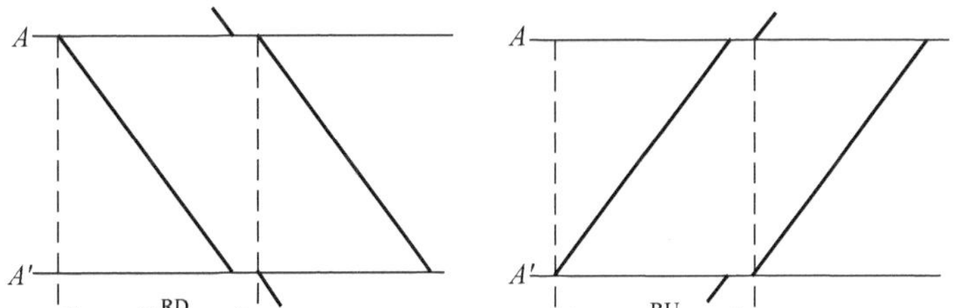

(a) 车底运用周期(下行)　(b) 车底运用周期(上行)

图 4-24　环形交路的车底运用周期

环形交路车底运用数量也需要按上、下行分别计算,计算方法为:

$$N^{CD}=\left\lceil\frac{T^{RD}}{t^{ID}}\right\rceil \tag{4-6}$$

$$N^{CU}=\left\lceil\frac{T^{RU}}{t^{IU}}\right\rceil \tag{4-7}$$

式中　t^{ID} ——下行方向的实际开行间隔,s;

N^{CD} ——下行方向的车底运用数量,列;

T^{RD} ——下行方向的车底运用周期，s；

t^{IU} ——上行方向的实际开行间隔，s；

N^{CU} ——上行方向的车底运用数量，列；

T^{RU} ——上行方向的车底运用周期，s；

$\lceil\ \rceil$——最大上整数运算符。

当车底运用数量不足或周期不为间隔的整数倍时，车底运用数量和行车间隔的匹配关系与单一交路运行图编制的处理方式相同。

4.4.3.4 环线交路运行图的编制流程

编制环形交路运行图时，需要先选择环线的虚拟站(以 ATS 定义为准)，定义底图结构，然后根据不同方向开行间隔的要求分别计算上下行的车底运用数量，独立铺画上下行运行图方案，再铺画出入库线并定义好首末班车与换乘节点的衔接方案，最后计算相关指标并输出运行图。

4.4.4 快慢车运行图编制

4.4.4.1 追踪间隔时间

快慢车开行方案条件下，列车运行过程会存在越行，此时需要根据列车在车站的不同状态，将列车追踪间隔时间分为同方向发车的追踪间隔时间、同方向到站的追踪间隔时间、同方向发车与到站的追踪间隔时间、同方向到站与通过的追踪间隔时间、同方向通过与发车的追踪间隔时间、同方向发车与通过的追踪间隔时间、同方向列车通过的追踪间隔时间。

4.4.4.2 快慢车组合运行方案运行图铺画

在城市轨道交通线路中，受线路造价和工程施工规模的影响，快慢车线路往往会选择某些特定的车站设置越行线，这就形成了限定越行站条件下的列车开行方案。在该开行方案条件下，列车通常采用相同的最高速度运行，通过改变停站数量来实现快慢车组合运行。停站方案有可能包括所有车站都停的站站停普通列车、只停某些客流量较大站的大站车和中间一站都不停的直达车，如图 4-25 所示。由于列车之间的速度相差较大，在能力利用率较高时，快慢车之间有可能存在越行，上海轨道交通 16 号线的列车开行就属于该类方案。

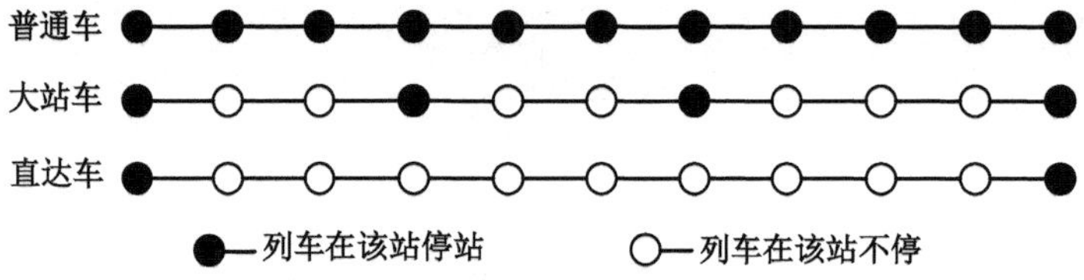

图 4-25 最高速度相同的快慢车组合运行方案

该类方案条件下，列车运行图编制过程中首先要明确快、中、慢车的开行比例和开行间隔，通过试铺运行图的方法来确定合适的越行站，并铺画快、中、慢组合的运行线。为了不使慢车的旅行时间过长，一般情况下慢车被越行的次数不能太多，同时又要考虑不同列车的合适开行比例，以及列车在各车站的停站频率和停站时刻的均衡性。受到发时间不均衡的影响，快慢车线路的折返方式也需要同步优化。

4.4.4.3　快慢车线路运行图编制的要求

1. 列车越行

列车是否越行、越行地点以及越行次数与快慢车的速度差有关。速度差越大，列车发生越行的可能性以及发生越行的次数也就越多。列车在始发站的均衡程度影响着列车的越行次数和越行地点，调整列车在始发站的均衡性程度可以改变列车的越行次数、越行地点和越行时间。区间旅行时间的不均等程度对列车的越行地点与越行时间也有影响。慢车被快车越行一次时，被越行慢车的旅行时间会增加(图 4-26)，增加的大小与列车在越行站的到通间隔、通发间隔以及停站时间 t^D 有关。

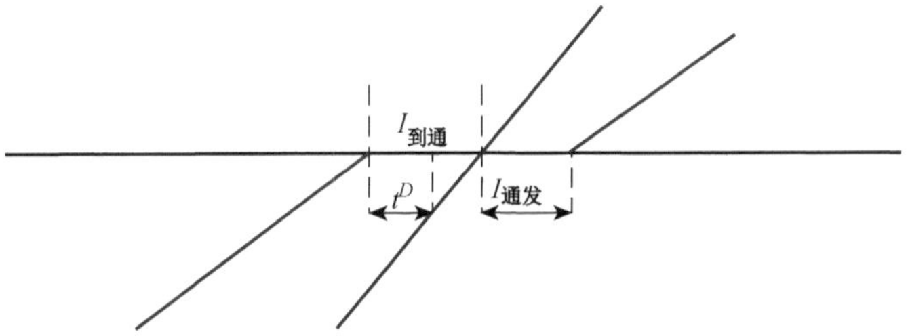

图 4-26　发生一次越行后被越行慢车的旅行时间增加图示

2. 通过能力的损失

在区段内，快车与慢车的组合开行会造成能力的损失，能力损失的大小与快慢车在区段的旅行时间差、区间不均等程度、始发的均衡程度有关。

3. 列车折返

开行快慢车后，列车到达终到站的时间间隔很难达到均衡，部分列车在终到站进行折返作业时停留时间可能会比较长，因此，这就对折返站折返线的数量以及折返模式有了更高的要求。

4. 列车运行图与客流的匹配性

快慢车组合运行的原因之一就是客流的时空差异性，即某一时段或全天时段的乘客出行 OD 集中于某些站点之间。为了使列车开行方案更加符合乘客的出行特征，并提高列车运营的服务水平和效率，采用快慢车组合运行方案，目的就在于降低“小客流”站点的时间浪费，同时又提高了长距离乘客的出行效率。

5. 乘坐列车的计划性需求突出

对于普通的站站停列车，各列车的运行方式均一致，因此乘客对时刻表的关注度并不高，错过一班列车只须等待下一班列车。然而，对于快慢车组合运行列车，注重快速性的乘客则偏向选择快车以缩短旅行时间。乘客会基于列车时刻表，有计划地选择最合适的快车并及时进站乘车，一旦错过一列快车，等待下一列快车的时间可能会成倍增加。因此，在开行快慢车的线路上，乘客对于公布详细时刻表的需求较大。

6. 列车正晚点要求更高

在快慢车组合运行的条件下，乘客会更有计划地依据列车时刻表选择相应的列车，因此他们对列车时刻表及正晚点的关注度也会有所提高，对列车正点率有更高的要求。

7. 列车服务等级的差异性

在快慢车组合运行中，快车与慢车的旅行速度不同，且慢车会被快车越行，因此会出现列车服务等级的差异。

8. 延误发生时调整策略

由于快车具有优先级，因此其在列车运行延误调整的过程中也需要优先考虑，以达到最佳的延误调整效果。

4.4.5 规格化周期运行图编制

规格化周期运行图(也称节拍运行图)，是指基本运行图的各个周期时间段内，列车运行线铺画都具有相同的模式。其主要特点是每个周期内各类列车都具有相同的开行数量；同类列车在同一车站都有相同的到发(或通过)和停站时间，以此形成一个相对固定的基本运行图模式。规格化运行图在铺画时，首先取定一个时间段(比如 1 h)，将这个时间段上列车间的相互关系，即列车的运行顺序、运行时间、越行及待避地点等，都用一定的图样形式固定下来，并尽可能地使该时间段内铺画的列车对数最多，线路通过能力的损失最小。然后，依照该时间段的列车运行方式，按时间顺序逐段地重复铺画，直到铺画出完整的列车运行图。

考虑到工作日市域轨道交通主要以通勤客流为主，对轨道交通运输组织的准点和规律化要求较高，特别在早高峰期间，固定的开行间隔和易于识别的开行规律与规则更利于乘客乘车。表 4-6 为慕尼黑 S2 线路(Petershausen 至 Erding，7:00—9:00)的工作日时刻表，这是一类典型的规格化运行图。在每个小时内，共有 3 趟列车出发，其中前两趟班次相隔 20 min 从 Petershausen 车站出发，终点为 Erding 车站，第三趟班次则是从 Petershausen 车站出发，终点为 Markt Schwaben 车站。

表 4-6 慕尼黑 S2 线路工作日时刻表

车站	时刻								
Petershausen	7:12	7:32	7:52	8:12	8:32	8:52	9:12	9:32	9:52
Vierkirchen-Esterhofen	7:16	7:36	7:56	8:16	8:36	8:56	9:16	9:36	9:56

（续表）

车站	时刻								
Röhrmoos	7:19	7:39	7:59	8:19	8:39	8:59	9:19	9:39	9:59
Hebertshausen	7:25	7:45	8:05	8:25	8:45	9:05	9:25	9:45	10:05
Dachau	7:28	7:48	8:08	8:28	8:48	9:08	9:28	9:48	10:08
Karlsfeld	7:33	7:53	8:13	8:33	8:53	9:13	9:33	9:53	10:13
Allach	7:35	7:55	8:15	8:35	8:55	9:15	9:35	9:55	10:15
Untermenzing	7:37	7:57	8:17	8:37	8:57	9:17	9:37	9:57	10:17
⋮	⋮	⋮	⋮	⋮	⋮	⋮	⋮	⋮	⋮
Poing	8:19	8:39	8:59	9:19	9:39	9:59	10:19	10:39	10:59
Markt Schwaben	8:23	8:43	9:03	9:23	9:43	10:03	10:23	10:43	11:03
Ottenhofen	8:28	8:48	—	9:28	9:48	—	10:28	10:48	—
St Koloman	8:32	8:52	—	9:32	9:52	—	10:32	10:52	—
Aufhausen	8:35	8:55	—	9:35	9:55	—	10:35	10:55	—
Altenerding	8:38	8:58	—	9:38	9:58	—	10:38	10:58	—
Erding	8:42	9:04	—	9:42	10:02	—	10:42	11:02	—

总的来说，规格化运行图具有以下优缺点：

1. 优点

（1）周期性运行图中每个周期内列车出发时刻相对固定，列车的开行数量、运行顺序、运行速度、越行或待避车站、车底的接续方案等都基本相同，便于乘客记住列车的开行规律与规则，方便乘车。

（2）在基于规格化运行图的运输组织模式下，可以根据旅客出行特点，在基本运行图上使高峰时段满负荷行车，非高峰时段抽线行车，余下的运行线作为备用线使用，为晚点列车提供更多选择机会，使运行图具有较大的柔性且运用灵活。

（3）规格化运行图有利于针对旅客出行特点，结合各种条件，方便计算机自动编制列车运行图，同时有利于提高列车的自动化控制水平及列车运行质量，保证列车有序运行。

2. 缺点

（1）由于周期性运行图中列车的运行线路和运行时间相对固定，因而不能充分利用线路的通过能力，造成能力的浪费。

（2）由于列车的停站方案相对固定，可能无法满足部分旅客的出行要求或为照顾部分旅客需要额外增加停站。

图 4-27 为某城市轨道交通线路的一种规格化运行图形式(方案图)。快车和慢车采用 1∶1 的开行比例,快车与快车、慢车与慢车之间的行车间隔均为 15 min,快车的发车时刻均为每个小时的 0 min, 15 min, 30 min,45 min 开行,慢车的发车时刻均为每个小时的 7 min, 22 min, 37 min, 52 min 开行。

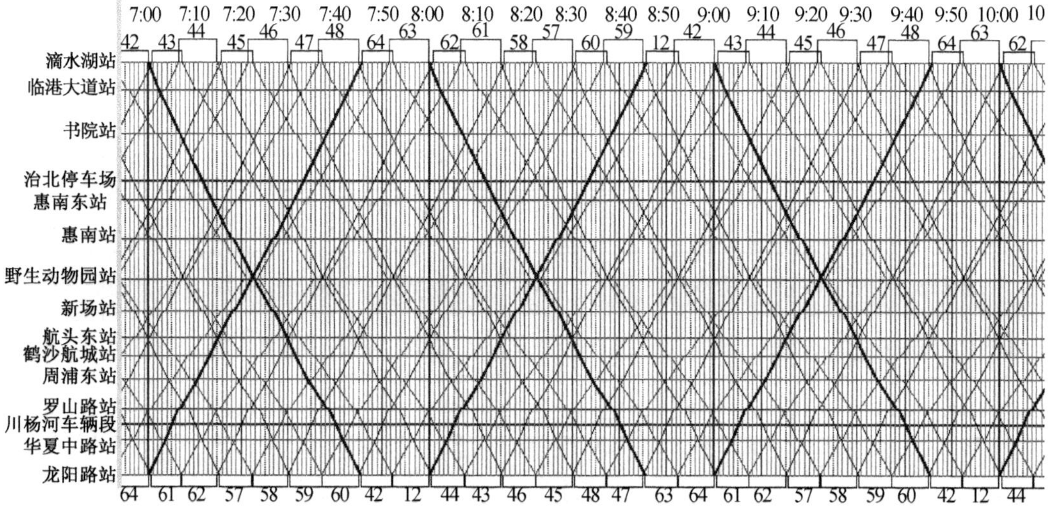

图 4-27 某城市轨道交通线路的规格化运行图(方案图)

4.4.6 有轨电车运行图编制

现代有轨电车是由电气牵引轮轨导向的低地板式电动车辆,运行在专用轨道上,是采用平交道口和优先信号的中低运量的轨道交通系统。现代有轨电车可供选择的路权形式主要有全封闭路权、半封闭路权和共享路权三种形式。对于全封闭路权的有轨电车线路,列车运行图的编制方法类似地铁线路,同样需要考虑等路网结构、客流特征、车辆运用、折返方式、行车间隔等因素。但对于半封闭路权和共享路权的有轨电车线路,由于其列车运行受道路交叉口的信号控制,与其他交通工具共享道路资源,在编制运行图时需要考虑线路中交叉口拓扑结构的定义和交叉口运行图的表示方法,以及交叉口的有轨电车与其他交通工具的绿灯信号配时优化问题。

4.4.6.1 交叉口拓扑结构的定义

为了清楚、直观地描述交叉口列车的信号配时方案,在线路拓扑结构定义时,需要对交叉口车站站台的不同敷设方式进行分类讨论。

(1) 站台分布在路口的两侧(上下行站台分开设置)。列车在交叉口运行需要经过交叉口和两个站台,在定义线路拓扑结构时,需要将这类交叉口虚拟成三个点,即两个站台点和一个信号控制点。以图 4-28(a)为例,该交叉口按下行方向可虚拟为“A 站东侧”“A

交叉口”“*A* 站西侧”三个虚拟点。

(2) 站台分布在路口某一侧。在定义线路拓扑结构时,需要将这类交叉口虚拟成两个点,即一个站台点和一个信号控制点。以图 4-28(b)为例,该交叉口按下行方向虚拟为“*B* 交叉口”“*B* 站”两个点。

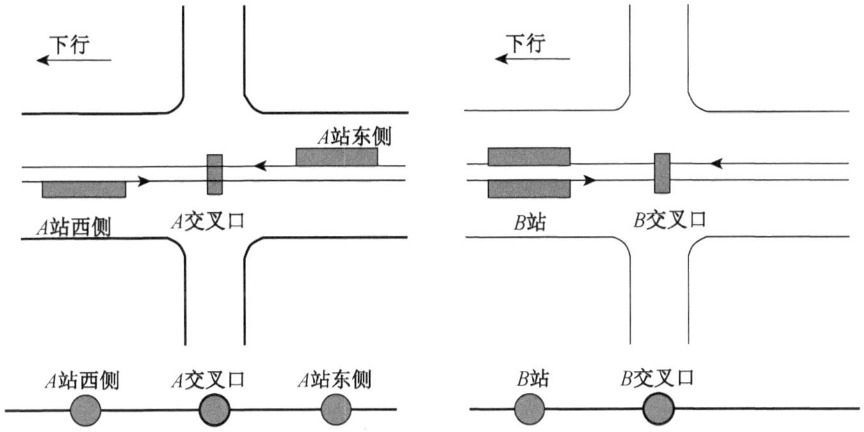

(a) 站台分布在两侧　　(b) 站台分布在一侧

图 4-28　有轨电车线路交叉口拓扑结构定义

另一类更为复杂的交叉口是带支线的多方向衔接交叉口,这类交叉口拓扑结构的定义与线路的连通方式和站台的分布方式有关。图 4-29(a)和图 4-29(b)分别为单方向和

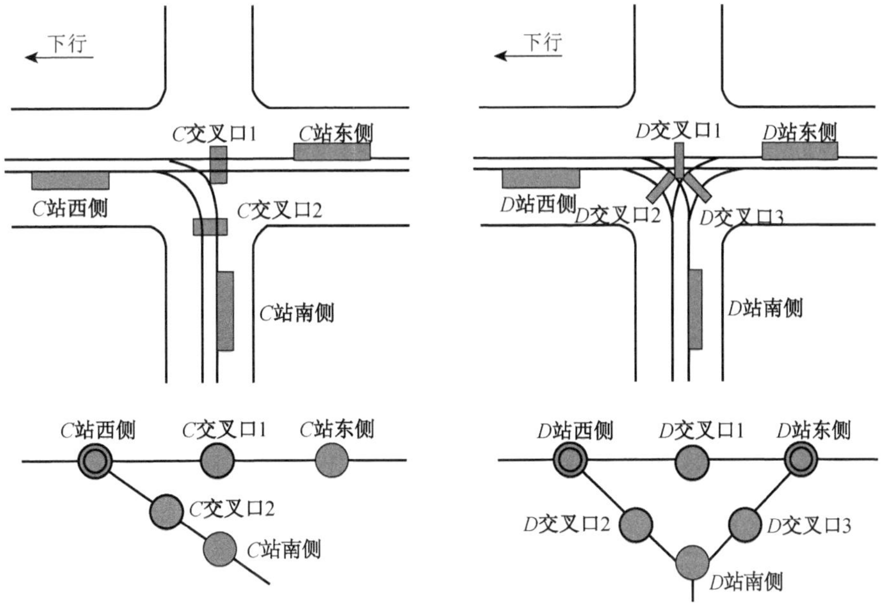

(a) 带分岔(单方向连通)条件下三侧站台分布　　(b) 带分岔(双方向连通)条件下三侧站台分布

图 4-29　带支线连接的有轨电车线路交叉口拓扑结构定义

双方向连通条件下的三侧站台设置的分布图。在这类交叉口中，除了站台需要独立定义外，交叉口信号控制点需要根据列车走行方向的控制方案单独定义。在单方向连通条件下，交叉口可以定义两个信号控制点[图 4-29(a)中的“C 交叉口 1”和“C 交叉口 2”]，分别表示列车直行和从支线左转两种运行规则。同理，对于双方向连通条件下的交叉口，则可以定义三个信号控制点[图 4-29(b)中的“D 交叉口 1”“D 交叉口 2”“D 交叉口 3”]，分别表示列车直行、从支线左转和从支线右转三种运行规则。

4.4.6.2 交叉口运行图的表示方法

为了能同时直观展示列车运行和交叉口信号控制的信息，在列车运行图中需要加入交叉口的中心线位置和红绿灯信号开放时刻等信息。图 4-30 是图 4-28 中图(a)交叉口对应的运行图表示形式。其中，A 站东侧与 A 站西侧站台分别用横线表示，A 交叉口信号控制点则用不同的矩形块表示，矩形左侧是色灯开始时间，矩形右侧是色灯结束时间，列车在站台的到发时刻、交叉口通过时刻、列车通过时的红绿灯状态等信息也能在图中直观地表示出来。

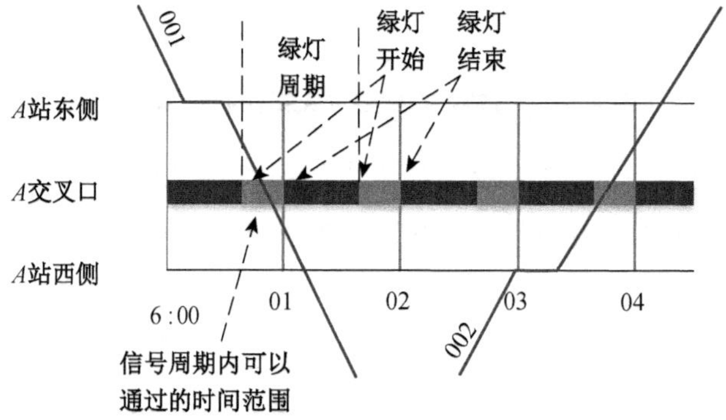

图 4-30 有轨电车运行图(在交叉口)的表示方法

4.4.6.3 运行图编制方法

有轨电车列车运行图的编制过程主要分为两个过程：

过程一：在给定线路基础信息、交叉口信号周期和绿灯时长的条件下，以提高列车的运行速度为目标，寻求各交叉口在信号周期内的最佳绿灯开始时间和不同交路列车在各周期内的最佳发车时刻。

过程二：结合列车运行图的编制理论，基于车底数量、车站折返能力、全日行车计划和交叉口信号配时方案编制有轨电车列车运行图。

过程二的理论与方法已经在前面有详细阐述，过程一是一个优化决策问题，可以通过定义一定的规则或构建相应的模型来分析[9]，各交叉口的绿灯信号配时优化对于提升有轨电车列车的旅行速度的效果非常明显。在确认各交叉口在信号周期内的最佳绿灯开始时间和不同交路列车在各周期内的最佳发车时刻后，可以将交叉口的信号配时方案整合至列车运行图中(图 4-31)。

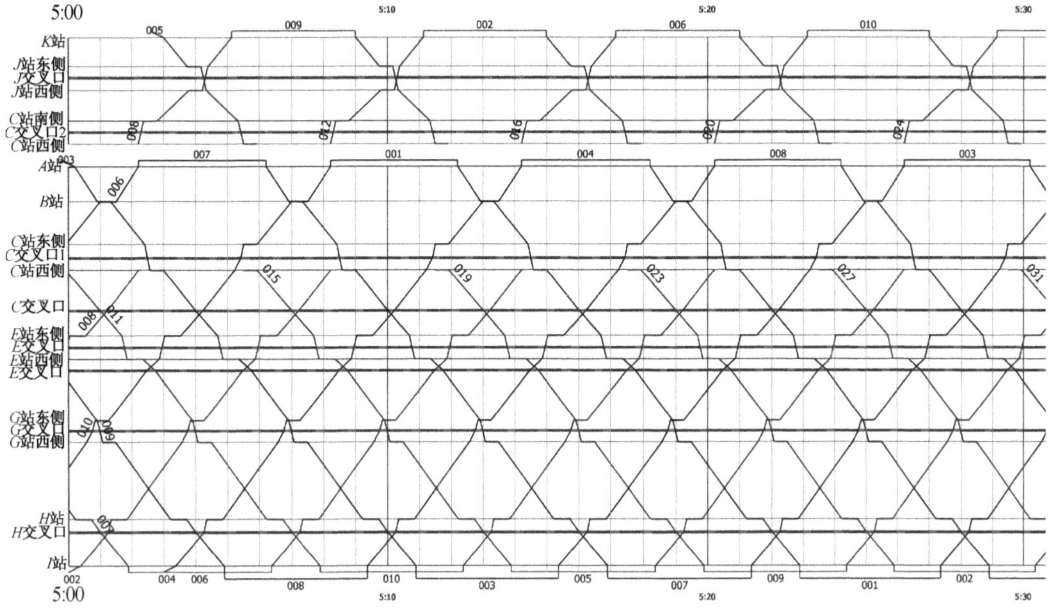

图 4-31　有轨电车列车运行图示意图

4.5　列车运行图计算机编制

4.5.1　需求分析

运行图的编制可以看成是将列车的径路安排到现有基础设施上的优化匹配，它被证明是一类典型的 NP 困难问题。在传统铁路领域，受制于网络的复杂性和列车开行方案的多样性，运行图优化的重点是解决网络能力统筹、单双线的能力利用、越行方案优化、交路与停站方案优化等问题。在城市轨道交通系统中，由于线路配线简单、列车开行方案较为单一，运行图编制研究的重点则是如何满足高低峰时段差异性和多种交路形式并存的全日列车运行图的一次性生成问题。从国内现有城市轨道交通列车运行图编制的情况看，目前主要采用如下几类编制方法。

(1) 编图人员借助于 Excel，AutoCAD 等第三方工具进行编制，运行图编制完成后，采用人工录入的方式导入 ATS 系统。采用这样的方法，近似于手工编制。每张新列车运行图，从编制至导入 ATS 系统往往要花费近 2～3 周的时间，工作量大，费时费力，难以适应城市轨道交通列车运行图随客流、技术设备、运输组织方法的变化而经常调整的需要。

(2) 采用信号系统自带编图子系统(如 FALKO，TTE，TCS)进行编图工作，将列车运行图编制结果导入 ATS 系统实现列车运行控制，并将列车运行图的相关数据提供给运营分公司各相关部门共享。采用这样的编图方式，存在下述不足：

① ATS 自带的编图子系统，从功能上看，难以满足我国城市轨道交通大运量、高密度、多交路特点的列车运行图“自动编制”的要求；从操作的方便性上看，编图过程十分烦琐、复杂，对每条线路需要配备专业人员。

② 各信号系统供应商所提供的运行图编制工具均不相同，其包含的列车运行图模块也不尽相同，因此随着线网的形成，将增加运营分公司的编图人员配置以及编图人员的编图技能培训费用。

③ 各 ATS 系统中的运行图数据存储较为封闭，且保存方式不统一，不利于对运行图数据的进一步挖掘，同样运行图信息也无法做到与能力分析、客流评估、乘务计划编制等系统的无缝对接。

(3) 采用专业的城市轨道交通列车运行图编制系统(如 TPM[6])进行。该类工具可以及时、快速地编制和调整网络列车运行图，适应线路数量及列车开行数量的不断增加、线路技术设备特点及制式、列车开行方式及交路形式的多样化发展，也能够实现多种运行组织方式、不同运营要求的列车运行图编制的要求，同时可以满足运行图数据的多部门、多用途、多方式共享的需求，对提高城市轨道交通网络化运营管理水平，满足乘客出行需求具有极其重要的作用。

4.5.2 关键问题

列车运行图的计算机编制，需要重点解决线路拓扑结构的定义、多标尺的功能设计、行车间隔的自动匹配、运行线与车底周转的同步优化、列车冲突判断与疏解、行车间隔和车底数量的相互影响和制约优化、车站股道使用方案的优化、满足不同开行方案的运行方案图的一次性生成、列车运行图与时刻表的生成和转换、与 ATS 系统的无缝对接等关键问题。

4.5.3 系统架构

运行图计算机编制系统应包含基础数据管理、运行图编制与调整、结果输出三个主要模块，系统具备路网管理、车站平面图管理、基础时分管理、交路信息管理、底图结构管理、列车开行方案管理、运行图自动编制、运行图调整与检查、车站股道使用图编制、运行图指标计算、运行图输出、ATS 对接文件输出等功能结构，如图 4-32 所示。

4.5.4 发展趋势

运行图编制是一个需要人工技能与有经验者参与的计算机辅助过程，并非纯粹的结构化问题，因此计算机无法完全取代人。但随着新技术与新方法(如大数据、人工智能)在城市轨道交通系统中不断投入应用，计算机编制的效率和质量也会得到大幅度提升，如基

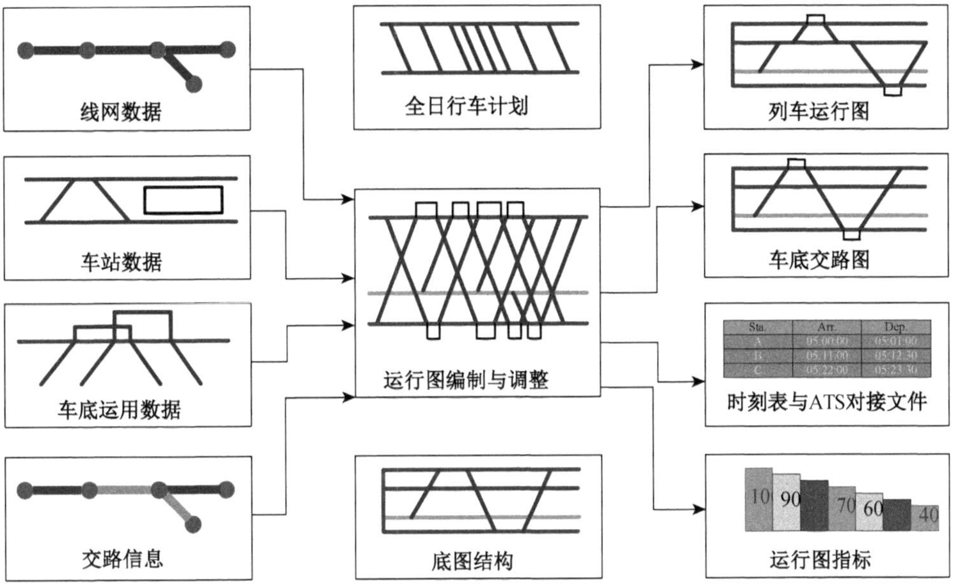

图 4-32　运行图计算机编制系统架构

于网络层面的线路运行图的统筹编制，密度更高、交路更复杂的运行图编制效率的提升，运行图鲁棒性能的滚动优化方法和实施策略，节能运行图的编制以及基于乘客的出行服务的网络衔接方案评估与优化等。

复习思考题

1. 运行图的定义和作用是什么？
2. 运行图的图形表示方法是什么？横坐标、纵坐标和斜率分别表示什么？
3. 城市轨道交通系统的运行图有哪些类型？各种类型有何特征？
4. 运行图有哪些要素？各要素确定的依据是什么？
5. 停站时间的组成要素有哪些？上下客时间的计算方法是什么？
6. 城市轨道交通列车运行图的编制要求是什么？
7. 城市轨道交通列车运行图编制需要准备哪些资料？
8. 城市轨道交通列车运行图的编制流程是什么？
9. 列车运行图有哪些指标？各项指标如何计算？
10. 运行图的规定包括哪些内容？
11. 单线、Y 形线和环线的线路拓扑结构和底图结构如何定义？
12. 试编制如题图 4-1 所示的线路拓扑结构的底图结构形式(至少 3 种方案)。
13. 单交路运行图编制时，行车间隔、车底运用数量和全周转时间有何制约关系？

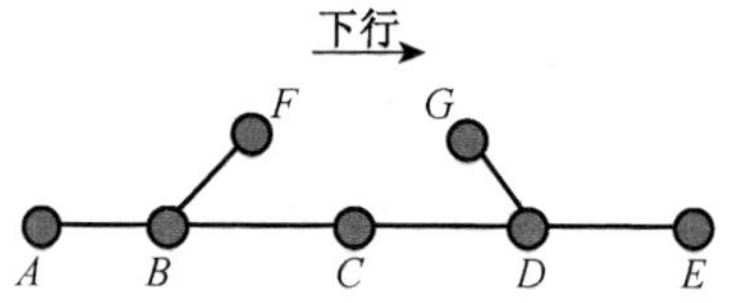

题图 4-1　城市轨道交通线路的一种拓扑结构

14. 运行图编制过程的主要交叉干扰有哪些？应如何疏解？
15. 运行图高低峰过渡运行线编制的方法是什么？
16. 共线交路形成的原因有哪些？
17. 共线交路车底运用方式有哪几种，各有什么特点？
18. 共线交路中不同交路的开行间隔应如何选择？为什么间隔不能差别太大？
19. 共线交路列车运行图编制的流程是什么？基准交路选择的依据是什么？
20. 共线交路列车运行图编制时需要注意的主要问题是什么？
21. 环形交路有何特殊性？运行线的表示方法是什么？
22. 环形交路的全周转时间如何计算？车底运用数量如何计算？
23. 环形交路运行图编制的流程是什么？
24. 快慢车运行图编制需要考虑的新参数有哪些？快慢车开行的条件与问题有哪些？
25. 快慢车线路运行图编制的要求是什么？
26. 什么是规格化运行图？有何特点？
27. 有轨电车列车运行图编制有什么特殊性，应如何表示？
28. 为什么要采用计算机编制列车运行图？
29. 计算机编制列车运行图的关键问题有哪些？应具备哪些功能？
30. 运行图计算机编制的发展趋势是什么？

参考文献

[1] 徐瑞华.轨道交通系统行车组织[M].北京：中国铁道出版社，2005.

[2] 张国宝.城市轨道交通运营组织[M].2 版.上海：上海科学技术出版社，2012.

[3] 江志彬.基于列车运行图的城市轨道交通运营可靠性研究[D].上海：同济大学，2007.

[4] 江志彬，陈菁菁，邹晓磊，等.司机停站作业时分评估考核系统研究[R].上海：同济大学，上海地铁第四运营有限公司，2017.

[5] JIANG Z, HSU C, ZHANG D, et al. Evaluating rail transit timetable using big passengers' data[J]. Journal of Computer and System Sciences, 2016,82(1):144-155.

[6] 徐瑞华，江志彬，朱效洁，等.城市轨道交通列车运行图计算机编制的关键问题研究[J].城市轨道交通研究，2005,8:31-35.

[7] 江志彬，徐瑞华，吴强，等.多交路共线运行的城市轨道交通车辆运用优化[J].同济大学学报（自然科学版），2014(09)：1333-1339.

[8] JIANG Z, GAO J, XU R. Circle rail transit line timetable scheduling using Rail TPM[C]//12th International Conference on Computer System Design and Operation in the Railways and other Transit Systems, 2010,114:945-952.

[9] 江志彬，徐瑞华.信号被动优先条件下的有轨电车运行图编制优化[J].交通运输工程学报，2016(03)：100-107.

第 5 章
能　力

5.1 能力概述

运输能力是通过能力和输送能力的总称。运输能力的大小主要取决于固定设备、活动设备以及技术设备的运用、行车组织方法和行车作业人员的数量及技能水平。为满足客运需求、完成运输任务,城市轨道交通必须具备一定的运输能力。

5.1.1 通过能力

城市轨道交通线路的通过能力是指在采用一定的车辆类型和一定的行车组织方法条件下,线路的各项固定设备在单位时间内(通常是高峰小时)所能通过的最大列车数。研究影响通过能力的因素、通过能力的计算确定、提高通过能力的途径及措施等问题,对于城市轨道交通新线的规划设计和既有线的日常运能安排、扩能技术改造,都具有重要的理论和实践意义。

城市轨道交通的通过能力按下列固定设备计算。

1. 线路

城市轨道交通线路的通过能力主要受正线数、列车停站时间、列车运行控制方式、车站是否设置配线、车辆技术性能、进出站线路平纵断面和行车组织方法等因素影响。

2. 列车折返设备

列车折返设备的通过能力主要受折返站的配线布置形式、折返方式和折返模式、列车停站时间、车站信号设备类型、车载设备反应时间、折返作业进路长度、车辆移动速度和列车长度等因素影响。

3. 车辆段设备

车辆段设备的通过能力主要受车辆的检修台位、停车线等设备的数量和容量等因素影响。

4. 牵引供电设备

牵引供电设备的通过能力主要受牵引变电所的配置和容量等因素影响。

根据以上各项固定设备计算出来的通过能力一般是不相同的，其中通过能力最小的固定设备限制了整条线路的通过能力，该项固定设备的通过能力即为整条线路的最终通过能力。

$$n = \min\{n^{L}, n^{T}, n^{Y}, n^{E}\} \tag{5-1}$$

式中 n ——最终通过能力，列/h；

n^{L} ——线路通过能力，列/h；

n^{T} ——车站折返能力，列/h；

n^{Y} ——车辆段设备通过能力，列/h；

n^{E} ——牵引供电设备通过能力，列/h。

限制城市轨道交通通过能力的固定设备通常是线路和列车折返设备。

在实际工作中，通常还把通过能力分为设计通过能力、现有通过能力和需要通过能力三种。设计通过能力是指新建线路或技术改造后的既有线路所能达到的通过能力。现有通过能力是指在现有固定设备和现有行车组织方法条件下，线路能够达到的通过能力。需要通过能力是指为了适应中、远期规划年度的客运需求，线路应具备的包括后备能力在内的通过能力。

5.1.2 输送能力

城市轨道交通线路的输送能力也称载客能力，是指在一定的车辆类型、固定设备和行车组织方法的条件下，按照现有活动设备的数量、容量和乘务人员的数量，城市轨道交通线路在单位时间内(通常是高峰小时、一昼夜或一年)所能运送的乘客人数。输送能力是衡量城市轨道交通技术水平与服务水平的重要指标。

在最终通过能力一定的条件下，输送能力可按下式计算：

$$p^{C} = n \cdot N^{TU} \cdot C^{V} \cdot \beta^{V} \tag{5-2}$$

式中 p^{C} ——小时内单向最大输送能力，人；

N^{TU} ——列车编组辆数，辆；

C^{V} ——车辆定员数，人；

β^{V} ——列车满载率。

5.1.3 通过能力与输送能力的关系

通过能力与输送能力密切相关。通过能力从固定设备的角度确定线路所能开行的列车数，输送能力则是从活动设备与行车作业人员配备的角度确定线路所能运送的乘客人数。因此，输送能力以通过能力为基础，输送能力是运输能力的最终体现。另外，在通过能力一定的条件下，线路最终的输送能力还与车站设备的设计容量或能力存在密切关系，这些车站设备包括站台、售检票设备、自动扶梯、楼梯、通道和出入口等。

5.2 线路通过能力

5.2.1 线路通过能力的计算原理

城市轨道交通采用自动闭塞行车，在此模式下线路通过能力的计算公式如下：

$$n^{L}=\frac{3\ 600}{h} \tag{5-3}$$

式中 n^{L}——1 小时内线路能够通过的最大列车数，列；

h——列车的最小追踪间隔时间，s。

由于城市轨道交通车站一般不设置配线，列车只能在车站正线办理客运作业，致使列车追踪运行经过车站的时间远大于列车在区间追踪运行时的间隔时间。因此，列车停站时间是限制城市轨道交通线路通过能力的主要因素之一。列车停站时间对于列车间隔时间的影响如图 5-1 所示。

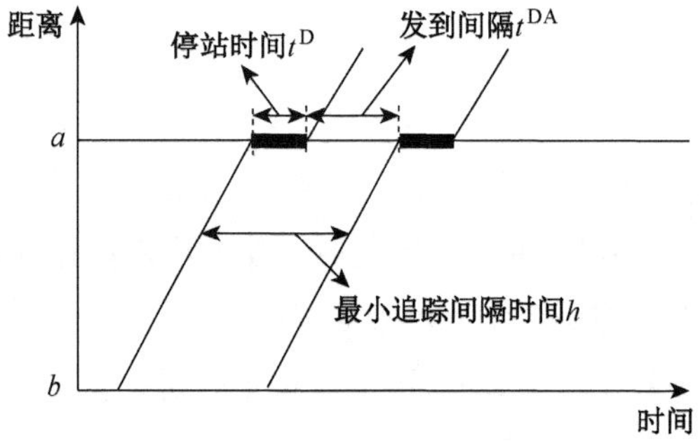

图 5-1　最小追踪间隔示意图

其中列车的追踪间隔时间等于列车在车站的停站时间（t^{D}）加上前后两列车之间的发到间隔（t^{DA}），其中发到间隔时间是指自前方列车从车站发出时起，至后方列车到达车站时止的最小间隔时间。发到间隔时间是由三部分组成：第一部分为前方列车驶离车站的时间；第二部分为后续列车准备接车进路并开放信号等作业时间；第三部分为后续列车通过进站距离的时间。最小追踪间隔时间的计算公式为：

$$h=t^{D}+t^{DA} \tag{5-4}$$

发到间隔与列车的加减速度、平纵断面以及信号制式等因素有关，一旦线路建设好，该时间相对固定，因此列车停站时间成了影响线路通过能力的关键因素，尤其是对于客流量大，开行密度高的线路，停站时间往往会成为线路通过能力的制约因素。

t^{DA} 的大小与信号制式及列车占用设备的规则密切相关，在不同信号制式条件下，t^{DA} 的计算方式不同。

5.2.2 不同闭塞方式下的通过能力计算方法

传统的三显示或四显示闭塞条件下追踪列车间隔时间的计算方法参考文献[1]，由于城市轨道交通系统大多采用准移动闭塞和移动闭塞，列车采用站站停的停站方式，因此追踪列车间隔时间主要受限于车站的接发作业。下面将重点介绍这两种模式下两列车在车站都停车的条件下追踪列车间隔时间的计算方法。

5.2.2.1 准移动闭塞

准移动闭塞的追踪目标点是前行列车所占用闭塞分区的始端再加上一段安全距离。列车追踪运行时，后行列车的运行位置及速度取决于前行列车的运行位置，计算追踪列车间隔时间的最小列车间隔距离如图 5-2 所示，当前行列车的尾端离开出清点 D 时，后行列车以列车运行图规定的速度恰好位于接近区段（对应闭塞分区分界点 A）的前方，并且正常制动后安全停在站台。因此，h 由前车出清时间、后车运行时间、列车停站时间三部分组成，计算公式为：

$$h = t^{C} + t^{E} + t^{D} \tag{5-5}$$

式中 h ——列车的最小追踪间隔时间，s；

t^{C} ——前行列车出清车站的时间，s；

t^{E} ——后续列车运行时间，s；

t^{D} ——列车停站时间，s。

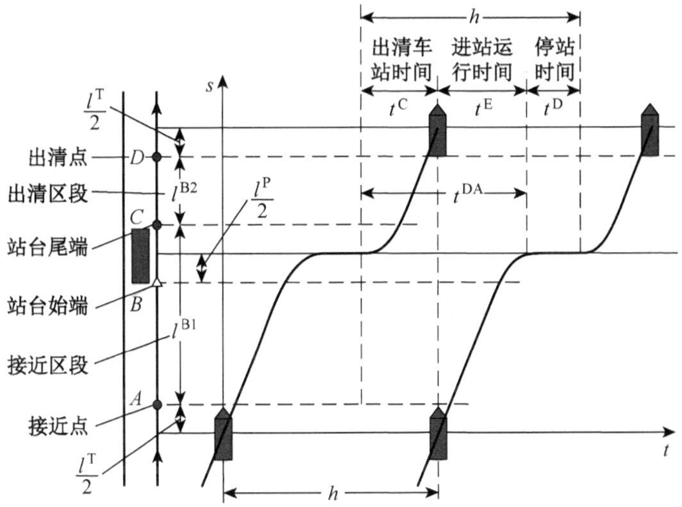

图 5-2 准移动闭塞系统列车追踪间隔示意图

t^{C}、t^{E} 的计算公式如下。

1. 前车出清车站时间 t^{C}

$$t^{C}=\sqrt{\frac{l^{B2}+\dfrac{l^{P}}{2}+\dfrac{l^{T}}{2}}{a/2}} \tag{5-6}$$

式中 l^{T}——列车长度,m;

l^{P}——站台长度,m;

l^{B2}——出清区段长度,m;

a——起动平均加速度,m/s²。

2. 后车进站运行时间 t^{E}

$$t^{E}=\frac{l^{B1}+\dfrac{l^{T}}{2}-\dfrac{l^{P}}{2}-\dfrac{(v^{E})^{2}}{2b}}{v^{E}}+\frac{v^{E}}{b} \tag{5-7}$$

式中 l^{B1}——接近区段长度,m;

v^{E}——列车运行速度,m/s;

b——常用制动平均减速度,m/s²。

因此,最终的追踪间隔时间:

$$h=t^{C}+t^{E}+t^{D}=\sqrt{\frac{l^{B2}+\dfrac{l^{P}}{2}+\dfrac{l^{T}}{2}}{a/2}}+\frac{l^{B1}+\dfrac{l^{T}}{2}-\dfrac{l^{P}}{2}-\dfrac{(v^{E})^{2}}{2b}}{v^{E}}+\frac{v^{E}}{b}+t^{D} \tag{5-8}$$

当列车进、出站线路纵断面有坡道时,可在 t^{C} 与 t^{E} 计算公式的分母部分增加一项修正参数,以考虑列车在坡道上制动、加速时对制动时间和加速时间的影响。修正参数为坡度值与车辆重力加速度的乘积。修正参数在制动时上坡为正、下坡为负,在加速时上坡为负、下坡为正。

5.2.2.2 移动闭塞

移动闭塞方式的列控系统也采取目标距离控制模式。在相对位置方式(MB-V_0 方式)控制模式下,不考虑前行列车的速度,只考虑其位置,当前行列车停车时,后行列车停在制动前的前行列车尾端后面的安全距离外,其原理如图 1-8 所示。

相对位置方式的移动闭塞条件下,计算追踪列车间隔时间的列车间隔距离如图 5-3 所示:当前行列车的尾端离开出清点 D 时,后行列车以规定速度恰好运行至进站位置 A 并开始减速进站并恰好停在站台 C。因此,h 由前车起动离开安全防护区间的时间、后车制动停车时间和停站时间三部分组成,计算公式为:

$$h=t^{C}+t^{E}+t^{D} \tag{5-9}$$

式中 h ——列车的最小追踪间隔时间,s;

t^{C} ——前行列车出清车站的时间,s;

t^{E} ——后续列车运行时间,s;

t^{D} ——列车停站时间,s。

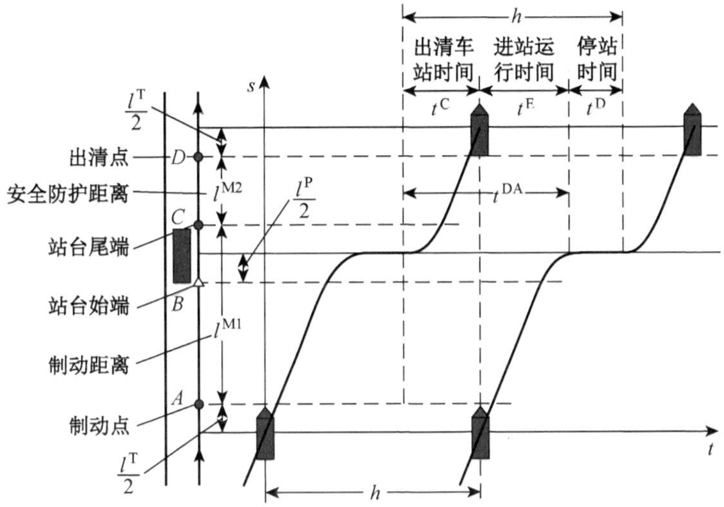

图5-3 移动闭塞系统列车追踪间隔示意图

t^{C}、t^{E} 的计算公式如下:

1. 前车出清车站时间 t^{C}

$$t^{C}=\sqrt{\frac{l^{M2}+\frac{l^{P}}{2}+\frac{l^{T}}{2}}{a/2}} \tag{5-10}$$

式中 l^{T} ——列车长度,m;

l^{P} ——站台长度,m;

l^{M2} ——出清区段,即安全防护距离,m;通常为40~50 m;

a——起动平均加速度,m/s²。

2. 后车进站运行时间 t^{E}

$$t^{E}=\frac{v^{E}}{b} \tag{5-11}$$

式中 v^{E} ——列车运行速度,m/s;

b——常用制动平均减速度,m/s²。

因此,最终的追踪间隔时间:

$$h=t^{C}+t^{E}+t^{D}=\sqrt{\frac{l^{M2}+\frac{l^{P}}{2}+\frac{l^{T}}{2}}{a/2}}+\frac{v^{E}}{b}+t^{D} \tag{5-12}$$

当列车进、出站线路纵断面有坡道时，可在 t^{C} 与 t^{E} 计算公式的分母部分增加一项修正参数，以考虑列车在坡道上制动、加速时对制动时间和加速时间的影响，修正方法与式(5-8)一致。

5.2.2.3 半自动闭塞线路

城市轨道交通新线建成后，如果自动闭塞信号系统尚未安装就投入过渡期试运营，或系统故障需要降级运行时，除采用调度监督组织指挥列车运行外，为确保列车运行安全，列车也可采用多区间闭塞作为基本闭塞方法，如"两站两区间"(不同城市的规则有可能不同)，"两站两区间"表示两个连续车站和连续区间只允许一趟列车占用。

在"两站两区间"闭塞条件下，前后两列车按连发方式运行(图 5-4)，d 站开放出站信号的条件是前行列车已离开 b 站且双区间闭塞手续已经完成。h 由 dc 区间运行时间、bc 区间运行时间、b 和 c 的停站时间以及连发间隔时间组成，计算公式为：

$$h = t_{dc}^{R} + t_{c}^{D} + t_{cb}^{R} + t_{b}^{D} + \tau^{LS} \tag{5-13}$$

式中 h ——列车的最小追踪间隔时间，s；

t_{dc}^{R} ——dc 区间运行时间，s；

t_{cb}^{R} ——cb 区间运行时间，s；

τ^{LS} ——后停条件下的连发间隔时间，s；

t_{c}^{D} ——c 站的停站时间，s；

t_{b}^{D} ——b 站的停站时间，s。

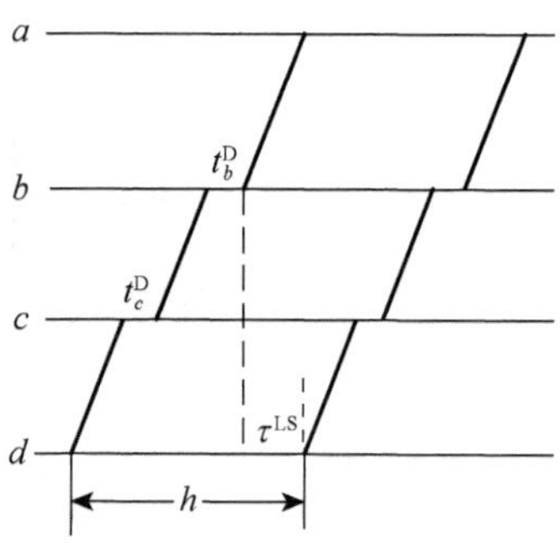

图 5-4 双区间闭塞连发运行图示

5.3 折返能力

5.3.1 折返能力的计算原理

车站折返能力一般是指折返车站在单位时间(小时)内能够满足列车折返的最大列车数。车站折返能力由折返站列车接入或发出的最大折返间隔决定。车站折返能力计算原理如图 5-5 所示。

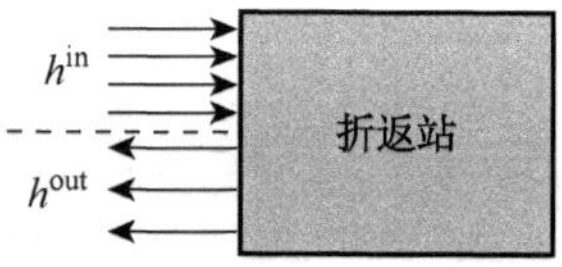

图 5-5 折返能力计算原理示意图

车站折返能力计算公式为：

$$n^{T} = \frac{3\,600}{\max(h^{in},\ h^{out})} \tag{5-14}$$

式中 n^{T} ——1 小时内可以折返的列车数，即折返能力，列；

h^{in} ——车站折返过程可以接入的最小间隔时间,s;

h^{out} ——车站折返过程可以发出的最小间隔时间,s。

5.3.2 折返能力的影响因素

折返能力除了与车站的配线方案和信号制式有关,也与折返方式、折返模式、停站作业时间、技术作业时间、富裕时间分配、到发均衡性等因素有关。

5.3.2.1 折返方式和折返模式

1. 站前折返

站前折返方式是指列车在中间站或终点站经由站前渡线进行折返作业[2]。站前渡线通常为交叉渡线或单渡线,也可能由多条渡线组成(图5-6)。站前折返时,列车空驶距离短,折返时间较短,能同时上下客,可以缩短总的停站时间。但列车折返会占用区间线路,影响后续列车进站,影响折返的能力,同时客流量大时,上下车过程流线对冲严重,容易引起混乱。

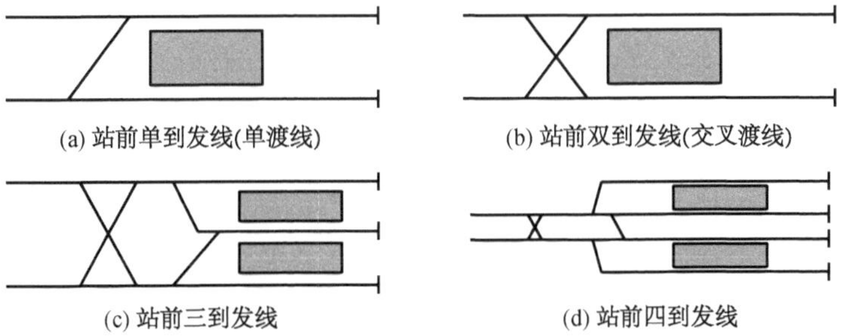

图5-6 常见的站前折返站型图

列车经由站前渡线折返可以有直进侧发、侧进直发(图5-7)、直进侧发和侧进直发交替进行(图5-8)三种模式。就直进侧发和侧进直发两种模式比较,从列车进站应减速、出站需加速,以及乘客乘坐的舒适性考虑,侧进直发是较为合理的列车进出站运行组织方式。

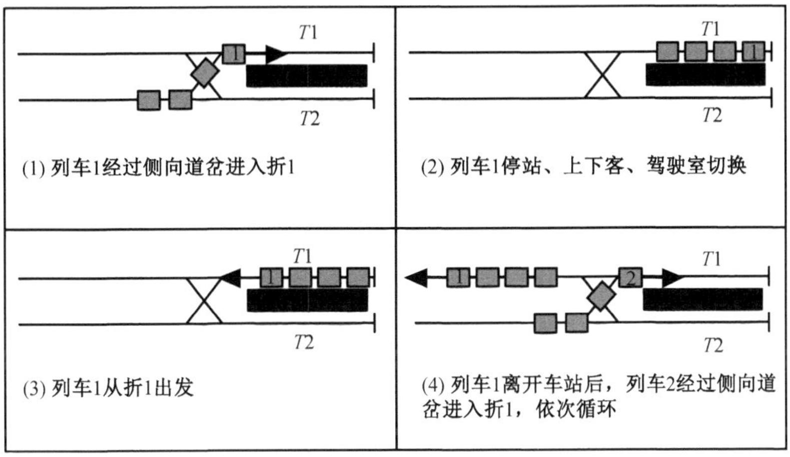

图5-7 站前固定折返线折返(侧进直发)

注:T1、T2为折返股道编号,余同。

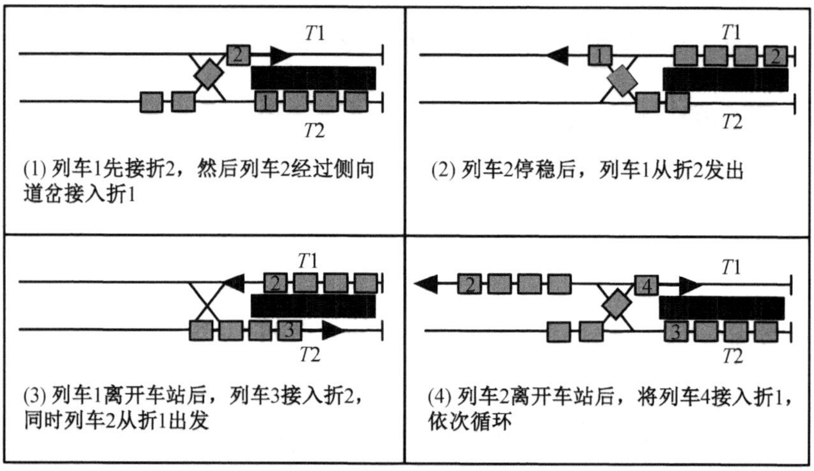

图 5-8　站前双折返线交替折返

2. 站后折返

站后折返方式是指列车在中间站或终点站利用站后折返线进行折返作业[2]。站后折返线的布置主要有终端线和环形线两种(图 5-9)。站后折返将上下客过程分开,有利于客运组织,同时避免了列车在站前的进路冲突,有利于能力利用,但列车折返过程中需要增加列车进出折返线的空驶距离,折返时间长。

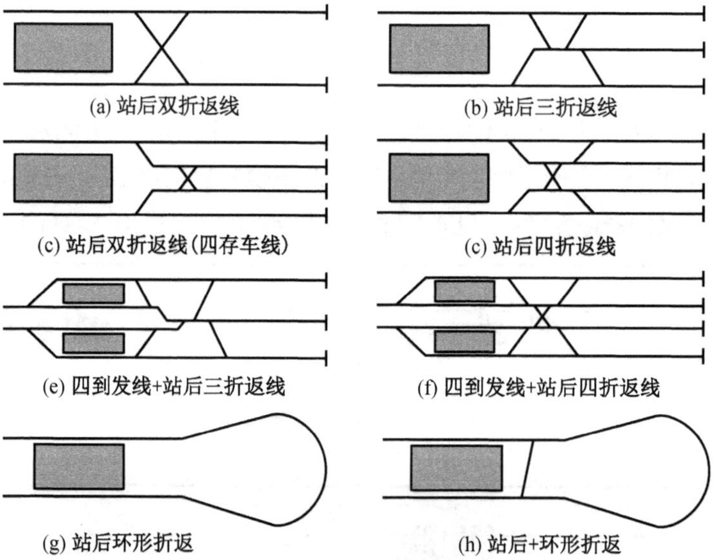

图 5-9　常见的站后折返站型图

站后折返最简单的形式是在车站站台后端设置交叉渡线或单渡线,车站根据需求采用侧式或岛式站台。站后折返的折返线使用方案也有直进侧发、侧进直发(图 5-10)、直进侧发和侧进直发交替进行(图 5-11)三种模式。

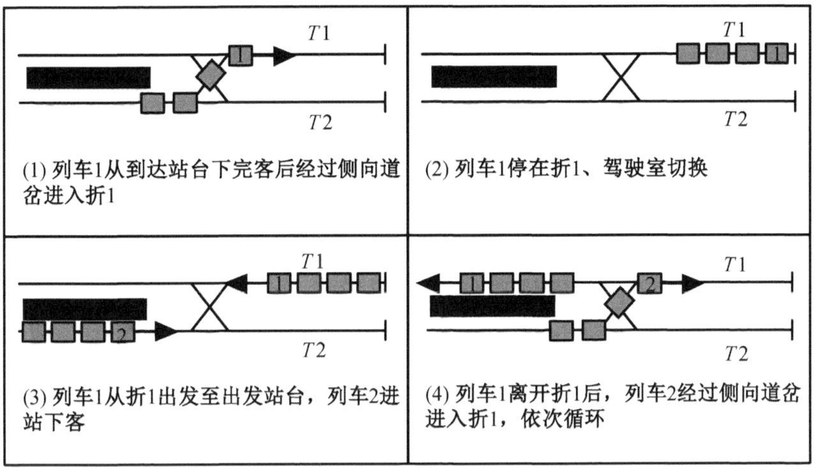

图 5-10　站后固定折返线折返(侧进直发)

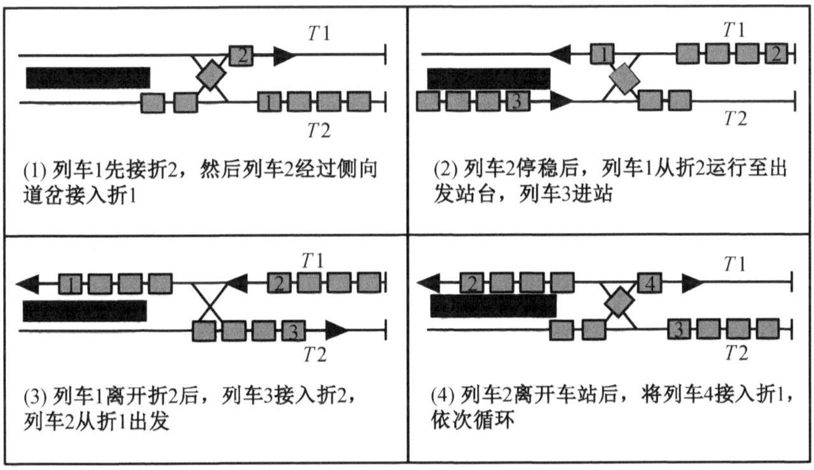

图 5-11　站后双折返线交替折返

5.3.2.2　技术作业时间

技术作业时间包括列车在站台的上下客时间、在折返线的技术作业时间、进出折返线的时间等，在不同的折返方式下，技术作业时间对折返能力的影响不尽相同。

1. 站前折返

在站前折返方式下，折返站的列车停站时间由两类时间组成：最小技术作业时间和出发等候时间。最小技术作业时间包括旅客上、下车时间和开关门(包括屏蔽门)等技术作业时间(图 5-12)。最小技术作业时间长短与上下车人数、车内拥挤程度、站台拥挤程度、司机操作的熟练程度以及列车设备性能等因素相关。出发等候时间为扣除最小技术作业时间以外的额外等待时间。出发等候时间是由于列车间隔调整或疏解进路冲突产生的。

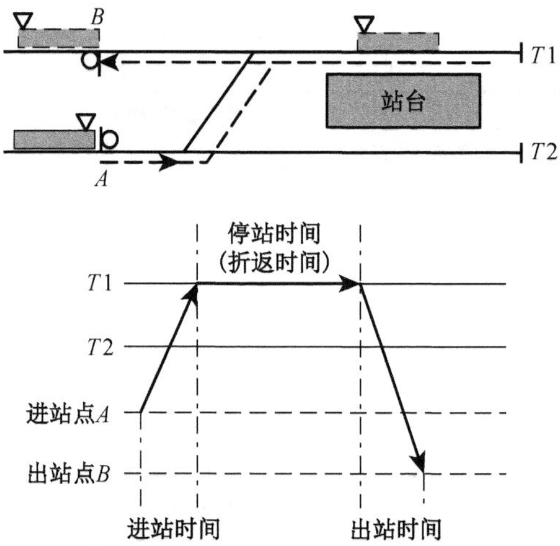

图 5-12　站前折返的停站时间示意图

2. 站后折返

站后折返方式下，列车折返过程包括到达站台下客、从到达站台运行至折返线、在折返线的停留时间、从折返站运行至出发站台、出发站台上客这 5 个过程组成(图 5-13)。列车在到达或出发站台的停站时间除了受上下客人数的影响，还会受总折返过程中的富余时间、折返过程的进路冲突疏解等因素的影响。在站后折返条件下，停站时间对于折返能力的影响与列车到达与出发的均衡性、最小折返时间、折返模式(固定折返线或交替折返线使用)等因素密切相关。

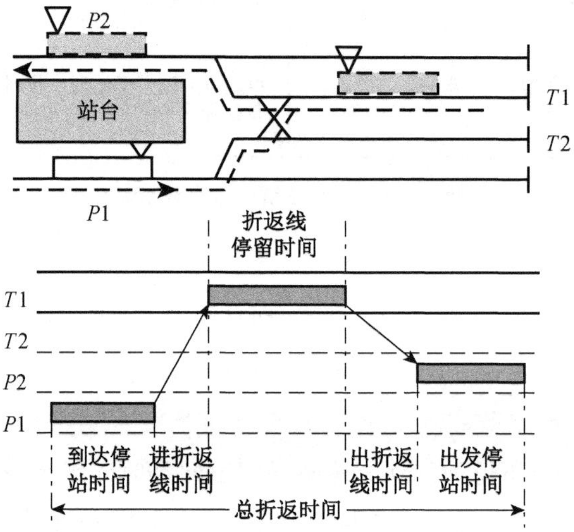

图 5-13　站后折返的时间分配示意图

注：P1、P2 为站台轨道，余同。

5.3.2.3　富裕时间分配

在折返过程中，列车除了在站台和折返线停留，其他位置是不允许停留的，因此，在实际运营中，受缓冲时间设置、间隔调整、峰期转换等因素影响，列车在折返站的总停留时间往往会比最小的技术折返时间大。站前折返时，富裕时间仅能分配在站台(折返线)上；但站后折返时，富裕时间可分别分配至到达站台、折返线或出发站台上(图 5-14)，不同的分配方案也会影响折返能力。

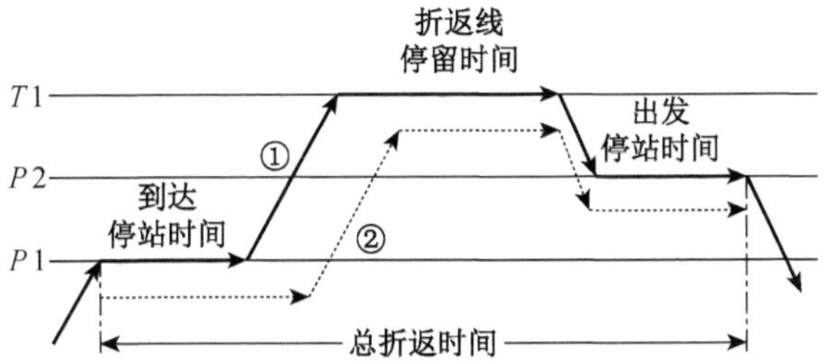

图 5-14　富裕时间的分配方案

5.3.2.4　到发均衡性

当折返线固定使用时，由于所有列车的折返过程与作业标准相同，最大折返能力条件下的折返间隔也是均衡的。但在多折返线交替使用时，由于存在一些平行进路(可以平行作业)，因此列车到发的均衡性会对折返能力产生影响。一般来讲，不均衡条件会比均衡条件下的折返能力大。

5.3.3　折返能力计算方法

折返能力的计算方法主要有四类：数学解析法、图解法、计算机仿真法和数学建模法[3]。数学解析法是通过对列车折返作业的过程与列车在折返站的作业(进路)干扰等影响因素的分析，确定满足最小折返出发间隔时间的条件，建立数学关系式；图解法是采用图解的方式分析列车的折返过程，其优点是直观简单，但对于复杂模式的折返过程难度较大；计算机仿真方法是将车站的基础设施进行仿真建模，通过模拟列车运行过程来得到折返能力，但该方法对于不同类型的站型需要单独设计模型，工作量较大；数学建模方法是将折返站的能力分析抽象成整数规划模型，通过设定求解目标和约束目标来寻求最优解条件下各项时间参数，其最大的优点是除了可以得到折返站在不同折返模式下的最大折返能力，还能得到最大能力条件下的详细折返作业过程和各个过程的详细占用时间，适合对给定的复杂站型条件下的不同运营方案的能力进行分析。数学建模方法详见参考文献[3, 4]。由于图解法是折返能力分析的基础，下面用图解法对站前和站后两种方式下的折返能力进行分析。

5.3.3.1　站前固定折返线折返

如图 5-15 所示，站前固定折返线折返时，当前行列车尾部离开出站点 B 点，并且办好接车进路后，恰好后续列车按正常速度到达进站点 A，然后进站作业。该模式下的接车间隔与发车间隔相同，且都取决于列车的进站运行时间、停站作业时间、出站运行时间以及确认时间。

$$h^{in} = h^{out} = t^{TE} + t^{D} + t^{TL} + t^{SC} \tag{5-15}$$

式中 t^{TE} ——列车进站运行时间，s；

t^{TL} ——列车出站运行时间，s；

t^{SC} ——确认时间，包括道岔转换和确认信号的时间，s；

t^{D} ——停站时间，s。

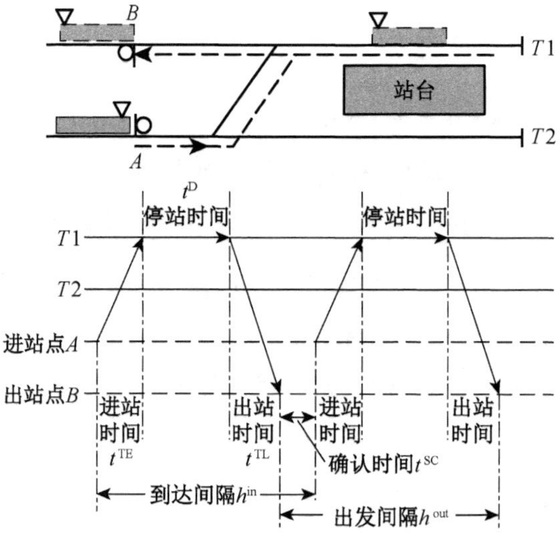

图 5-15　站前固定折返线折返时间间隔图解法示意图

5.3.3.2　站后固定折返线折返

站后固定折返线折返时，列车折返受多个条件的约束，如图 5-16 所示，除了列车折返过程的各项技术作业时间(如上下客时间、在折返线的技术作业时间)不能小于作业要求外，前后两列车在折返过程中还需要满足以下条件：

(1) 前后列车接入到达站台间隔时间 h^{in} 不能小于线路的追踪间隔时间。

(2) 前行列车 1 到达折返线 $T1$ 后，才能办理后续列车 2 的接车进路，即图中 t^{h1} 不能小于进路解锁、接车进路开放、列车 2 接入站台 $P1$ 并且停稳的时间总和。

(3) 当前行列车 1 到达出发站台 $P2$ 后，才能办理进折返线 $T1$ 的进路，即图中 t^{h2} 不能小于进路解锁和进折返线 $T1$ 进路开放的时间总和。

(4) 当前行列车 1 离开站台 $P2$ 后，才能办理列车 2 出折返线 $T1$ 的进路，即图中 t^{h3} 不能小于列车出站运行至车站出清点和列车 2 进出发站台 $P2$ 的进路开放时间总和。

(5) 前后列车离开出发站台间隔时间 h^{out} 不能小于线路的追踪间隔时间。

(6) 列车到达与出发的间隔时间保持一致，即 $h^{in} = h^{out}$。

在满足上述约束条件下，绘制出各项作业条件下的时间占用图，最后得到列车 1 与列车 2 完成所有作业过程的最小间隔时间 (h^{in}) 即为折返的最小间隔时间。

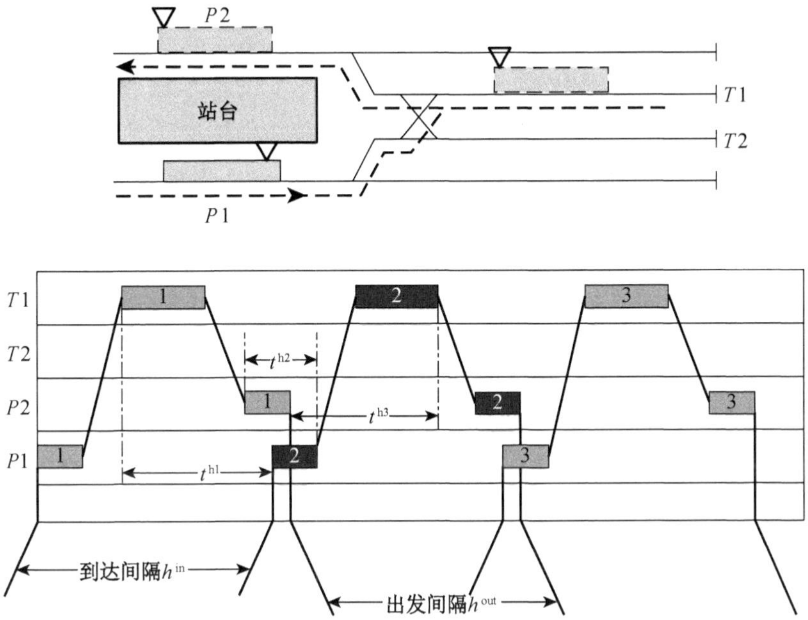

图 5-16　列车站后折返时间间隔图解法示意图

以某站后折返站为例，假设列车采用 $T1$ 固定折返模式，列车到达与出发的追踪间隔为 90 s，在折返线的技术作业时间为 80 s，上下客作业时间为 60 s，由到达站台运行至折返线(或由折返线运行至出发站台)的运行时间为 50 s，进路开通并确认时间为 20 s，列车接入站台 $P1$ 的运行时间为 40 s，列车从站台 $P2$ 出发运行至出清点的时间为 40 s，基于上述方法，在满足所有的安全条件下，列车到达与出发的间隔时间均为 200 s(图 5-17)，从图 5-17可以看到，两列车的限制点在 t^{h2}，即当 $t^{h2}=20$ s 时，折返能力达到最大。

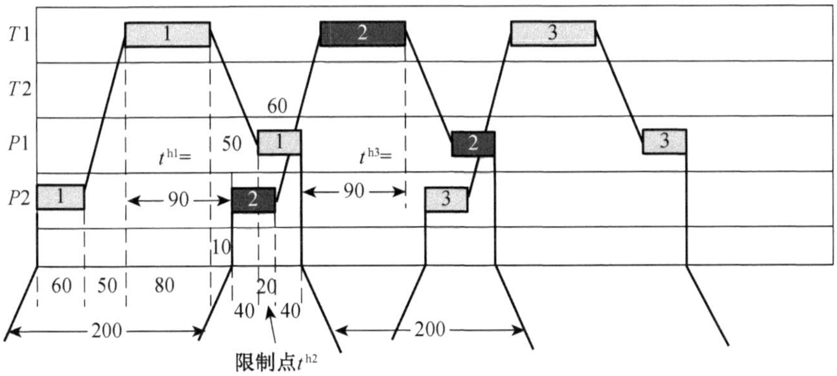

图 5-17　列车站后折返时间计算示意图

5.3.3.3　站前交替折返能力计算

合理的站前双折返线交替折返的过程如图 5-18 所示，详细的折返过程为：列车 1 先

接 $T2$，然后列车 2 经过侧向道岔接入 $T1$，列车 2 停稳后，列车 1 从 $T2$ 发出，列车 1 离开车站后，列车 3 接入 $T2$，同时列车 2 可以从 $T1$ 出发，列车 2 离开车站后，将列车 4 接入 $T1$，依次循环。一个循环过程中，列车 2 的发车与列车 3 的接车是平行进路，可以同时作业，因此可以有效提高折返能力。交替折返模式下的能力值取决于列车的进站运行时间、停站作业时间、出站运行时间以及确认信号时间，并且与到达列车与出发列车的间隔是否均衡有关。

1. 到发不均衡模式

交替折返时，每 2 组列车形成固定循环(图 5-18)。在到发不均衡模式下，列车的折返过程都是保证紧凑作业，列车 1 与列车 2 的到达间隔 (h_1^{in}) 与列车 2 与列车 3 的到达间隔 (h_2^{in}) 不一定相同。同理，列车 1 与列车 2 的出发间隔(h_1^{out}) 与列车 2 与列车 3 的出发间隔 (h_2^{out}) 也不一定相同，但能保证 $h_1^{in}+h_2^{in}=h_1^{out}+h_2^{out}$。

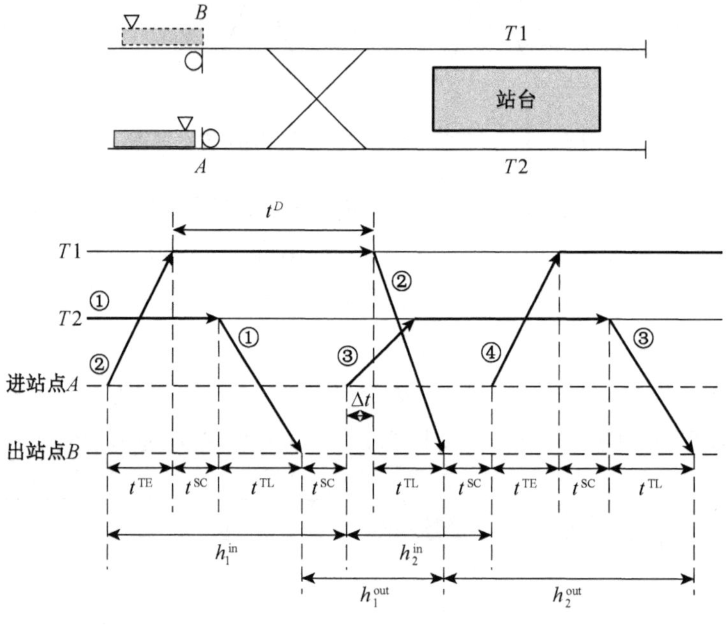

图 5-18　站前交替折返不均衡模式时间间隔图解法示意图

整个作业过程中，列车之间的冲突作业过程都需要满足给定的安全间隔时间 t^{SC}(包括进路解锁、新进路开放和信号确认等时间)。假设列车的进站运行过程的时间为 t^{TE}，出站运行过程时间为 t^{TL}，停站(折返) 作业时间为 t^{D}，则到发不均衡模式下的计算公式为：

$$h_1^{in}=h_2^{out}=2t^{SC}+t^{TE}+t^{TL} \tag{5-16}$$

$$h_2^{in}=h_1^{out}=t^{SC}+t^{TL}+\Delta t \tag{5-17}$$

$$\Delta t=\begin{cases} t^{D}-2t^{SC}-t^{TL}, & t^{D}-2t^{SC}-t^{TL}>0, \\ 0, & \text{其他} \end{cases} \tag{5-18}$$

$$h^{in}=h^{out}=\frac{1}{2}(h_1^{in}+h_2^{in})=\frac{1}{2}(h_1^{out}+h_2^{out}) \tag{5-19}$$

式中，Δt 为列车 2 完成停站作业的时刻与列车 3 到达进站点 A 时刻的差值。如果 Δt 大于 0，表示列车 1 已经离开车站且列车 2 的发车进路已经准备好且信号已经开放，列车 2 需要等待停站作业完成才能发车；如果 Δt 小于等于 0，表示列车 2 虽然已经完成了停站作业过程，但受列车 1 的出发作业过程影响，发车进路还没有准备好，必须要等待发车进路开通和信号开放后，才能发车。最终的接发车间隔即为 h_1^{in} 和 h_2^{in}（h_1^{out} 和 h_2^{out}）的平均值。

2. 到发均衡模式

在上述到发不均衡计算的基础上，若要保证接发间隔时间的均衡，则需要将不均衡的列车移动 $\Delta t'=h_1^{in}-h_2^{in}$，使得 $h_2^{in}=h_1^{in}$，$h_2^{out}=h_1^{out}$。如果$\Delta t'$ 为正数，表示列车 2 的发车时刻与列车 4 的进站时刻偏早，因此需要将列车 2 的发车时刻与列车 4 的进站时刻右移$\Delta t'$；如果$\Delta t'$ 为负数，表示列车 1 的发车时刻与列车 3 的进站时刻偏早，需要将列车 1 的发车时刻与列车 3 的进站时刻右移 $|\Delta t'|$。间隔均衡时的图解如图 5-19 所示。

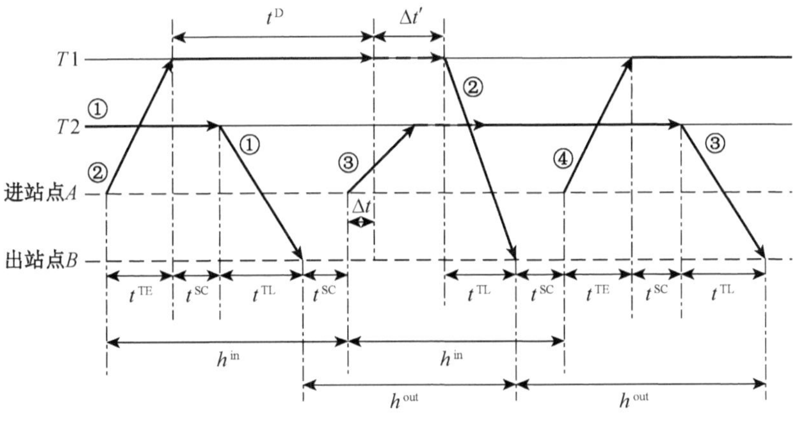

图 5-19 站前交替折返均衡模式时间间隔图解法示意图

最终 $\Delta t'$ 与 h^{in} 的计算公式为：

$$\Delta t'=h_1^{in}-h_2^{in} \tag{5-20}$$

$$h^{in}=h^{out}=\max\{h_1^{in},\ h_2^{in}\} \tag{5-21}$$

3. 实例分析

以某站前折返站为例，假设列车采用双折返线交替折返模式，列车折返停留时间为 90 s，进路开通并确定时间为 20 s，列车进站运行时间和出站运行时间均为 40 s，求到发不均衡以及到发均衡模式下该站的最大折返能力。

1）接发不均衡模式

接发不均衡条件下，列车折返过程如图 5-20 所示：

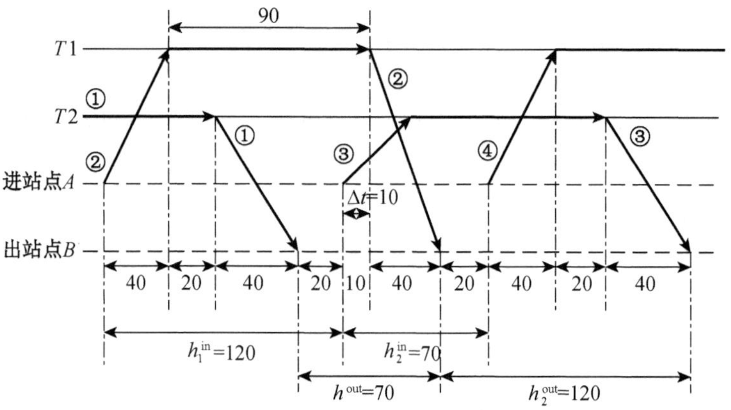

图 5-20　接发间隔不均衡模式折返时间计算示意图

该方案条件下：

$$\Delta t = 90 - 20 \times 2 - 40 = 10\ (\mathrm{s})$$

$$h^{\mathrm{in}} = h^{\mathrm{out}} = \frac{1}{2}(h_1^{\mathrm{in}} + h_2^{\mathrm{in}}) = \frac{1}{2}(h_1^{\mathrm{out}} + h_2^{\mathrm{out}}) = \frac{1}{2}(120 + 70) = 95\ (\mathrm{s})$$

2）到发均衡模式

到发均衡条件下，列车折返过程如图 5-21 所示：

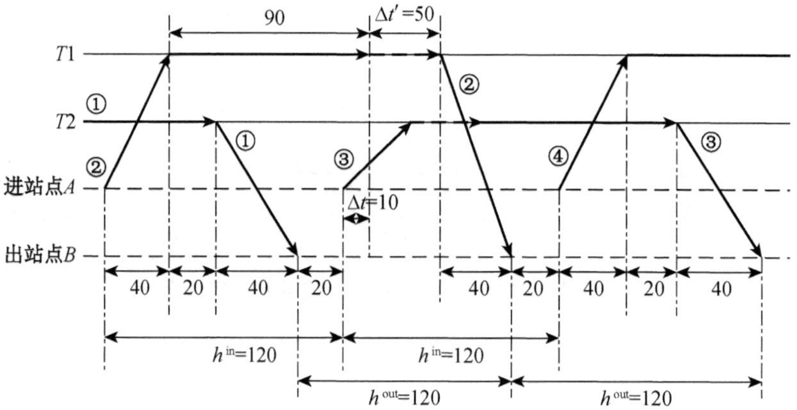

图 5-21　接发间隔均衡模式折返时间计算示意图

该方案条件下：

$$\Delta t' = 120 - 70 = 50\ (\mathrm{s})$$

$$h^{\mathrm{in}} = h^{\mathrm{out}} = \max(120,\ 70) = 120\ (\mathrm{s})$$

在相同的参数条件下，假设仅仅使用 $T2$ 进行折返，则由式(5-15)可以计算出折返间隔为

$$h^{\mathrm{in}} = h^{\mathrm{out}} = t^{\mathrm{TE}} + t^{\mathrm{D}} + t^{\mathrm{TL}} + t^{\mathrm{SC}} = 40 + 90 + 40 + 20 = 190\ (\mathrm{s})$$

所以，即使采用均衡条件下的交替折返，还是比固定折返线折返的能力要大。

5.4 运输能力加强

在一定时期内，城市轨道交通的运输能力通常是相对固定的。但随着城市经济的不断发展，市民出行需求的不断增加，以及城市轨道交通的网络化程度加深，客流量呈现逐年增长的态势，城市轨道交通运输能力紧张或不足的问题逐渐凸显出来。运输能力不足的主要原因是进一步提高行车密度或增加列车定员受到限制，而列车过分超载又会引起服务水平的降低。站台上的上、下车乘客拥挤，还会迫使列车延长停站时间、影响列车运行秩序，使现有运输能力不能得到有效利用。此外，由于车辆运用紧张，车辆的定修、架修无法按规定修程进行，引起列车上线运行故障率的上升，直接影响到列车运行安全和客运服务质量。因此，为了适应客流量的增长，城市轨道交通应及时和有计划地采取加强运输能力的措施，不断提高运输能力[5]。

应该指出，在某些情况下，尽管运输能力还有一定的储备，但通过采用新的技术设备或加强现有的技术设备，可以达到提高服务水平、降低运输成本、提高劳动生产率、改善劳动条件和加强行车安全的目的，因而加强运输能力也是合理的。

运输能力加强措施有多种多样，各种运能加强措施解决问题的具体方式也不尽相同，尽管如此，运输能力加强措施大体上可以分为运输组织措施和设备改造措施两大类[5]。运输组织措施是指无须大量投资，通过有效使用技术设备和优化运输组织过程，使运输能力达到需要水平的能力加强措施，如优化列车运行图、合理规定停站时间、科学组织折返作业、改善列车乘务制度，以及各种在短期内能提高通过能力的措施。设备改造措施是指需要较大投资，通过设施、设备的新建或加强，使运输能力达到需要水平的能力加强措施，如建设新线、改造既有线、采用先进的列车运行控制系统和购置新型车辆等。

在影响运输能力的众多因素中，最重要的是正线数、列车运行控制方式、列车停站时间、追踪列车间隔时间、折返站的配线布置、折返出发间隔时间、列车编组辆数和车辆定员数。就最终通过能力而言，城市轨道交通一般是由线路通过能力和列车折返能力二者中的能力较小者所决定。因此，采用运输能力加强措施时必须具有针对性。

根据国内外城市轨道交通的运营实践，加强既有线运输能力通常是运输组织措施和设备改造措施二者并用。但在线路行车密度已经较高的情况下，提高运输能力往往需要通过设备改造来实现。

应该指出，城市轨道交通车辆可以随着客流量的增加而逐步购置，各种技术设备也有更新改造的可能，而车站在建成后想扩建是极为困难的。因此，在城市轨道交通的规划设计中，必须充分考虑到城市轨道交通的这一特点，折返站、换乘站的站型选择及设计应能确保线路的远期运能潜力得以充分发挥。

5.4.1 运能运量适应性分析

在解决能力不足问题时，是否需要采取以及何时采取提高运输能力措施，应通过运能运量适应性分析来确定。运能运量适应性分析的实质是需要运输能力与实际运输能力的对比分析。通常用运能运量适应性图来表示(图 5-22)。从图中可以看出，线路的最大输送能力能够满足客流需求，在既有的开行方案条件下，实际提供的能力(满载率为 1 时)在非共线段可以满足客流需求，在共线段的 F 至 G 区能力还不能满足，但在最大提供的能力条件下(满载率取 1.3)，能力刚好满足。通过运能运量的适应性评估图，可以直观地发现能力瓶颈点和虚糜点，为后续的增能或调整运力提供决策依据。

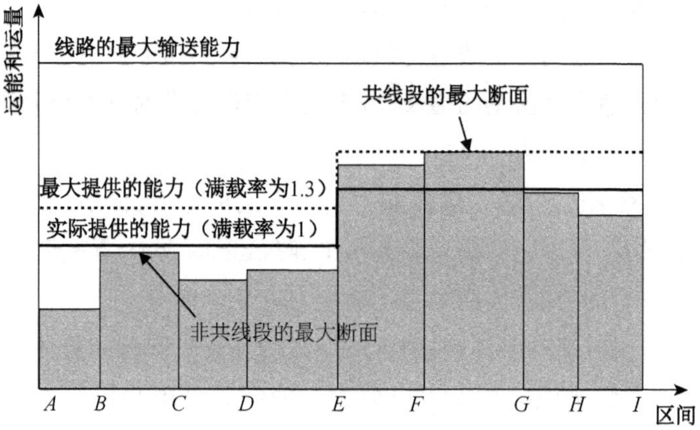

图 5-22 运能运量适应性图

5.4.2 线路通过能力加强措施

线路通过能力与追踪列车间隔时间成反比关系，决定追踪列车间隔时间的因素主要有列车停站时间、列车的运行控制方式等。因此，一方面可以从线路角度入手，修建双线或者四线，另一方面可以对线路的平、纵断面进行改造，增设侧线及站台并选用新型的车辆。此外，采用先进的列车控制系统并加强站台的乘车组织，减少列车在站停留时间都能提高线路的运输能力，加强线路通过能力的措施主要有如下七方面[2]。

1. 修建新线

新建线路能使双线成为多线，显著提高运输能力，满足城市公共交通需求，提高城市轨道交通系统的客运服务水平。不过，修建新线需要解决资金、土地及环保等一系列问题，并且修建新线也不是在任何客流量条件下都是经济合理的。

2. 改造线路平、纵断面

采用改造线路平、纵断面措施能提高行车速度，进而提高线路通过能力。不过，线路平、纵断面改造受经济性、施工组织、干扰日常行车等因素的制约，该措施多见于将旧式有轨电车线路改造为轻轨线路的情况。在既有轻轨或地铁线路情况下,更多采用更换新型车辆的方法。

3. 增设侧线及站台

在中间站与换乘站客流较大,或因列车在中间站折返对线路通过能力产生不利影响时,可考虑增设侧线及站台。图 5-23(a)是侧式站台中间站增设侧线后,侧式站台变成双岛式站台;图 5-23(b)是岛式站台中间站增设侧线及站台,岛式站台变成混合式站台。中间站增设侧线后,列车在站台两侧轮流停靠平行作业,追踪列车间隔时间不再受列车停站时间制约,能够较大幅度地提高线路通过能力。

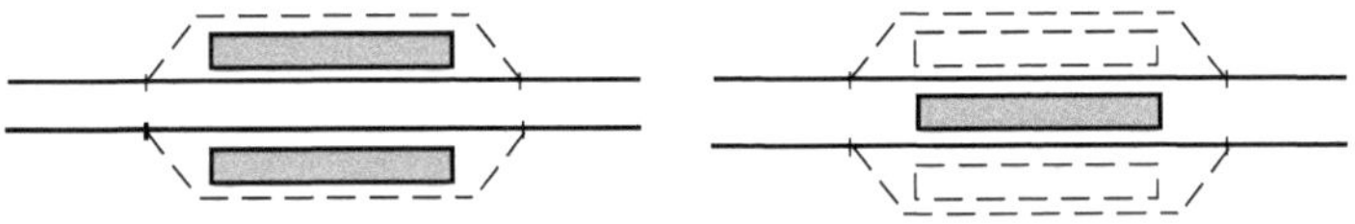

(a) 侧式站台增设侧线　　(b) 岛式站台增设侧线及站台

图 5-23　中间站增设侧线及站台站型图

另一种情形是岛式站台中间站只增建侧式站台,列车停站时两侧均有站台,乘客可从两侧车门上下车或分开上下车,有利于缩短列车停站时间,提高线路通过能力。

4. 更换新型车辆及改进车辆设计

更换新型车辆包括改善车辆运行性能、安装车载控制设备等。车辆运行性能包括车辆构造速度、起动平均加速度和制动平均减速度等参数;车载控制设备有车载制动控制和车载道岔自动转换设备等。改进车辆设计一般针对缩短列车停站时间、增加车辆定员和提高乘客舒适程度等。

5. 采用更先进的闭塞方式

在列车追踪运行过程中,移动闭塞能使后行列车与前行列车始终保持一个自动控制程序规定的最小安全间隔距离,而不是原先固定闭塞时规定必须间隔若干个闭塞分区所形成的安全间隔距离。因此,用移动闭塞取代固定闭塞,能缩短追踪列车间隔时间。

6. 增设轨道分区

在准移动闭塞条件下,可以通过增设轨道分区来缩短接近区段的长度(对应图 5-2 中的 l^{B1}),最理想的状态是图 5-2 中的 A 点恰好为进站停车时的制动开始点。

7. 加强站台乘车组织

列车内乘客分布不均匀会造成列车在车站停站时间的延长。因此,通过站台客运员的组织,加强对候车大厅、地下通道、站台等关键部位的乘客疏导,使列车内的乘客尽可能分布均匀,由此可节省列车停站时间,提高线路通过能力。

5.4.3 折返能力加强措施

行车密度较高时,车站的折返能力往往会成为限制通过能力的关键。加强列车折返能力的措施主要有以下八方面。

1. 改变折返方式或折返模式

如将站前折返方式改成站后折返方式，将固定折返线折返改成交替折返，或将固定折返改成站前站后混合折返等。

2. 改造折返线的配线形式

折返线的配线形式与折返能力直接相关，通过增加道岔和股道来增加平行进路可以有效增加折返能力。如将单一的站后折返形式，改成站前、站后混合的折返形式，减少线路两端折返站对全线通过能力的限制，可以很大程度地提高折返能力，如图 5-24 所示。

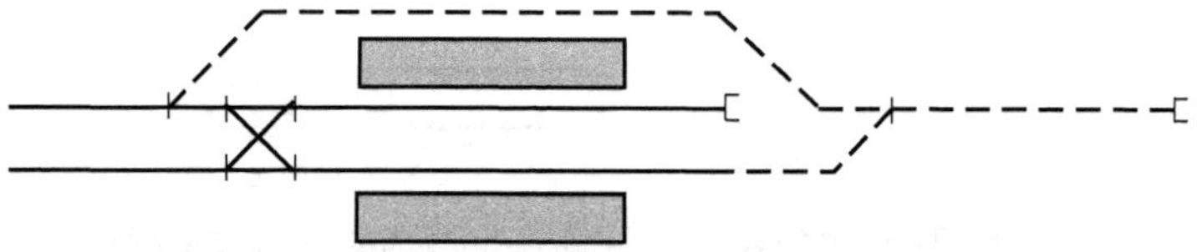

图 5-24　站前折返改造成混合折返的站型图

3. 修建折返能力更大的折返站

虽然车站配线设计优化已经在我国的地铁设计规范中加以规范[6]，但目前我国大多数线路折返站主要还是从如何减少建设成本的角度来设计，对折返线在运营过程中运输调整的灵活性和远期能力的适应性考虑不足。城市轨道交通折返站配线设计与线路客流特征和线路的开行方案密切相关，在线路设计和运营初期阶段很难预估未来客流的变化。车站作为城市轨道交通系统的一项关键固定设备，是一项百年大计的工程，其规模与配线方式的选择需要在设计时充分认证评估，同时也需要充分预留发展的空间。

部分国家（如德国、英国、法国、俄罗斯等）的城市轨道交通系统发展历史非常长，受客流与运输组织条件的影响，一些线路的车站也经历了信号升级和线路改造的过程，但大部分线路的车站仍然保留着 100 多年前的设计方案[7]。

折返能力最大的车站通常设计成混合型折返站，如站后＋站前、环形＋站前、环形＋站后等，这些车站除了车站规模与占地较大外，在能力适应性、运营灵活性和发展适应性方面具有突出优势。如柏林的 Alt-Tegel 站（图 5-25）和巴黎的 Porte des Lilas 站（图 5-26）就是这种类型。随着我国城市轨道交通客流量的猛增，部分线路行车密度越来越高，在这些线路上使用混合折返站型最为合适。

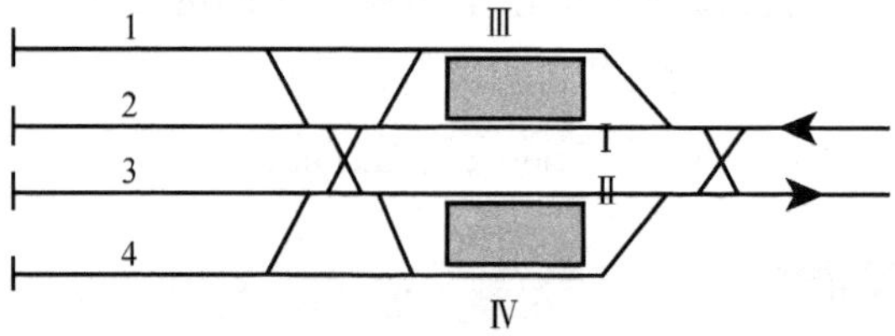

图 5-25　柏林地铁 Alt-Tegel 站（站后＋站前混合站型）的配线图

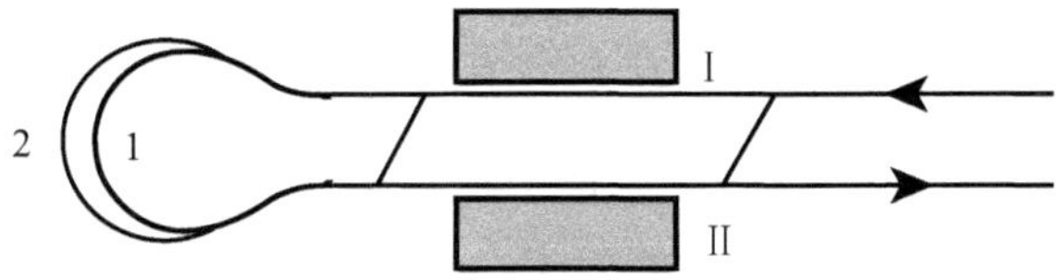

图 5-26 巴黎地铁 Porte des Lilas 站(环形+站后+站前)的配线图

4. 改变站台结构

将站台设置成为“一岛一侧”式站台,如图 5-27 所示,能增加旅客上下车通道,缩短乘客上下车总时间,加速列车的折返周转。该措施一般适用于地面线路情况,由于土建工程量较大,是否必须采用应与其他扩能方案进行技术经济比较后确定。

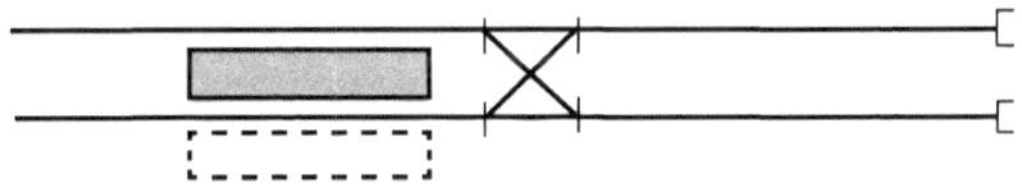

图 5-27 改变站台结构的示意图

5. 改变折返站控制方式,压缩进路时间

(1) 优化折返站的道岔与轨道电路设计,例如将渡线道岔按两个单动道岔设计,将站内轨道电路分割等。这些措施能减少列车等待进路空闲情况,缩短列车的折返时间。

(2) 折返站采用自动信号设备。根据列车折返情况自动进行道岔转换、排列进路、信号开放及进路解锁等作业,减少列车在折返作业中办理转线或接车进路时间,从而提高折返效率。

6. 优化调度组织

在实际运行中,由列车调度员调整发车时间,将一部分列车提前发向区间,清出发车线。而当前行列车已经清空出发站线,而续行列车还未进入折返线或在折返线停留过程中时,可将折返线上预置的周转列车发出。

7. 调整司机轮换方式

在折返站设置替换司机,站前折返方式下,列车进站后,由替换司机直接到尾端驾驶室接管列车;站后折返方式下,列车进站后,替换司机直接到尾端驾驶室跟随列车进入折返线,列车到折返站停稳后,替换司机接管列车,原来前端驾驶的司机跟随列车出折返线到站台后下车休息。这种轮换方式可以消除司机更换驾驶室行走的时间消耗,缩短列车在折返线的作业停留时间,提高折返能力。

8. 采用自动折返

在具备自动折返的线路上,站后折返模式下,由列车自动完成,这可以有效缩短折返的技术作业时间,提高折返能力。

5.4.4 输送能力加强措施

在通过能力一定的条件下，决定输送能力的因素是车辆载客人数和列车编组辆数。因此，加强输送能力的措施主要有以下两方面。

1. 优化城市轨道交通车辆

(1) 选用定员数大的车辆。对于客流量较大的城市轨道交通线路，尤其是地铁线路可选用大型车辆，选择合适的车门数及车门宽度。

(2) 优化车辆内部布置。其出发点是在车辆尺寸一定的条件下，通过将双座椅改为单座椅或将纵向的固定座椅改为折叠座椅，来增加车辆载客人数，达到增加列车定员的目的。改为折叠座椅后，在高峰运输期间可翻起座椅，增加车内站立人数，同时也提高了平均乘车舒适程度。

2. 增加列车车辆编组数

增加列车车辆编组数能较大幅度提高输送能力，但列车扩大编组受到站台长度、运营经济性等因素制约，需要综合考虑。

复习思考题

1. 什么是通过能力？通过能力与哪些因素有关？
2. 什么是输送能力？输送能力与哪些因素有关？
3. 通过能力与输送能力有什么关系？
4. 线路的通过能力的计算原理是什么？城市轨道交通系统中，停站时间对于通过能力影响的原理是什么？
5. 准移动闭塞条件下的追踪列车间隔时间计算的原理与方法是什么？
6. 移动闭塞条件下的追踪列车间隔时间计算的原理与方法是什么？
7. 半自动闭塞条件下的追踪列车间隔时间计算的原理与方法是什么？
8. 折返能力的计算原理是什么？
9. 影响折返能力的关键因素有哪些？
10. 固定折返和交替折返的详细作业过程是什么？
11. 折返过程中富裕时间产生的原因是什么？富裕时间的分配规则为什么会对折返能力产生影响？
12. 如何理解到发的均衡性对折返能力的影响？
13. 站前固定折返线折返能力的计算原理与方法是什么？
14. 站后固定折返线折返能力的计算原理与方法是什么？
15. 站前交替折返线折返能力的计算原理与方法是什么？

16. 某站前折返站的站型如题图 5-1 所示，假设列车折返停留时间为 120 s，进路开通并确认时间为 15 s，列车进站运行时间和出站运行时间均为 45 s，试计算：

(1) 固定使用 $T1$ 折返折线时的最大折返能力；

(2) $T1$ 与 $T2$ 交替使用且到发不均衡模式下的最大折返能力；

(3) $T1$ 与 $T2$ 交替使用且到发均衡模式下的最大折返能力。

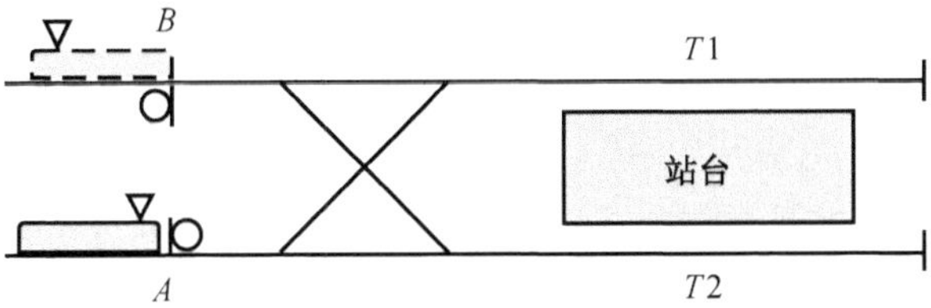

题图 5-1 站前折返站的配线方案

17. 某站后折返站的站型如题图 5-2 所示，假设列车到达与出发的追踪间隔为 90 s，在折返线的技术作业时间为 30 s，上下客作业时间为 45 s，由到达站台运行至折返线的运行时间为 45 s，由折返线运行至出发站台的运行时间为 60 s，进路开通并确认时间为 20 s，列车接入站台 $P1$ 的运行时间为 40 s，列车从站台 $P2$ 出发运行至出清点的时间为 40 s，试计算列车采用 $T1$ 固定折返模式下的最大折返能力。

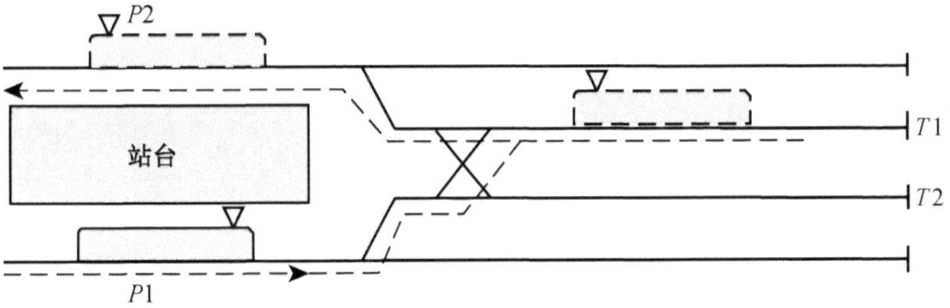

题图 5-2 站后折返站的配线方案

18. 线路通过能力加强的途径有哪些？各有什么特点？

19. 折返能力加强的途径有哪些？各有什么特点？

20. 输送能力加强的途径有哪些？各有什么特点？

参考文献

[1] 彭其渊，王慈光.铁路行车组织[M].2 版.北京：中国铁道出版社，2016.

[2] 毛保华.城市轨道交通系统运营管理[M].2 版.北京：人民交通出版社，2017.

[3] 江志彬，饶娅.多股道城市轨道交通车站站前折返能力分析[J].同济大学学报（自然科学版），2017，45(09)：1328-1335.

[4] JIANG Z, TAN Y, WANG F, et al. Turnback capacity assessment and delay management at a rail transit terminal with two-tail tracks[J]. Mathematical Problems in Engineering, 2015(1930):1-12.
[5] 张国宝. 城市轨道交通运营组织[M].2 版.上海:上海科学技术出版社,2012.
[6] 中华人民共和国住房和城乡建设部,中华人民共和国质量监督检验检疫总局.地铁设计规范:GB 50157—2013[S].北京:中国建筑工业出版社,2013.
[7] 江志彬,韦实.国内外城市轨道交通折返站站线布置形式案例分析[J].城市轨道交通研究,2016(02):40-45.

第 6 章

列车运行调度

城市轨道交通系统中，客流的动态变化、突发事件及设备故障等外部不确定性因素均可能导致列车晚点和运营秩序紊乱，影响系统的正常运营。在日常的运营组织工作中，列车运行调度需要及时合理地采取措施，使列车尽可能按事前制定的运行图行车。在特殊事件发生后，列车如果不能按运行图运行，应及时采取合理的调度指挥措施，最大限度地发挥系统设备设施的潜能，维持系统运输能力，尽可能减小突发事件对轨道交通运营的影响，保证系统的服务水平。

6.1 调度指挥体系

6.1.1 调度指挥任务

城市轨道交通系统是一个复杂的、技术密集的公共交通系统，具有高度集中和各个工作环节紧密联系、协同工作的特点。调度是城市轨道交通企业日常运输组织的指挥中枢，对城市轨道交通日常工作的开展起着决定性的作用。

在生产过程中，为了完成乘客运输计划和实现按图行车，必须进行一系列的运输日常工作组织，一般统称为调度工作。运输调度工作由调度控制中心实施，实行集中领导、统一指挥、逐级负责的原则，使各个环节紧密配合、协同工作，从而保证列车安全、正点运行。

列车运行调度的主要任务是科学地组织客流，经济合理地使用车辆及运输设备，挖掘运输潜力，提高运输效率和经济效益，组织与运输有关的各部门密切配合、协同动作，确保实现列车运行图，努力完成运输生产任务，为城市经济建设和人民生活服务。

行车调度工作的具体职责为[1]：

(1) 组织各站及有关行车部门，按列车运行计划行车，监督各站及有关行车部门的执行情况，并及时正确地发布有关行车命令及指示。

(2) 监督列车到发及运行情况，遇到列车晚点和突发事件时，及时采取运行调整措施，尽快恢复列车正常运行。

(3) 当列车运行需要调整时,指导车站及行车部门开展工作。

(4) 负责编制及组织线路施工、维修的作业计划。

(5) 负责工程车、试验列车等上线车辆的调度指挥工作。

(6) 当发生行车事故时,按规定程序及时向上级主管部门汇报,并采取措施防止事故扩大,同时积极参与指挥救援工作。

(7) 建立健全运营生产、调度指挥等各项原始记录台账及统计、分析报表,并按规定向上级主管部门报告。

(8) 密切注意客流动态,协同有关部门根据客流变化采取相应的组织方案。

6.1.2 调度指挥架构

为了对运输生产活动进行集中领导、统一指挥和实行有效监控,城市轨道交通系统必须设立行车组织的指挥中心。考虑实际运营的需要,城市轨道交通通常采用集中分级式的管理架构,主要分为网络管理层、线路控制层和车站(车场)执行层[2],如图 6-1 所示。

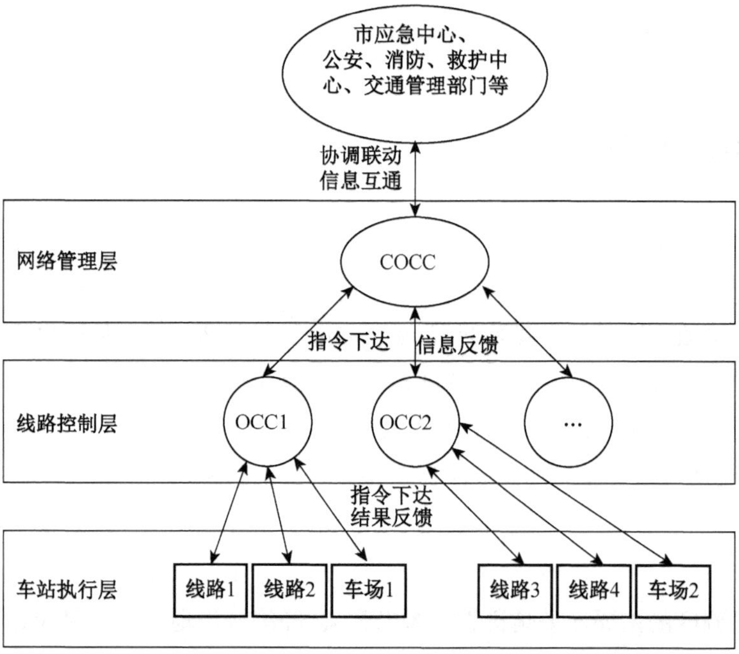

图 6-1 网络运管调度体系中各层级之间的相互关系

注:COCC 为网络运营协调中心;OCC 为运营控制中心。

6.1.2.1 网络管理层

网络管理层是网络化运营管理的协调中心、信息中心和指挥中枢,包括网络运营协调和应急指挥调度中心和区域应急抢修中心。网络运营协调中心(COCC)负责全网统筹管理，监督各运营线路的客流变化、列车运行和设备的运营管理，采集、传递各类运营生产信息，发布各项运营生产任务和命令，指挥网络重大突发事件的应急调度。日常工作中还需要重点对各线路的运营组织方案进行必要的协调审查、实时监控、运营信息的汇总及网络内的有关问题迅速处理。

6.1.2.2　线路控制层

线路控制层主要指线路控制中心(OCC)。OCC 是城市轨道交通日常运输工作的指挥中枢，负责组织指挥线路与列车运行有关的各部门、各工种协同作业，确保列车运行图的实现，组织完成客运生产任务，保证行车和乘客安全，在发生突发事件时执行路网管理层指令。OCC 的职能如下：

(1) 负责所辖各条线路的行车系统运营监控和调度指挥，按运营生产计划与列车运行图指挥行车，并根据客流变化及时调整运力安排，合理使用生产资源。

(2) 负责突发事件的应急调度指挥与运营信息流转工作，做好抢险指挥工作，调动相关单位人员赶赴现场，采取有效措施减少影响与损失，尽快恢复正常运行秩序；收集事件发生与发展情况，做好信息整理上报，并按事件报告要求，完成情况汇总、数据统计与分析工作。

(3) 负责日常检修施工计划的管理与实施，受理所辖区域行车、电力施工作业申请与计划编制、审核与发布工作；对于重大施工与改造项目的计划受理依据有关部门审核批复意见与技术措施下达要求贯彻实施。

(4) 负责管辖系统运营系统设备的监控，做好设备故障情况的缺陷记录、报修与状态追踪，及时改变设备运行方式与人为干预措施，维持系统运行。

(5) 负责线路票务设备运行监控和运营模式设置。

(6) 负责按质量管理要求，积极开展质量管理活动。真实、完整记录运营生产与调度工作情况，及时生成、发布各类日常运营报表。按时做好数据统计、上报工作。定期分析生产运行情况，及时采取纠正预防措施，评估技术管理质量。

(7) 参与运营演练项目，协助制定有关规章，落实、执行上级下发的各类技术文件、规章，做好文件有效性控制，不断评估技术管理质量，并及时予以反馈。

控制中心设置控制中心主任，全面负责中心管理工作，其下设置调度班组，分别由主任调度带班管理，每班配备行车调度(正值/副值)、电力调度(正值/副值)、环控调度和客运调度等，负责当班期间本区的调度指挥工作。各个城市轨道交通调度生产组织机构不尽相同，有些城市将行车调度和客运调度并岗称为运营调度，电力调度和环控调度并岗称为设备调度。另外，控制中心还设有分析调度，主要由运营主管和设备主管担任。运营主管负责行车调度业务的技术指导、突发事件分析与报告、运营统计分析及本区各专业领域的施工管理和安全生产管理；设备主管负责电力、环控专业领域内的技术指导，分析调度也可作为备班主任调度员单线行车组织指挥层次如图 6-2 所示。

1. 行车调度

行车调度是列车运行的组织、领导和指挥者，负责组织指挥各部门、各工种严格按照

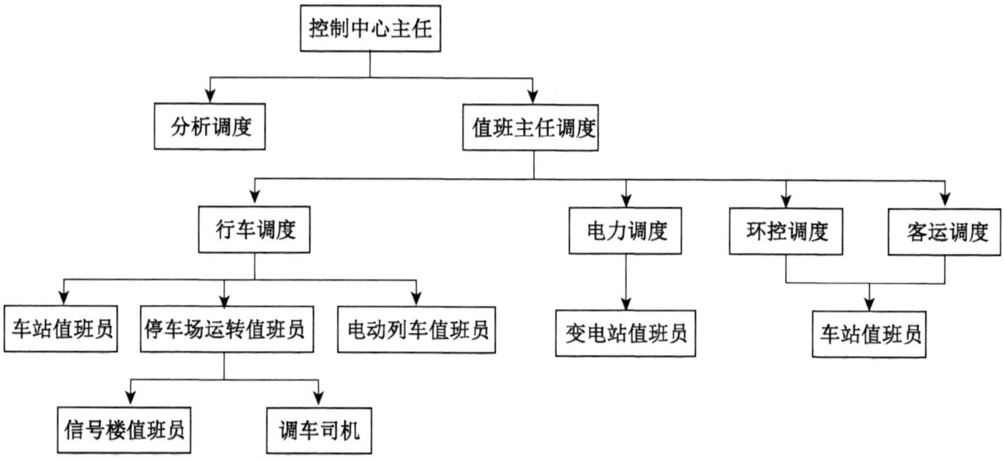

图6-2 单线行车组织指挥层次

列车运行图工作，检查监督各行车部门执行运行图的情况，发布调度命令，监控列车到达、出发及途中运行情况，确保列车运行秩序正常；随时掌握客流情况，及时调整列车运行方案；当列车运行秩序不正常时，及时采取措施，尽快恢复正常运行秩序；当发生行车异常情况时，及时、准确地处理，防止行车事故的发生；当发生行车事故时，按规定程序及时向上级主管部门汇报，并采取措施防止事故扩大，积极参与组织救援工作；安排各类检修施工作业，组织施工列车开行。

2. 电力调度

电力调度负责对变电所、接触网设备的运行状态进行实时监控和数据采集，如完成监控范围内的断路器、电动隔离开关的控制操作，完成对有关信息的采集、处理、记录及报表统计等。电力调度通过实时监控供电设备的运行，掌握和处理供电设备的各种故障，确保实现对系统安全、可靠地供电。

3. 环控调度

环控调度员负责管辖范围内环控、消防等设备运行调度和管理工作，通过FAS、BAS中央级工作站监控设备监督路网内FAS、BAS、气体自动灭火系统、给排水系统、环控通风空调系统等的运行情况，指挥环控系统实现安全、高效、经济的运行，为乘客提供安全、舒适的乘车环境。当地铁区域内发生火灾时，环控调度员通过指挥环控设备执行相应的通风模式，协助、配合火灾扑救工作。

4. 客运调度

客运调度负责监控全线各站的客流状况，根据行车调度的列车调整指令，向有关车站下达客流组织指令。如：当行车调度下达列车越站指令时，客运调度就要通知相关车站进行车站广播，以免乘客误乘。尤其在发生非正常运营状况时，客运调度必须配合行车调度的调整计划，拟订相关的信息告知用语，通知相关车站，通过车站广播、车站乘客信息屏的发布、临时公告等方式告知乘客，以实现对车站客流的有序组织，保证对行车命令中需要乘客配合的部分能有效执行。

6.1.2.3　线路执行层

线路执行层主要分车站值班员、停车场运转值班员及电动列车驾驶员。

1. 车站值班员

车站值班员负责监控列车运行，正常情况下按列车运行图组织行车，及时准确执行调度命令，按行车指挥指令处理车站各类运营突发事件；使用车站广播设备和监控设备做好客运服务和安全工作，适时与相关调度、邻站值班员等通报有关信息，确保列车正常运行；负责车站检修、施工实施确认和许可工作；妥善保管、使用行车设备、日常备品、备件和钥匙等；负责夜间车站安全工作，督促站务员做好夜巡和道床清扫工作；车站设施、设备发生故障，按规定程序报修并做好报修后的跟进工作，按规定填写相关报表。

为配合车站值班员工作，有些城市还配有助理值班员，主要负责接送列车、监护列车运行、交递行车凭证、手信号发车、调车作业现场组织、特殊情况下手摇道岔、协助乘客上下列车等。如不设助理车站值班员岗位，上述工作由扳道员或者站台服务员承担。

2. 停车场运转值班员

停车场运转值班员根据列车运行图及列车检修调试计划，负责安排每日用车，编制列车出入库作业计划；根据检修需要，负责布置电动列车和内燃机车调车、试车作业；根据调度命令，做好列车出入场作业；做好列车运行情况的统计汇总；负责乘务部线路人员的场内出勤、退勤工作；协调场内作业人员的工作，做好停车场内的检修施工管理。

3. 电动列车驾驶员

电动列车驾驶员负责正线、停车场内的列车驾驶及列车试车工作。做好车辆在出车前、回场后的车辆检查，负责值乘列车的安全正点运行，做好与行车相关人员的信息传递。在正线载客运行中，按规范服务标准做好对乘客的服务；发现列车故障或在运行途中遇突发事件，按预案要求迅速采取措施，排除故障，缩短处理时间，减少对正常运营的影响。

所有这些与列车运行有关的作业人员都必须服从行车调度指挥、执行行车调度员命令。如果行车设备在运营时间内发生故障，由行车调度员指挥电力、环控调度配合行车调整及处置。

6.1.3　行车规章体系

城市轨道交通是技术高密集的大容量客运交通系统，具有高度集中、统一指挥、紧密联系和协同配合的系统运作特点。为确保城市轨道交通运营安全整点、方便快捷、高速高效，必须建立一个规范、统一、科学的行车规章体系[2]。

行车组织类规章制度是城市轨道交通企业技术管理的核心，它是规范行车组织运行秩序，约束行车工作人员生产活动的行为准则。它规定了各单位、各部门、各工种在从事城市轨道交通运输生产时，必须遵守的基本原则、责任范围、工作方法、作业程序和标准。

通用型的行车组织规章体系如图 6-3 所示。

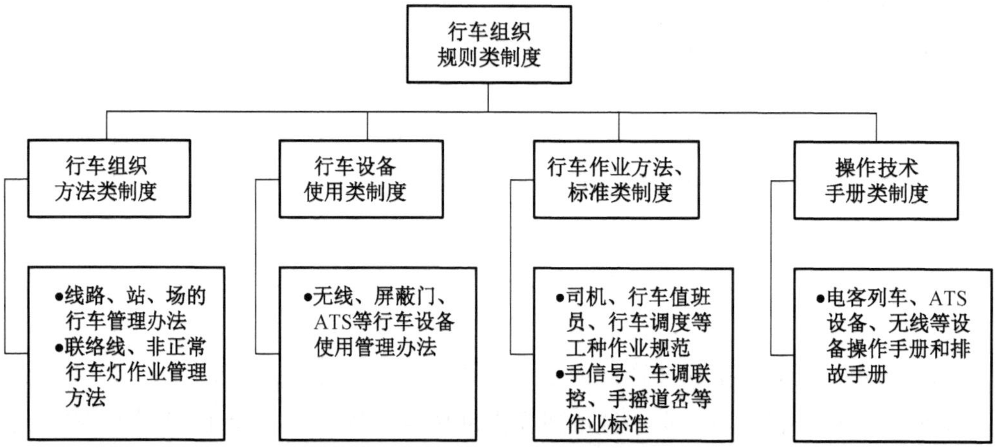

图 6-3 通用型行车组织规章体系

1. 行车组织规则类制度

行车组织规则类制度是行车组织各项规章制度制定的基本大法，它是城市轨道交通行车组织工作的技术标准。它具体规定了在进行行车生产作业中所必须遵循的运作规则，界定了行车生产过程中的所有作业程序和各工种的相互关系，明确了各工种在行车生产过程中所必须遵守的作业方法和标准。它是一切与行车有关的办法、规定、作业规范和标准等规章制度的基础。一般城市轨道交通运输企业习惯性将该制度命名为《××地铁行车组织规则》，简称《行规》。

2. 行车组织方法类制度

行车组织方法类制度是在行车组织规则的基础上，根据设备具体技术特点按线路分别编写的，它一般分为行车管理办法、行车调度工作细则（调细）、车站工作细则（站细）和停车场行车工作细则（场细）。

行车管理办法规定了在具体设备条件下，特别是在信号系统功能一定的条件下，线路行车所遵循的行车方法。具体描述了各作业程序的具体作业方法，确定了各工种的作业职责。因此，一般当影响行车的设备条件发生变化时，行车管理办法必须进行相应的修订。

调细、站细、场细则是在行车管理办法的基础上按工种分别编写的。它们具体针对调度所、车站、车场这 3 个行车场所的各工种，对各种行车场景下作业过程中的作业程序、作业职责、作业关系进行了规定。

有些城市轨道交通运营单位会将正常和非正常行车场景下的行车方法独立，分别对不同行车场景下的行车方法、作业方法、作业程序等进行具体规定或制定成专项处置预案。

3. 行车设备使用类制度

行车设备使用类制度是根据行车组织方法类制度，结合行车设备的具体功能进行编写的。它具体规定了在各种行车场景、各种作业程序中使用此类行车设备的各种功能。该类办法一般根据设备类别单独制定。如果不同线路设备类型相同，但功能不同，则必须单独编制具体规定。

4. 行车作业类规范、标准

行车作业类规范、标准是在行车组织方法类制度、行车设备使用类制度相关规定的基础上，对各工种在执行作业程序时所进行的作业行为进行描述和规定。例如，司机作业规范、行车调度员作业规范等。或者对某些特殊作业场景时的作业程序、作业行为进行具体描述和规定。例如，手摇道岔作业标准、司机一次出乘作业标准等。

5. 行车设备类操作技术手册

行车设备类操作技术手册是行车作业各工种操作行车设备时所必须遵循的指导性文件。它是设备部门配合行车部门所专门编写的描述如何正确操作设备以实现设备设计功能的技术性文件。或者是描述如何判断故障原因，排除故障使设备恢复正常功能或功能降级的技术性文件。如电客列车操作手册、车载设备操作手册、电客列车排故手册、车载设备排故手册等。

6.2 日常行车调度指挥

6.2.1 正常情况下的行车组织

正常情况下的列车运行组织包括运营开始前、运营期间、运营结束和调车作业四个部分[3]。

6.2.1.1 运营开始前

(1) OCC 的行车作业，应满足以下要求。

① 建立或核对当日列车运行计划，检查内容无误；

② 与车辆基地调度员核对确认当日运用车的准备情况；

③ 确认供电系统、信号系统、通信系统、站台门系统、环境与设备监控系统及线路情况；

④ 车况等与运营有关的设备状况良好；

⑤ 确认中央工作站显示及操作正常，所有集中站控制权按调度命令处于正常状态，线路无异常占用；

⑥ 与行车值班员、车辆基地调度员核对时间；

⑦ 组织确认正线轨行区的施工已全部注销。

(2) 车站的行车作业，应满足以下要求。

① 确认车站管辖范围内所有施工检修作业已经完成注销，运营设备运行正常，检查站

台门开关是否正常，站台区域是否侵限；

② 提前开启相关运营设备。

（3）车辆基地的行车作业，应满足以下要求。

① 确认车辆基地内所有影响出库的检修施工已注销，出库线路空闲；

② 确认投用列车数符合当日列车运行计划要求。

（4）列车驾驶员的行车作业，应满足以下要求。

① 按规定办理出勤手续，确认当日值乘计划和行车组织安全注意事项，并对列车进行技术作业检查，确认车辆设备良好；

② 确认车载设备正常，确认列车无线电话和车辆广播使用功能良好；

③ 出乘前与车辆基地调度员核对时间。

6.2.1.2　运营期间

（1）OCC应按列车运行计划组织行车，必要时采取有效措施调整列车运行秩序。

（2）车站应监控设备运转状态，执行行车调度员命令，并与列车驾驶员执行联控措施。

（3）车辆基地应按列车运行计划优先组织接发列车作业，提前停止影响接发车进路的调车作业和检修施工。

（4）列车驾驶员的行车作业，应满足以下要求：

① 在车辆基地内，按程序进行整备作业，与车辆基地调度员办理列车发车手续；

② 在区间运行时，按车载信号、地面信号显示或行车调度员的调度命令行车，遇紧急情况应按相关预案要求果断处理；

③ 列车运行中，加强瞭望，按规定进行乘客服务广播；

④ 列车在站台时，开关车门/站台门，监控乘客上下车，确认列车与站台门之间空隙安全。

6.2.1.3　运营结束

（1）OCC负责按列车运行计划组织列车返回车辆基地；根据施工作业计划安排施工作业，必要时由电力调度员关停牵引供电。

（2）车站确认站内无乘客滞留后，及时关闭各出入口及客运服务设备；按施工计划时间，确认符合条件后办理车站施工请销点手续。

（3）车辆基地确认接车线路空闲后，按列车运行计划办理接车进路；按施工计划要求组织工程车或调试列车发车，安排到正线、辅助线进行调试作业或配合施工检修。

（4）列车驾驶员驾驶列车返回车辆基地后，按规定办理退勤手续。

6.2.1.4　调车作业

（1）调车作业包括牵引、推进两种，禁止溜放调车。

（2）列车驾驶员凭车载信号、地面信号或调车手信号显示行车，运行中认真确认进路、道岔位置是否正确；临时停车时，不得擅自后退。

（3）正线调车作业应满足以下要求：

① 配合检修、调试作业时的调车作业，按作业负责人要求执行；

② 信号系统不能正常使用时的调车作业，按行车调度员命令执行。

(4) 车辆基地调车作业应满足以下要求：

① 车辆基地调度员应结合车辆和线路情况，合理编制调车作业计划，向信号楼值班员和列车驾驶员下达执行信息；

② 信号楼值班员应确认线路具备行车条件后方可开放调车发车信号。

6.2.2　非正常情况下的列车运行组织

非正常情况主要是指列车运营控制设备出现故障、采用替代闭塞法和车站控制的情形。采用的替代闭塞方法主要是电话闭塞法[1]。

6.2.2.1　列车自动控制系统故障时的行车

在采用 ATC 系统情况下，由 ATS 子系统完成列车运行的控制任务，行车调度员只起监控作用；列车根据 ATP 子系统提供的信息，由 ATO 子系统自动驾驶运行。在 ATC 系统发生故障时，行车指挥方法和列车运行控制方式改变如下：

(1) ATS 子系统发生故障，改为调度集中控制，由行车调度员人工控制全线的信号与道岔、办理列车进路和调整运行秩序。

(2) ATP 地面设备发生故障，因 ATO 车载设备接收不到限速命令，无法按自动闭塞行车。此时，若为小范围的设备故障，可由行车调度员确认故障区间空闲后，向司机发布命令，列车在故障区限速运行；若为大范围的设备故障，须停止使用自动闭塞法，改为车站控制，实行电话闭塞法行车。

(3) ATP 车载设备发生故障，因故障列车无法接收限速命令，该列车司机应按调度命令，人工驾驶限速运行。

(4) ATP 子系统和车站通信设备同时发生故障，采用时间间隔法行车。

(5) ATO 子系统发生故障，列车改为人工驾驶，在 ATP 车载设备的监护下，按车内速度信号显示运行。

6.2.2.2　改为车站控制时的行车

凡发生下列情形之一时，根据行车调度员的命令，由调度集中控制改为车站控制。

(1) 对所管辖的道岔或信号失去了控制作用。

(2) 表示盘上失去了复示作用或不能正确复示。

(3) 停止使用自动闭塞法。

(4) 清扫道岔。

(5) 列车运行或调车有关工作必须由车站办理。

当调度集中控制改为车站控制时，在行车调度员的指挥下，由车站行车值班员执行闭塞、准备进路、开闭信号和接发列车命令。

6.2.2.3 改用时间间隔法时的行车

由于自然灾害或其他原因使车站一切电话中断，车站行车值班员无法与控制中心、邻站取得联系，为了不间断行车，双线区间可改用时间间隔法行车。此时，行车作业办法要求如下：

（1）车站行车值班员指定改用时间间隔法的第一趟列车司机，将实行该行车法的情况通知有关车站。

（2）切除线路两端折返站外，中间站道岔一律置于正线列车运行位置，如车站行车值班员无法在控制台上确认道岔位置或转换道岔，必须随车就地确认或办理。

（3）出站信号机置于停车信号显示，列车进入区间的行车凭证为红色许可证，手信号发车。

（4）两列车的间隔时间和列车运行速度应符合要求。

6.2.2.4 电话闭塞行车

在停用基本闭塞设备、车站联锁设备故障、列车反方向运行（反方向运行区段有 ATP 速度码除外）、开行施工列车和轨道车时，均应停止使用基本闭塞法，改用电话闭塞法行车。

电话闭塞法是在没有机械、电气设备控制的条件下，仅凭站间行车电话联系来保证列车空间间隔的一种临时代用的行车闭塞法。改用电话闭塞法或恢复基本闭塞法行车，均应有行车调度员发布的调度命令。当采用电话闭塞法行车时，列车占用区间的行车凭证为路票（图 6-4），凭手信号发车。

路　票　　　　NO：

调度命令第________号

电话记录第________号

准许________次列车自____________至____________站

××站　　　　　　车站值班员______________

行车专用章　　　　　________年____月____日

图 6-4 路票

在改用电话闭塞法行车时，行车调度员应及时调整使用时刻表，车站值班员根据调整后的使用时刻表，严格按照规定的作业程序与要求办理闭塞、准备进路、显示信号和接发列车。

路票在确认闭塞区间空闲并取得接车站承认闭塞后方可填发。为了确保行车安全，原则上，路票应由车站值班员亲自填写。

路票填写应内容齐全、字迹清楚，涂改无效。对无效路票应注销，重新填写。车站值班员应将填写的路票与电话记录号码进行核对，确认无误并签名后方可交给司机。

电话记录号码每站一组，按日循环使用，相邻站不使用相同的号码，每个号码在一次循环内只使用一次，号码一经发出，无论生效与否，不得重复使用。

6.2.2.5 夜间施工时的行车

夜间施工是城市轨道交通系统生产活动的重要组成部分。运输调度部门既要按照批准的施工计划，保证设备维修更换、线路扩建工程等夜间施工任务顺利完成，又要保证次日运输生产能正常进行。为此，夜间施工时的行车应按有关作业办法与要求来组织实施。

(1) 行车调度员应认真核对当夜施工计划，充分了解施工内容、地点和方法。如施工负责人在当天23时前未与行车调度员确认夜间施工，则视为施工计划自行取消，行车调度员不予安排。

(2) 行车调度员在当天23时后将施工命令下达给有关车站值班员和信号楼值班员，对重点车站应做重点布置。行车调度员应保证施工时间，并在施工过程中与施工负责人保持联系。

(3) 当必须向施工封锁区间开行施工列车时，列车进入封锁区间的行车凭证为调度命令。调度命令中应包括列车车次、运行速度、停车地点、停车时间、到达车站的时刻等有关事项。向施工封锁区间开行施工列车，施工地点每一端只准进入一列。施工列车进入施工地段时，应在施工防护人员显示的停车手信号前停车，根据施工负责人的要求，按调车办法，进入指定地点。

(4) 施工列车应按闭塞方式运行。当一个区段一条线路上，只有一个列车往返多次运行时，可采取封闭区间运行的办法。

(5) 行车调度员应在满足施工要求的前提下，尽量缩小线路封锁或封闭的范围，使其对行车和其他施工作业的影响达到最小。

(6) 当施工负责人报告不能按时完成施工作业，造成设备损坏、影响邻线列车运行和发生人员伤亡等情况时，行车调度员应立即报告值班调度主任，同时采取有效措施，确保施工安全和次日运输生产能正常进行。

6.2.2.6 列车救援组织方法

当列车发生故障或列车因信号系统故障，被迫停于区间需要救援时，行车调度员需组织开行救援列车，向救援列车和故障车司机、相关车站发布调度命令，组织救援。我国城市轨道交通企业的各个标准目前尚未统一，各开行救援列车的相关规定之间存在细微差别，但大体步骤相似。

(1) 行车调度员接到司机的救援请求后，向相关车站发布开行救援列车的命令，故障列车在区间时还需发布封锁站间线路的命令。

(2) 已申请救援的列车不准动车，司机应打开列车两端的标志灯作为防护信号，并注意与救援列车的连接。

(3) 向封锁线路发出救援列车时，不办理行车闭塞手续，以调度员命令作为进入该封锁线路的许可。在未接到开通封锁线路的调度命令前，不得将救援列车以外的其他列车开进该线路。

(4) 优先使用电客车救援，救援列车需在被救援列车 15 m 外停车，听从救援负责人指挥。

(5) 使用电话闭塞法行车。

当正线运行的列车发生故障需要救援时，一般遵循“顺向救援”原则，即尽量采用相邻后续列车正向推进故障列车的方法进行救援，以确保正线其他列车的运行秩序。

6.2.2.7 列车反方向运行

因运营调整需要反向运行时，行车调度员应先确认线路空闲、进路准备好，再发布反向运行调度命令，并做好反向运行列车与对向列车的间隔控制，确保行车安全。结合信号功能达到的条件，列车驾驶员应按照安全级别由高至低选择驾驶模式。运行中应认真确认运行进路情况，根据调度命令及所经区段的限速要求运行。列车驾驶员和行车值班员接到反向运行命令后，应及时告知乘客信息，维护乘车秩序[3]。

6.2.2.8 列车退行

列车因故在区间停车或停站越过停车标需组织退行时，列车驾驶员应立即报告行车调度员，未得到行车调度员同意时，严禁擅自退行。行车调度员应确认列车退行条件满足后，发布允许退行的调度命令。列车驾驶员接到退行命令后应立即告知乘客，并低速退行至规定位置停车。列车退行进入车站时，列车驾驶员应与车站接车人员做好联控[3]。

6.2.2.9 清客

行车调度员发布清客命令后，列车驾驶员、车站应立即执行，并做好乘客服务。列车在区间清客步行疏散前，应立即停止接触轨线路相关区域的牵引供电，并做好安全防护措施。紧急情况下，列车驾驶员需立即向行车调度员申请组织区间列车清客疏散，行车调度员接报后应立即扣停后续及邻线列车，并组织两端车站人员引导乘客疏散[3]。

6.2.3 非运营列车作业

非运营列车作业包括调试列车、施工和检测列车、转线车辆的作业等[2]。

6.2.3.1 调试列车

调试列车作业原则上在非运营期间执行，作业内容包括车辆调试、信号调试及其他需用列车完成的测试作业。司机负责调试列车车况检查，若车况不符合调试要求，汇报行车调度，行车调度可取消调试计划。动车调试作业须由行车调度发布书面命令，司机根据调度命令规定的行车作业方式出入库、运行至规定车站，调试过程由调试负责人负责指挥调试作业。运营期间的调试作业，调试列车必须具备完备的信号系统，严禁安排调试列车进行载客作业。

6.2.3.2　施工列车、检测列车

工程车辆原则上在非运营期间开行，若要在运营期间开行须经批准后方可执行。工程车辆在进入运营线路前，施工负责人必须对其技术状态进行全面检查，确保行车和设备安全。工程车辆进出运营线路必须办理施工计划，并由行车调度发布书面命令，列车根据调度命令规定的行车作业方式开行。工程车辆运行途中不得解编，推进运行时须由列车前部调车员进行引导。

6.2.3.3　转线车辆

转线作业原则上在非运营期间执行，若要在运营期间开行须经批准后方可执行。转线车辆在转线作业前，必须对其技术状态进行全面检查，确保行车和设备安全；转线作业必须由行车调度发布书面命令，列车根据调度命令规定的行车作业方式由车场运行至转线接口车站，两线接口车站间列车以电话闭塞法运行；转线车辆到达邻线接口车站后根据调度命令规定的行车作业方式运行至邻线车场。

6.2.4　突发情况下的行车组织

6.2.4.1　人员非法进入行车区域

当发现有人员非法进入行车区域时，列车驾驶员或车站应立即采取紧急措施并向行车调度员报告，行车调度员应采取限速措施，视情况采取停电措施，并组织工作人员设法将其带离。发生人员与列车冲撞时，应立即启动相关应急预案：

（1）发生在站台区域时，宜由车站组织事故处置指挥；

（2）发生在区间时，宜由行车调度员组织事故处置指挥；

（3）行车调度员调整其他区域列车运行。

6.2.4.2　列车脱钩、脱轨、冲突、颠覆

发生列车冲突、脱钩、脱轨、颠覆等事故时，列车驾驶员应立即向行车调度员报告。运营单位立即启动相关抢险救援应急预案。行车调度员应视情况组织列车小交路运行或启动应急公交接驳。抢险完毕后，行车调度员应及时调整列车运行秩序，指挥列车逐步恢复正常运行。

6.2.4.3　恶劣天气

当发生大风、暴雨、冰雪、雾霾等恶劣天气时，列车驾驶员、车站人员应加强巡查。遇危及行车安全情况时，列车驾驶员应及时采取停车措施，并报告行车调度员。行车调度员应根据恶劣天气影响情况发布行车组织方式变更的调度命令，可采取限速、越站、变更行车交路、停运等调整措施，列车驾驶员、车站根据调度命令执行行车作业。

6.2.4.4　火灾、毒气、爆炸

在列车上发生火灾、毒气和爆炸等事件时，列车驾驶员应立即报告行车调度员，并尽量维持列车运行至前方车站；当在车站发生时，车站值班站长应及时疏散乘客，并立即报

告行车调度员。根据现场情况通知消防、公安、医疗等外部部门赶至现场处置。行车调度员应根据现场情况发布行车作业方式变更的调度命令，采取越站、小交路或停运等调整措施。车站根据调度命令执行行车作业并组织乘客疏散，必要时调整相关环控模式。列车驾驶员根据调度命令执行行车作业。

6.2.4.5 突发大客流

当发生客流持续增多，超出车站承受能力的情况时，车站应及时采取大客流疏导、限流措施，并向行车调度员报告客流情况及应对措施。行车调度员根据实际情况发布行车组织方式变更的调度命令，可采取加开列车、调整停站时间、越站等行车调整措施。列车驾驶员、车站根据调度命令执行行车作业。

6.2.5 行车作业标准和标准用语

6.2.5.1 行车作业标准

(1) 行车作业应严格执行岗位工作标准，使用标准用语。

(2) 运营单位应制定正常及非正常情况下行车作业标准和岗位联控作业标准。

(3) 行车组织作业宜执行手指口呼自确认制度，必要时可执行双确认制度。

(4) 行车岗位人员应持证上岗，按规定着装，正确佩戴岗位标志。

6.2.5.2 行车标准用语

行车用语应使用普通话，要求内容简明、术语标准、语速适中，不得随意简化。行车数字发音标准宜按表 6-1 要求执行[3]。

表 6-1 行车数字发音标准

数字	1	2	3	4	5	6	7	8	9	0
发音	yāo	liǎng	sān	sì	wǔ	liù	guǎi	bā	jiǔ	dòng
汉字	幺	两	三	四	五	六	拐	八	九	洞

6.3 延误条件下列车运行调整策略

城市轨道交通系统在复杂多变的环境下，列车运行延误难以避免，长时间的延误会产生服务质量下降、系统能力利用损失、系统运营成本增加和综合社会经济效益降低等不良影响，严重时还会带来安全风险。因此，在日常运营工作中，城市轨道交通的调度人员会及时采取相应的调整措施使列车能尽快恢复至正点并将对乘客的影响降至最小。

由于城市轨道交通在日常运营过程中会受到车站、线路、信号设备与旅客需求等多方面因素的影响，列车的运行会因为旅客乘降、车辆故障、线路故障等原因产生运行延误，这样的延误会造成乘客滞留时间过长，进而影响市民出行，给城市生产和生活带来不便。列车运行延误具有时间上与空间上的双重传播特征，一趟列车的延误可能会对其他列车的运行产生影响，形成连带延误。由于城市轨道交通线路具有配线简单、行车间隔小、客流量大等特点，延误的传播影响范围大、造成的能力损失严重。而在城市轨道交通网络中，这样的影响则更大，延误还有可能通过客流的传递引起相连线路上列车的延误，使整个网络的正常运营被打乱，对乘客的出行造成严重的影响[4]。

6.3.1　运行延误分类

列车运行延误是列车运行图在执行过程中所受到各种因素影响的综合表现形式，共分为到达、出发和通过三种情况。列车运行延误可以分为初始延误和连带延误。

6.3.1.1　初始延误

初始延误是由干扰事件直接造成的延误，城市轨道交通列车初始延误产生的原因很多，既有主观也有客观方面的原因，总体来说主要有三方面。

1. 基础设施

这类延误产生的原因是由于道岔、信号、车辆等基础设施发生故障而造成的，这类故障发生严重时会造成运营中断。对于设备故障，可以划分为直接设备故障和间隔设备故障。直接设备故障主要是指故障直接发生在硬件设备上，这类故障往往是由于设备损坏而造成的，如轨道断裂、道岔被挤坏、车辆发生变形或损坏等。间接设备故障是指由于该类设备发生故障而不能使直接设备正常工作，这类设备大部分为软件系统，如通信系统、控制系统等。

2. 运营管理

这类延误的产生主要是由司机、调度人员、运营计划等因素导致的。这类延误的最大特点是受主观因素影响较大，与管理人员的素质、经验水平等密切相关。

3. 外部因素

这类延误的产生是由乘客、天气等外部因素造成的。这类外部因素具有非常大的随机性和不可控性。外部因素也可分为三大类：

(1) 乘客等原因。如在高峰时间段，乘客过多导致列车不能按时关闭车门，乘客掉下站台等。

(2) 不可抗力因素。不可抗力因素主要是指列车受不可抗力影响不能正常运营的因素，这些因素如恶劣天气、台风、地震等。

(3) 其他突发事件。突发事件是指不能预知，而一旦发生就会造成重大人员伤，并导致列车停运的事件(如火灾、恐怖袭击等)，这类事件对线路的影响是最大的。

显然初始延误的时间是与发生延误的原因和程度相关的，某些原因可能导致延误只持续几秒钟，而有些原因会导致延误持续数小时甚至更长。另外，初始延误的规律与线路设备特性及客流特征等诸多因素相关，因此，很难定义初始延误时间的分布规律。但是，初始延误的随机分布特征可以通过已建成线路的运营实际统计分析，或借鉴国内外其他城市轨道交通线路的运营经验来获得。一般来说，由于高峰时间段行车间隔小、客流量大、车辆信号等设备负荷大等原因，发生初始延误的概率较其他运营时段要大。

6.3.1.2 连带延误

连带延误是由于初始延误的影响而造成的延误。连带延误在城市轨道交通系统中非常普遍，也占大部分。但对于乘客来说，无法辨别列车发生的延误是初始延误还是连带延误。初始延误与连带延误最大的区别在于：一旦延误事件发生后，初始延误是无法避免的，但是连带延误是可以通过相关措施来减少或者消除的。

导致连带延误的因素有很多，在城市轨道交通系统中，主要有以下几个方面：

1. 列车自身因素

当某列车在某一地点发生初始延误后，有可能会导致列车在下一个或几个车站发生延误，这种延误是由于列车自身原因造成的。

2. 缓冲时间

在城市轨道交通运行图中，缓冲时间包括追踪间隔缓冲时间、区间运行缓冲时间、停站缓冲时间、折返缓冲时间、换乘缓冲时间等，缓冲时间的大小与分布将直接影响到延误的传播速度与范围。

3. 车底周转

在城市轨道交通线路中，车底周转频率很高，当车底前一列车发生终到延误时，就有可能导致后一列车发生出发延误，从而影响后一列车的运行，进而延误就会传播到线路的另一个方向。

4. 乘务组织

在城市轨道交通系统中，乘务制度往往有包乘制和轮乘制或二者结合。如果乘务制度为包乘制，则乘务组织对延误的传播影响不大；如果乘务制度是轮乘制，则会出现乘务员会因前一列车延误而不能及时担乘另一计划列车。

5. 辅助线数量及其布置形式

在城市轨道交通线路上，辅助线包括折返线、存车线、停车线、渡线和安全线。辅助线的合理设置是列车安全行车、正常运行和提高运营管理应变能力的重要保证。折返线的布置形式决定了车站的折返能力，存车线的数量决定了线路上可以存放备车的数量，停车线主要用于运行中故障列车的临时停放，以减少对正常行车的干扰，也可用于发生长时间延误时改变临时交路。因此，辅助线的数量及其布置形式对列车延误调整起着非常重要的作用。

6. 运营调度

当发生较少的延误时，ATC 系统会根据缓冲时间的分布对列车进行自动调整，这种情况下列车运行秩序基本保持不变，因此也不需要调度人员进行干预。但是，当发生较大的延误时，列车运行秩序往往会被打乱，这时需要调度人员根据经验和相关规则，重新调整列车运行秩序或采取特殊的调度措施。

7. 乘客换乘

在城市轨道交通网络中，列车发生延误后，要充分考虑乘客换乘的要求，如果某一线路列车发生延误，这种延误会造成乘客无法换乘另一线路的列车，这时需要调整另一线路列车的时刻以满足换乘乘客的要求（尤其是在线路末班车的情况下）。

8. 客流变化

在城市轨道交通系统中，由于列车延误会导致客流在车站迅速集聚，这必然会增加乘客的上下车时间，从而使延误列车的延误时间进一步加长。在网络运营条件下，延误很容易由于客流量以及客流选择路径的变化波及相邻的线路，从而对整个城市轨道交通网络的正常运营造成影响，如果延误发生后不及时采取有效措施，延误的影响过程很容易形成“滚雪球”效应，使整个城市轨道交通网络陷入“车越跑越慢，人越聚越多，影响范围越来越广”的恶性循环。

6.3.2 列车运行延误传播特点

运行延误的传播是指前行列车发生初始延误的条件下，所引起的后行列车或其自身的后效延误现象。这种现象的发生是由于列车运行图中运行线间或线群间缓冲时间不足或调整措施不当而引起的。城市轨道交通系统列车运行延误及其传播除了具有轨道交通系统列车运行延误及其传播的基本特性以外[1]，还具有如下 4 个特性。

1. 延误传播的直接性

城市轨道交通系统车站线路设置相对简单，列车运行过程中几乎不具备列车越行条件，一旦列车运行图确定后，实际运营组织中列车运行顺序不会轻易发生改变，因此列车运行延误将直接在列车间相互传播，会在空间上呈现多米诺骨牌效应的特点。

2. 延误传播的快速性

城市轨道交通系统站间距离短、列车运行间隔小，因此列车运行延误的传播速度快，影响范围广。尤其是发生较长时间的延误后，前后行列车的相互制约加上客流的变化使得延误的传播速度非常快（在高峰时间段内尤为明显）。

3. 延误传播的双向性

城市轨道交通系统车底折返在日常运营组织中占有十分重要的地位，车底的周期循环运用使得列车运行延误的传播具有双向性，即表现在如果延误列车完成折返作业后，还没有恢复正点运行状态，延误列车将造成对向列车出发晚点，进而延误在对向列车间传播。

4. 延误传播的向前传递性

城市轨道交通系统在发生较长时间的延误时，为了提高服务水平，有时会将延误列车的前行列车扣车，使前行列车的运行间隔逐步增大，以保证一定的服务水平，如图 6-5 所示。因此，前行列车也会受到后行列车延误的影响，使延误向前传播，这种特性是城市轨道交通系统特有的。

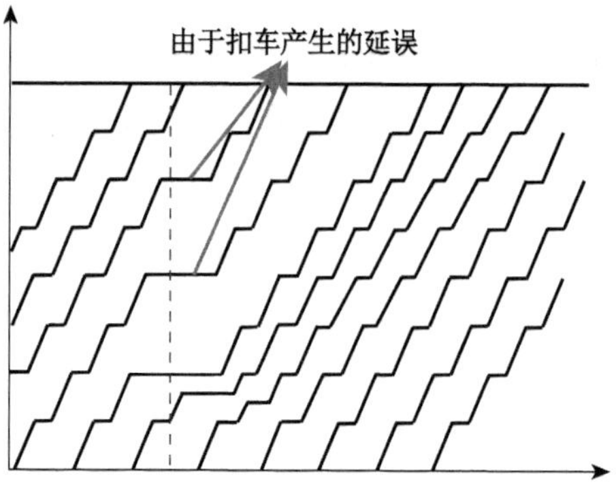

图 6-5　延误传播的向前传递性

6.3.3　列车运行延误的影响

列车运行延误在以下四个方面会对城市轨道交通系统的运营产生不利的影响。

1. 服务质量下降

城市轨道交通系统提供的商品是乘客的位移，即提供的是一种服务，这种服务要求“安全、快捷、准时、舒适”。当城市轨道交通系统出现经常性、大间隔的运行延误时，服务水平将大幅下降，系统提供的不再是优质的、合格的服务，由此必然会降低城市轨道交通对乘客的吸引力。

2. 系统能力利用损失

城市轨道交通系统是大容量的快速交通方式，具有很大的运输能力。缩短列车开行间隔、提高列车性能都是为了充分提高和发挥系统的能力，更好地满足城市的交通需求。但在发生列车运行延误时，会限制系统设备能力的充分利用，在客流高峰时段的运行延误将导致更大的能力利用损失。

3. 系统运营成本增加

当城市轨道交通系统发生大间隔的运行延误时，必须采用人工干预的方式代替列车自动调整模式，以尽快恢复列车的正常运行。在人工干预调整方式下，为恢复列车的正常运行，运营单位需要投入额外的人力、设备资源，增加能源消耗，这些都会导致城市轨道交通运营成本的上升。

4. 综合社会经济效益降低

城市轨道交通系统是准时性较高的交通方式，人们对其不准时性的容忍度较小，一旦城市轨道交通发生大间隔的运行延误，将立刻引起社会的普遍关注。而且，采用城市轨道交通方式出行的主要人群为通勤客流，发生运行延误时将产生较高的社会时间价值损失。

6.3.4　减缓列车运行延误的措施

根据以上分析，减缓列车运行延误可以从初始延误与连带延误两方面着手。减少初始延误的措施有:提高设备可靠性,制定有效的设备巡检管理制度,提高行车相关岗位人员设备操作技能,加强气候的监测和预报等[4]。连带延误可以从以下五个方面来减缓。

1. 优化列车运行图

延误的影响程度不仅取决于调度员的调度水平,更重要的是取决于计划运行图的弹性(或可靠性)。如果计划运行图的弹性很好,那么在发生运行延误时,延误能很快地被吸收;反之,延误不仅被吸收得很慢甚至延误还会扩大。因此,计划运行图的弹性对于延误的吸收有很大的影响。

铺画列车运行图时,在每一列车运行图周期中应该留出一定量的缓冲时间,这样有利于编制出列车运行调整及应变能力强,且保证良好的列车运行质量和优质的列车运行秩序的"柔性运行图",从而取代目前主要以充分利用城市轨道交通运输设备潜在能力为目的、调整余地小、应变能力差的"刚性运行图"。

2. 在线路上设置备车

如果前一列车发生的终到延误时间很长,并且在该列车终到的车站有备用车底,就可以利用备车接续下一列车,这样列车的延误影响会大大减少。在存车线上存放备车,可以在发生较长时间的延误时,利用备车来降低延误对系统的影响。备车设置的数量与存车线的配置数量有关。存放备车时,应充分考虑备车存放的车站及存放位置,以保证在调用时尽量不影响其他列车的正常运营。备车一般应存放在具备存车条件的折返站或客流非常大的中间站。当然,如果有备用乘务组,也可以用备用乘务组临时接替受影响的列车。

3. 提高运营调度水平

调度人员的水平对缓解延误影响起着重要作用,在同一事件状态下,不同调度员的调度水平对整个延误的恢复时间是不一样的。尤其是当发生较长时间的延误时,列车运营计划被严重打乱,这时需要采取一些特殊的调度措施(如是否跳停、是否变换交路、是否停开某些运行线等),以及外界干扰因素消除后如何尽快恢复至计划运行状态,这些处置过程都要求调度员具备较强的、果断的应急处置能力。因此,可以通过实际操作、模拟演练、培训学习等方法来加强调度员的调度水平。

4. 加强客流组织

掌握客流的动态变化规律以及采取一定的客流管理措施有利于减缓客流变化对延误的影响。一旦线路发生延误后,不同车站客流的集聚规律是不一样的,通过对不同车站的客流规律的统计与分析,对不同延误时间条件下的客流进行科学的管理,采用一些特殊的管理措施(如限流、限向等)有利于减少延误对本线或整个路网的影响。

5. 优化应急处置预案

突发事件的发生是随机的,但发生后所造成的影响是可以事先预估的,城市轨道交通运营部门会针对不同类型的事件制定对应的应急预案,做到未雨绸缪。应急预案的制定是一个需要长期不断积累与完善的过程，好的应急预案能有效预估事件的发展变化、能指导相关人员迅速采取相应的应急措施，从而降低延误的影响。因此，需要在日常的运营工作过程中，对相应的应急处置预案进行总结、完善。

6.3.5 列车运行调整策略

在发生较短时间的列车延误时，城市轨道交通的列车自动控制系统（ATC）可以利用停站与区间运行缓冲时间，通过加速运行，缩短停站时间等方法来自动调整列车，以在最短的时间内使列车恢复到正点运行[3]。但是，当发生长时间延误时，列车自动调整功能往往作用不明显，这时调度员需要采用一些特殊的调整措施。如扣车、跳停、备车投用、小交路折返等[5]。

6.3.5.1 压缩时分

城市轨道交通列车运行以运行图为基础。在日常运营中，当小延误发生时，列车自动控制系统（ATC 系统）能根据计划运行图自动调整列车运行速度等级，通过压缩停站、区间运行与折返时间等手段完成列车的自动调整过程。而当发生长时间的列车延误时，列车的自动调整效果非常有限，因此不得不采用一些特殊的调整措施。

6.3.5.2 跳停

跳停是指列车在某站直接通过而不停车也不进行上下客作业的策略。根据列车跳站停车的目的不同，可分为赶点跳停、空驶跳停和换乘站邻线列车跳停三种情况。

1. 赶点跳停

赶点跳停是指列车发生延误后，为了能尽快恢复至正点运行，在某些车站直接通过，以节省列车在站的停站时分和起停附加时分。如图 6-6 所示，列车 i 由于在 $m+1$ 站发生延误，在 m 站跳停赶点。

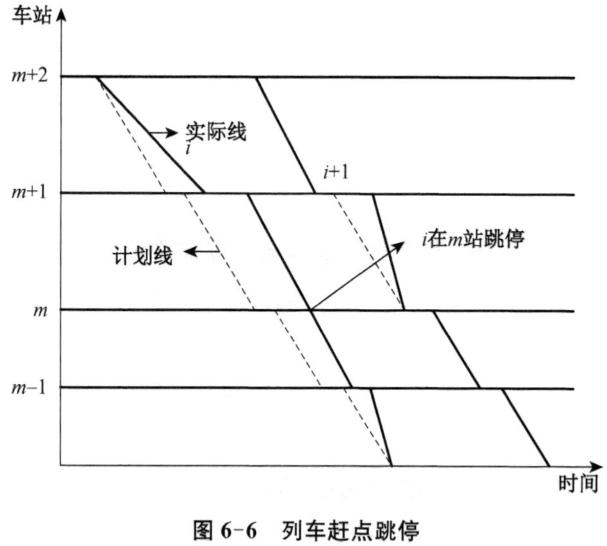

图 6-6 列车赶点跳停

赶点跳停的原则：

(1) 在有一定行车间隔保证的条件下才能跳停。跳停列车由于缩短了停站时分和起停车附加时分，当前后行列车的行车间隔过小时，跳停列车容易追上前行列车，但受列车追踪间隔的限制，跳停列车有可能被迫在后续车站停车，从而失去了赶点的意义，因此前后行列车的行车间隔过小时不宜采取跳停策略。

(2) 列车跳停要考虑车站的上下车人数和列车满载率。一般情况下，在列车满载率高，车站的上下车需求不大的条件下，建议列车在该站跳停，其他条件下则需要慎重考虑。

(3) 末班车不能跳停。为了保证服务质量，不建议末班车采用跳停策略。

(4) 为了提高车站的服务水平，同一车站不宜连续被两次跳停，同一列车尽量不要连续跳停多站。

赶点跳停会增加被跳车站的乘客等候时间，同时也会增加本应在被跳车站下车乘客的换乘次数和旅行时间。因此，只有当线路发生长时间延误、列车运行秩序发生紊乱时才考虑采取此调整策略。

2. 空驶跳停

空驶跳停是指为了缓解线路上某些车站的客流压力，组织空的列车在始发站及部分中间站采用跳站通过，到客流量大的车站才开始停站并载客运行的策略。如图 6-7 所示，列车 $i+1$ 从始发站直接空驶至 m 站开始载客。

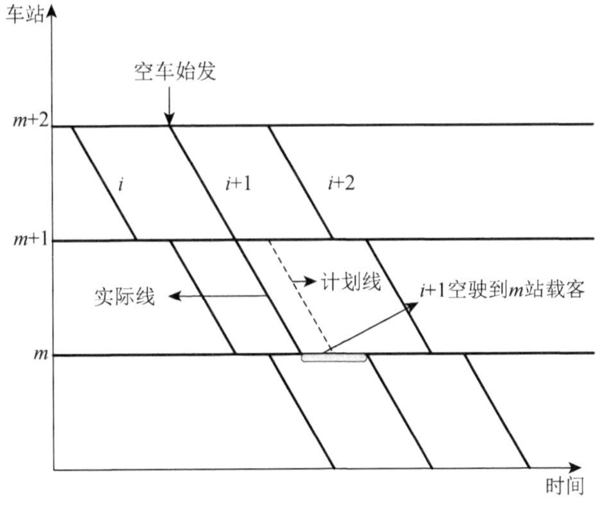

图 6-7　列车空驶跳停

空驶跳停适合在高峰时间段内的能力紧张的区段进行，也适合于因大型活动而形成的车站突发大客流的疏散。但空驶跳停会增加被跳车站的乘客候车时间和客流的积压，会在一定程度上打乱列车行车秩序，增加行车组织的难度。

3. 换乘站邻线列车跳停

在网络化运营条件下，一些大型换乘站，受延误线路的行车间隔延长的影响，为了避免邻线客流的大量换入对车站和延误列车造成的冲击，有时需要邻线采取列车跳站运行的措施。这种跳停措施不仅会增加被跳停列车部分乘客的旅行时间，还会增加被跳车站旅客的候车时间。该措施的适用条件是被跳停列车有大量前往延误线路的乘客。该措施的实施需要客流组织的配合，由于对乘客的影响较大，需要慎重考虑。

6.3.5.3 扣车

扣车是指发生长时间延误时，将一列或多列前行列车在前方车站增加停站时间，延迟发车时刻，以均衡列车间的行车间隔。扣车能缩短部分乘客在扣车车站的候车时间，提高车站的服务水平，但也会增加被扣列车上乘客的旅行时间。扣车的实施需要根据车站客流量和前后行列车的行车间隔来确定，总的原则是使列车在车站的到发尽量均衡，避免大间隔的出现。如图 6-8 所示，假设运行图的图定行车间隔为 r，列车 $i+1$ 在车站 $m-1$ 发生延误，停站时间超过一定的时间 t_0 时，前行列车可以考虑在相应的车站扣停来调整行车间隔。列车 i 分别在车站 m 和 $m+1$ 扣停延迟出站，列车 $i-1$ 在 $m+1$ 站扣停延迟出站，由此可以避免车站 m 和 $m+1$ 的列车行车间隔过大。扣车时，前行列车在车站的扣停时间取决于对初始延误的持续时间的判断，根据初始延误的时间，逐步改变停站的时间。因此，离延误列车越远的列车扣停时间会越短。

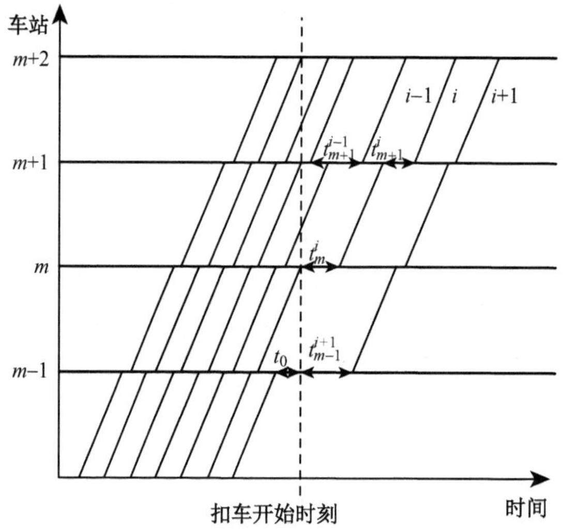

图 6-8 扣车策略

6.3.5.4 利用备车

利用备车是在列车发生故障或长时间延误时，采用备用车底来顶替故障或延误列车的调整策略。备车使用的条件有多种，如当线路上列车发生故障不能继续运营时，需要用备车上线替开延误的列车，使运营恢复正常；或当列车出现长时间延误时，可利用备车上线来连接后行列车，如图 6-9 所示，列车 i 在 $m+2$ 发生长时间的终到延误，为了缓解延误的影响，将备车投入运营，接续 $i+1$ 列车，同时将延误列车调入存车线，做备车用。利用备车进行列车的运行调整，会增加运输组织的难度，尤其是备车上线时机的选择。在备车开行时，要做好车站的客流组织工作，尽量避免客运作业对行车组织过程产生的影响。

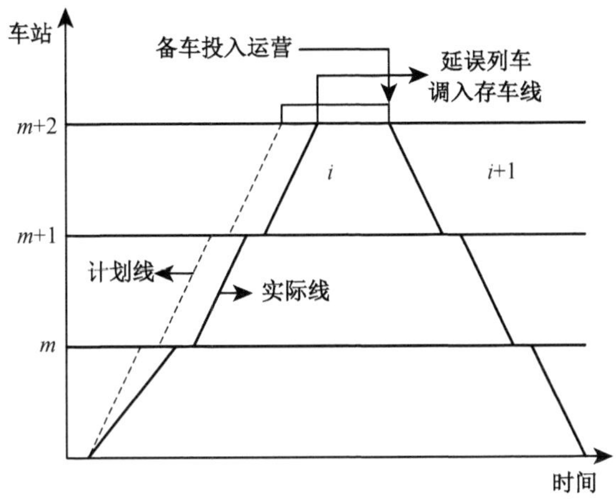

图 6-9　利用备车的调整策略

备车的来源有两种情况，一种是计划安排在车站存车线上的备车，另一种是在停车场或车辆段存放的备车。如果临时调用备车，会涉及列车准备、司机安排、进路准备等问题。从实际运营来看，备用车从准备到上正线的时间偏长，有时甚至会错过时机。因此，一般在正线上的备车都是采用热备(即组织司机在备用车上随时待命)的方式。

6.3.5.5　小交路折返

小交路折返是指当列车发生较长时间的延误后，为了减少对后续列车的影响，组织延误列车在具备折返条件的车站提前折返的策略。如图 6-10 所示，i 发生延误后，在 m 站提前折返，并接续列车 $i+1$。因此，小交路折返的车站必须具备折返的能力和条件(最有利的条件是站后折返，这样在折返过程中对反向列车的影响较少)。小交路折返对行车组织和客流组织(需要提前广播或清客) 有更高的要求，同时小交路折返会牺牲某些区段的能力(如图 6-10 中的 m 至 $m-1$ 区间)。 因此，该方式适合于在延误时间较长，且行车密度较

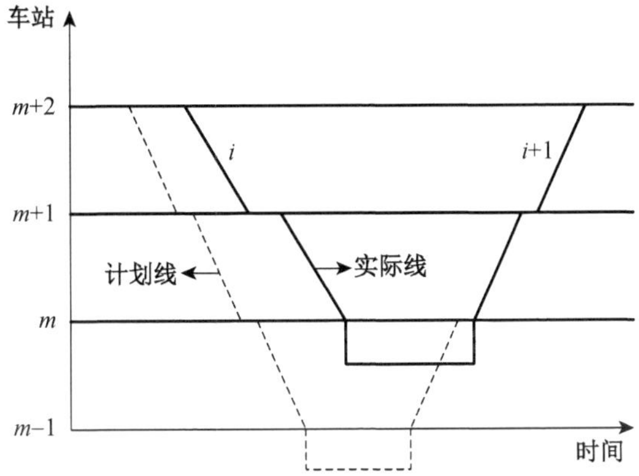

图 6-10　小交路运行

高的线路上采用。但该调整策略对客流的影响较大，在实施时尽量做到提前告知乘客，并且在提前折返的车站做好客流的疏导工作。

6.3.5.6 其他策略

列车运行调整的其他策略还包括如下三种[2]。

1. 调整终端站发点

由于某种原因，实际列车上线数少于图定列车数或线路发生拥堵时，可采用调整终端站发点措施；遇早高峰时段，为避免列车晚点，也可采用终端站早发措施，但应控制在一定范围内（如 2 min）。

2. 运休列车（收车）

由于设备故障等原因，造成线路拥堵严重，可采取安排列车回库、进存车线（折返线）停运的措施。

3. 改变折返方式

当终端站具有 2 条及以上折返线时，在列车高密度到达的情况下，可采用 2 条折返线交替折返，以缓解车站的到达压力，有效及时地开通区间；当终端站具备站前站后折返模式时，在站后折返设备发生故障时（如道岔故障），可采用站前折返方式，有效降低故障影响。

6.3.5.7 组合策略

在实际行车调整中，经常采用的是几种调整策略的组合，如备车与跳停组合（如图 6-11所示，列车 $i+1$ 为利用备车加开，在 $m+2$ 车站跳站通过，然后至 $m+1$ 停站开始载客运行）、备车与小交路折返组合（如图 6-12 所示，延误列车 i 到达 m 站时进入存车作为备车，原车站的备车投入运营接续 $i+1$ 列车）、扣车与跳停组合等。这些组合策略集合了各种措施的优点，对于缓解延误的影响效果更显著，但对调度员的业务素质要求也更高，且实施过程中需要加强客运组织的配合。

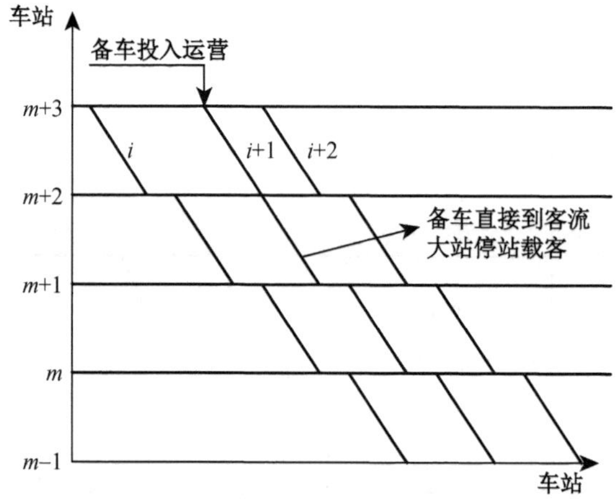

图 6-11 备车与跳停组合策略

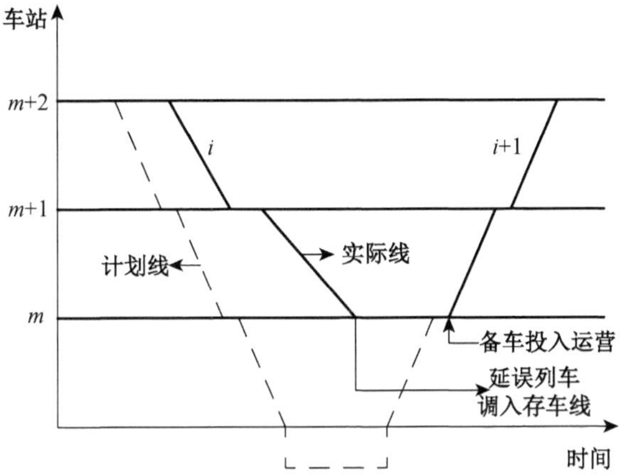

图 6-12　备车与小交路折返组合策略

基于以上的分析,对各项调整策略的优缺点和适用条件进行了总结,结果如表 6-2 所列。

表 6-2　基于客流影响的列车运行调整策略汇总[5]

策略名称	优点	缺点	适用条件
压缩时分	调整方式简单,ATS 系统能根据计划运行图自动调整列车运行速度等级	调整受限于缓冲时间,对大延误调整效果有限	初始延误时间较小
跳站停车	赶点跳停可以提高列车的旅行速度,空驶跳停可以缓解车站的大客流冲击,换乘站邻线列车跳停可以缓解邻线客流对本线的影响	增加被跳停车站的乘客等待时间;行车组织较为复杂	初始延误时间长,运营紊乱
扣车	能均衡延误前方列车的行车间隔,避免过大间隔出现	增加被扣列车的旅行时间,行车组织较复杂	初始延误时间长,列车间的行车间隔过长
备车投用	对于减缓延误的影响有突出效果	备车成本较高,时机的选择难度大,行车组织复杂	列车发生故障、初始延误时间长,运营紊乱
小交路折返	对于减缓延误的影响有较大效果	有条件限制(折返的车站需要具备折返能力),对反向列车的影响较大,牺牲部分区段能力	初始延误时间长,线路行车密度高
组合策略	效果最好	对调度员业务素质要求高,实施难度大	初始延误时间长,运营紊乱

6.4　突发事件应急处置

6.4.1　应急管理

应急管理是指政府及其他公共机构在突发公共事件的事前预防、事发应对、事中处置和善后管理过程中，通过建立必要的应对机制，采取一系列必要措施，以保障公众的生命财产安全。城市轨道交通是国家重大基础设施和重要公共场所，探讨城市轨道交通应急机制及处理技术，对提高城市轨道交通系统的运营安全和可靠性，保证在突发事件的情况下，迅速、及时地采取合理有效的应急措施，尽可能地消除、减少突发事件造成的人员伤亡和财产损失，尽快恢复正常运营具有十分重要的意义[1]。

应急管理工作的内容概括起来叫作“一案三制”。“一案”是指应急预案，就是根据发生和可能发生的突发事件，事先研究制订的应对计划和方案。应急预案包括各级政府总体预案、专项预案和部门预案，以及基层单位的预案和大型活动的单项预案。“三制”是指建立健全和完善的应急管理体制，建立健全和完善的应急运行机制，建立健全和完善的应急法制。

6.4.2 突发事件

城市轨道交通的突发事件是指在城市轨道交通运营过程中，因自然灾害、故障灾害、公共卫生、社会安全等造成城市轨道交通运营中断、人员伤亡、乘客被困等危及公共安全的突发事件。根据《国家城市轨道交通运营突发事件应急预案》①，城市轨道交通连续中断2 h即为运营突发事件，需采取应急措施，包括对城市轨道交通线路实施分区封控、警戒，同时设置交通封控区，防止发生大范围交通瘫痪[1]。

1. 突发事件特点

城市轨道交通突发事件具有如下特点：

(1) 全线性。城市轨道交通列车具有依赖于单一轨道连续运行的特点，一旦在运行线路上发生严重事件、灾害，会造成整条线路的运营中断，甚至可能影响其他线路的正常运行，而且在一定时间内难以恢复正常运行。

(2) 连带性。城市轨道交通客流量大，乘客活动局限于有限的封闭区域，一旦发生突发事件，除了乘客可能受到直接伤害外，还极易造成其他各类次生、衍生和耦合灾害。

(3) 局限性。当城市轨道交通发生突发事件，在实施救援时，由于事发地点空间的限制，给救援工作带来难度。救援工作延续时间越长，灾害的影响程度就越大。

(4) 群体性。在城市轨道交通车站、隧道、商场区域，单位面积人数多，在发生突发事件时，极易造成群死群伤，社会影响大。

城市轨道交通突发事件的以上特点要求有关部门在最短的时间高效地完成乘客的疏散救援工作，以减小突发事件的扩散和社会影响。

2. 突发事件等级

依据《中华人民共和国突发事件应对法》②和《国家城市轨道交通运营突发事件应急

① http://www.gov.cn/zhengce/content/2015-05/14/content_9751.htm。

② http://www.gov.cn/zhengce/2007-08/30/content_2602205.htm。

预案》,将城市轨道交通运营突发事件分为特别重大、重大、较大和一般四级。四级事件的区分指标包括人员伤亡人数、财产损失数额、连续中断行车时长三类。具体分级标准为:

(1) 特别重大运营突发事件:造成 30 人以上死亡,或者 100 人以上重伤,或者直接经济损失 1 亿元以上的。

(2) 重大运营突发事件:造成 10 人以上 30 人以下死亡,或者 50 人以上 100 人以下重伤,或者直接经济损失 5 000 万元以上 1 亿元以下,或者连续中断行车 24 h 以上的。

(3) 较大运营突发事件:造成 3 人以上 10 人以下死亡,或者 10 人以上 50 人以下重伤,或者直接经济损失 1 000 万元以上 5 000 万元以下,或者连续中断行车 6 h 以上 24 h 以下的。

(4) 一般运营突发事件:造成 3 人以下死亡,或者 10 人以下重伤,或者直接经济损失 50 万元以上 1 000 万元以下,或者连续中断行车 2 h 以上 6 h 以下的。

在上述分级标准有关数量的表述中,"以上"含本数,"以下"不含本数。

3. 突发事件形成原因

(1) 人为原因。人为原因产生的突发应急事件来自城市轨道交通运维工作人员、乘客和破坏分子。比如城市轨道交通运维工作人员的失误操作导致事故发生,乘客不小心带入易燃易爆物,还有就是破坏分子聚众闹事、劫持人质等行为。

(2) 设备的不安全原因。在城市轨道交通运营安全中,各种设备本身的故障引起的突发应急事件也是不可忽视的主要原因,此处设备主要包括车辆、供电、通信、信号、综合监控、AFC、FAS、屏蔽门等,设备致灾原因与设备老化和设备本身质量有关。

(3) 环境的不安全原因。环境的不安全原因通常指因高温、暴雨、雷电、大风等因素引起的突发应急事件或由于地震等引起的事故。

(4) 基础设施的不安全原因。基础设施的不安全原因是指城市轨道交通线网中的隧道塌方、桥梁受损等因素造成的突发应急事件。

(5) 管理原因。城市轨道交通运营管理是一个比较复杂的系统工程,涉及许多部门以及先进的技术手段等因素。运营管理的好坏对于减少事故的发生、防止事故扩大、减少事故损失具有非常重要的作用,比如运营管理人员在紧急情况下操作不正确使事故更严重,应急响应不快使得事故后果更严重,设备长久不维护不更换而引起事故等。

4. 突发事件分类

根据突发事件的原因、机理与性质,城市轨道交通突发事件划分为以下三类[6]:

(1) 运营安全事件。这一类突发事件包括列车冲突、倾覆、脱轨事故,大面积停电,突发大客流和道床伤亡等。

(2) 公共安全事件。这一类突发事件包括火灾、爆炸、投毒和恐怖袭击等。

(3) 自然灾害事件。这一类突发事件包括水灾、大雾、大风、雷击和地震等。

6.4.3 应急预案

应急预案指面对突发事件如自然灾害、重特大事故、环境公害及人为破坏的应急管理、指挥、救援计划等。它一般应建立在综合防灾规划上，是对应急事件进行详细分析，包含应急处理方案的所有规则和原理，涉及应急处理流程的框架、应急组织机构定义、启动预案的基本条件、事件处置的基本原则、应急资源的分布与使用、事件处置流程等[1]。

1. 应急预案体系

应急预案体系包括一般的综合应急预案和专项应急预案。除了一般意义上的综合应急预案外，针对各级各类可能发生的事故和所有危险源制订专项应急预案和现场处置方案，并明确事前、事发、事中、事后的各个过程中相关部门和有关人员的职责。生产规模小、危险因素少的生产经营单位，可以合并编写。

1）综合应急预案

从总体上阐述事故的应急方针、政策，应急组织结构及相关应急职责，应急行动、措施和保障等基本要求和程序，是应对各类事故的综合性文件。

2）专项应急预案

针对具体的事故类别（如火灾、爆炸等事件）、危险源和应急保障而制订的计划或方案，可作为综合应急预案的附件。专项应急预案应制订明确的救援程序和具体的应急救援措施。

3）现场处置方案

针对具体的装置、场所或设施、岗位所制订的应急处置措施。方案内容应具体且操作性强，根据风险评估及危险性控制措施逐一编制；要求事故相关人员应知应会，熟练掌握，并通过应急演练，做到反应迅速、处置正确。

2. 应急预案的类型

应急预案的类型有以下四类：

1）应急行动指南或检查表

对已辨识的危险制订特定的应急行动指南，简要描述应急行动必须遵从的基本程序，如发生情况向谁报告，报告什么信息，采取哪些应急措施。应急行动指南或检查表主要起提示作用，可作为其他应急预案的补充。

2）应急响应预案

针对现场每项设施和场所可能发生的事故编制的预案，内容应包括所有可能的危险状况，明确有关人员在紧急状况下的职责。应急响应预案主要说明处理紧急事务必需的行动，不包括事前要求（如培训、演练等）和事后措施。

3）互助应急预案

相邻企业为在事故应急处理中共享资源而制订的互助应急预案，适合于资源有限的中、小企业以及高风险的大企业。

4) 应急管理预案

综合性的事故应急预案应详细描述事故前、事故过程中和事故后何人做何事、什么时候做、如何做,要明确制订每一项职责的具体实施程序。应急管理预案包括事故应急的四个逻辑步骤:预防、准备、响应、恢复。

3.《国家城市轨道交通运营突发事件应急预案》

国务院办公厅于2015年5月14日印发修订了《国家城市轨道交通运营突发事件应急预案》(以下简称《预案》)。这次《预案》的修订是总结近年来国内外城市轨道交通运营突发事件应对工作经验,通过反复研究和论证完成的。《预案》适用于城市轨道交通运营过程中发生的因列车撞击、脱轨,设施设备故障、损毁以及大客流等情况造成的突发事件,但不适用于自然灾害和恐怖袭击等社会安全事件造成的突发事件。

根据《预案》要求,因突发大客流、自然灾害等影响城市轨道交通正常运营时,要向公众发布预警信息。对于突发大客流,视情况采取限流、封站等控制措施,必要时申请地面公共交通接驳疏运。对自然灾害预警,要做好相关设施设备停用和相关线路列车限速、停运准备。

与2005年实施的《国家处置城市地铁事故灾难应急预案》①相比,《预案》主要从以下六个方面进行了调整。

(1) 扩大并重新界定了预案的适用范围。将适用对象扩大至"城市轨道交通",包括地铁、轻轨、单轨、有轨电车、磁浮、自动导向轨道交通和市域快速轨道等。适用范围明确界定为运营过程中发生的列车撞击、脱轨,设施设备故障、损毁,以及大客流引发的突发事件应对策略,明确了与相关预案的衔接。

(2) 健全了组织指挥体系。按照统一领导、属地负责的原则,明确了国家、地方的组织指挥机构及其相应职责,并要求地方根据需要设立现场指挥部。运营单位是运营突发事件应对工作的责任主体,专家组提供技术支持。

(3) 完善了监测预警机制。加大了对设施设备和环境状态以及客流的监测力度,分析研判各类风险信息;细化了预警信息发布、预警行动和预警解除的规定,并对日常监测、风险分析和信息报告等提出了明确要求。

(4) 界定了事件分级标准和分级响应机制。将突发事件划分为特别重大、重大、较大、一般四个级别。初判发生特别重大、重大运营突发事件,分别启动Ⅰ级、Ⅱ级应急响应,由事发地省级人民政府负责应对工作;初判发生较大、一般运营突发事件,分别启动Ⅲ级、Ⅳ级应急响应,由事发地城市人民政府负责应对工作。

(5) 提高了处置评估要求。要求运营突发事件响应终止后,由人民政府及时组织对事件处置过程进行评估,形成应急处置评估报告。

---

① http://www.gov.cn/yjgl/2006-01/24/content_168999.htm。

(6) 完善了应急保障措施。明确了通信、队伍、装备物资、技术、运输和资金六方面的保障措施,对相关部门和单位保障工作提出明确要求。

6.4.4 应急处置的基础工作

突发事件应急处置的基础工作包括建立城市轨道交通应急指挥系统,编制及落实城市轨道交通突发事件应急预案[6]。

1. 建立应急指挥系统

城市轨道交通应急指挥系统是城市应急指挥体系的重要组成部分,也是城市轨道交通系统组织应急救援的现代化指挥平台,承担城市轨道交通突发事件的应急处置职能。在发生重大突发事件时,有关人员可在网络应急指挥中心,通过专用通信设施了解、汇总和分析相关场所的语音、视频和数据信息,实施应急指挥和组织救援,如现场抢险、乘客疏散、信息传递、资源调配、部门协调和对外联动等。

2. 编制应急预案

突发事件应急预案是应急处置和组织救援的基础。编制应急预案的目的是保证对于突发事件的应急处置及时、有序、高效,防止突发事件扩大与升级,减轻突发事件造成的人员伤亡和财产损失。

应急预案是针对潜在的、可能发生的突发事件,预先编制一个如何应急处置的书面计划。例如,上海轨道交通网络运营突发事件处置总体预案由 18 个应急处置分预案组成,包括列车冲突、倾覆、脱轨事故分预案,突发大客流分预案、道床伤亡事件处置分预案,火灾、爆炸、投毒分预案,防台、防汛分预案和突发公共卫生事件分预案等。

应急预案的基本内容应包括特定突发事件的定义、报警或报告程序、应急处置组织指挥、应急处置程序与措施、抢险抢修方案、现场急救医疗方案,以及通信、交通、救援物资等内部保障条件和救护、消防、公安等外部支援条件。

应急预案一旦编制完毕,应下达到所有有关人员,如应急处置指挥人员、参与应急处置人员、可能与突发事件直接有关人员,以及可能会受到突发事件影响的人员等。并且还应通过培训与演习来强化上述人员对应急预案的了解与掌握。

3. 落实应急预案

突发事件应急预案的落实包括完善应急救援组织体系、加强救援培训与演习等。

应急救援组织体系涉及领导机构、指挥平台、救援队伍、专家组、救援物资、专用装备、后勤保障和应急联动等方面,其中领导机构通常由运营单位和有关职能部门的负责人组成,应明确突发事件发生时应急救援的总指挥和现场指挥人。运营公司和维保中心应设置执行应急救援任务的专业队伍。按应急预案要求配备救援器材设备,并确保它们经常处于技术良好状态,这是成功进行救援必须具备的物质基础。在平时应有专人负责救援器材设备的保管、养护和维修。完整的救援组织体系还应包括外援单位,因此需要配备负责对外协调联动的人员。

组织救援培训与演习，其目的是使有关人员对应急预案内容、救援知识与救援技术做到应知应会。演习方式可以是模拟演习、现场演习或者单项演习，也可以是综合演习。直接执行救援任务的人员必须定期参加演习，通过演习熟悉救援步骤和方法，掌握救援器材设备使用，以及了解如何进行自我防护等。此外，通过救援演习，还能进一步检验应急预案的可行性，发现应急预案、应急联动方面存在的问题，以便进一步完善应急预案。

6.4.5　突发事件应急处置流程

在城市轨道交通日常运营过程中，一旦发生突发事件，有关人员应在第一时间按规定的程序、内容向有关方面报告。调度员接受报警信息，然后对信息进行确认并且形成内部流转，接着根据情况完成对外信息发布，根据预案并且结合对未来事态演变趋势的判断，启动相应的响应，决定是否需要外部救援（如启动公交预案等），在处理过程中持续关注并且完成续报，直至应急处置结束，最后完成处置过程完整记录和终报，作业流程如图 6-13 所示。

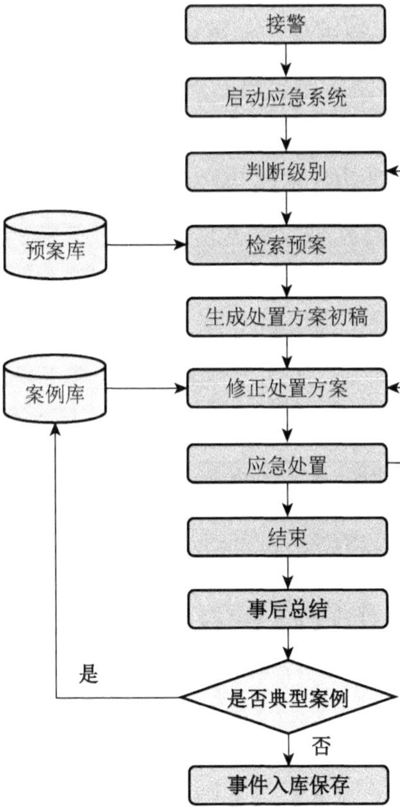

图 6-13　应急处置流程

1. 接警

由于COCC是城市轨道交通网络内部信息和外部信息衔接的关键节点,因此COCC既要接受内部单位的报警,也需要接受外部单位的信息。从报警数量上讲,OCC是报警的主体。OCC主要通过调度电话向COCC汇报设备故障、涉及行车的车站故障以及现场自动监控系统的异常。车站作为生产的基层单位也可以直接向COCC报警,主要类型为不涉及行车的异常事件。运营线路的生产调度也可以向COCC汇报,如乘客受伤、换乘通道漏水等。服务热线则是广大乘客上报相关情况的渠道。维保部门各专业巡视员在发现异常情况后首先向对应的专业公司生产调度汇报,联系助勤,同时向COCC汇报。

接警信息包括事件发生时间、发生的位置(事发线路、车站或区间)、事件类型及特征(如火灾事件分为车站内失火、车站外失火、区间失火、站台列车失火、区间列车失火)、事件影响(如中断时间、财产损失、人员伤亡、是否可控等),以及其他描述(如车站内失火时,可以描述详细的位置,如站台/站厅、上/下行,也可描述失火的物品,如电器/杂物/其他等)。

2. 信息确认

接警完成后是信息确认及内部流转。COCC值班长向OCC运营公司事发地点相关单位确认信息的真实性、故障影响程度。如果报警信息得到确认,则根据运营延误时间、人员伤亡等判断预警等级,然后决定是否启动预案。

3. 启动预案

由于突发事件的类别与事件特征不同,对应的处置等级和启动的预案也不同。另外,不同城市针对应急处置的级别与判别依据有所差异,但总体来讲判断的主要依据是中断运营时间、人员伤亡等。如果需要请求启动公交预案,则需要向交通管理部门申请。

4. 处置方案制定与监控

调度员根据事件的类型与特征,并基于预案及历史典型案例,制定初始处置方案,随着事态的变化以及预估趋势,随时对初始方案进行修改与完善,方案在修改与完善过程中,需要及时与相关人员进行沟通,并严格监视与了解现场情况。

5. 处置结束

救援结束、故障清除后,行车秩序恢复正常,应急处置过程结束。调度需要记录应急处置全过程的工作节点以及详细动作,填写事件报告等。对于一些重大事件,还需要开责任认定与事件总结会议,填写事件专报,对处置过程进行回顾总结,优化与完善预案等。

随着城市轨道交通网络化运营的发展,国内许多城市开始构建城市轨道交通应急平台。一个完整的应急平台应该包括信息资源、技术、保障体系等组成要素,关键任务是通过对信息资源的融合、分析处理,实现对突发事件的信息传递、应急响应、应急处置及推演评估等。

复习思考题

1. 行车调度工作的目的是什么？其具体职责有哪些？
2. 城市轨道交通的调度指挥架构分几个层次？各层次的主要职能是什么？
3. OCC设置哪些岗位？各个岗位的具体工作是如何分工的？
4. 城市轨道交通有哪些行车组织类的规章？各自的具体内容是什么？
5. 正常情况下的列车运行组织包括哪几个阶段？各个阶段的具体工作是什么？
6. 非正常情况有哪些？各种非正常情况下的行车组织有何规定？
7. 什么是电话闭塞？启动的条件是什么？
8. 夜间施工时的行车作业应该注意哪些事项？
9. 列车救援组织的过程是什么？有哪些注意事项？
10. 列车反向运行和列车退行的组织流程是什么？
11. 非运营列车作业包括哪些内容？有何要求？
12. 列车运行延误产生的原因是什么？有哪些类型？
13. 什么是初始延误？什么是连带延误？
14. 城市轨道交通列车延误传播特点是什么？
15. 列车运行延误对系统正常运行会有哪些影响？
16. 减缓列车运行延误的具体措施有哪些？
17. 列车运行调整的策略有哪些？各有什么特点和适用条件？
18. 什么是应急管理？应急管理工作的内容有哪些？
19. 什么是突发事件？突发事件有何特点？
20. 我国《国家城市轨道交通运营突发事件应急预案》将轨道交通运营突发事件分为几个级别？各个级别的标准是什么？
21. 突发事件的形成原因是什么？有哪些类型？
22. 什么是应急预案？应急预案的类型有哪些？
23. 突发事件应急处置的基础工作有哪些？
24. 应急处置的流程是什么？处置方案制定的依据是什么？

参考文献

[1] 毛保华.城市轨道交通系统运营管理[M].2版.北京：人民交通出版社，2017.
[2] 上海申通地铁集团有限公司.城市轨道交通列车运行组织[M].北京：中国铁道出版社，2013.
[3] 中华人民共和国交通运输部.城市轨道交通行车组织规范(送审稿)[S].2018.

[4] 江志彬，苗秋云.城轨交通列车运行延误影响及其减缓措施[J].现代城市轨道交通，2009(5)：59-62.
[5] 江志彬，季婷婷.基于客流影响的城市轨道交通列车运行调整策略[J].城市轨道交通研究，2014，17(1)：39-42.
[6] 张国宝.城市轨道交通运营组织[M].2版.上海：上海科学技术出版社，2012.

附录：

专业词汇英汉双解

专业词汇	对应的英文词汇	缩写
城市轨道交通	Urban rail transit	URT
运营管理	Operations management	
网络化运营	Network operation	
行车组织	Train operation	
运营单位	Operation company	
道岔	Swicth/turnout	
正线	Main line	
配线	Siding	
配线图	Track map	
试车线	Testing line	
调车作业	Shunting movement	
限界	Clearance	
车站	Station	
换乘站	Interchange station/transfer station	
终点站	Terminal	
站台	Platform	
岛式站台	Island platform	
侧式站台	Side platform	
屏蔽门/站台安全门	Platform screen door	PSD
接轨站	Junction	

(续表)

专业词汇	对应的英文词汇	缩写
折返站	Turnback station	
自动折返	Automatic reversal	AR
车辆	Rolling stock	
车底/车组	Train unit	
车辆基地	Base for the vehicle	
车辆段	Depot	
停车场	Parking lot/stabling yard	
信号	Signal	
联锁	Interlocking	
闭塞	Block	
闭塞分区	Block section	
轨道电路	Track circuit	
固定闭塞	Fixed block	
移动闭塞	Moving block	
制动距离	Braking distance	
列车自动控制系统	Automatic train control system	ATC
调度集中	Centralized traffic control	CTC
列车自动防护系统	Automatic train protection system	ATP
列车自动监控系统	Automatic train supervision system	ATS
列车自动驾驶系统	Automatic train operation system	ATO
基于通信的列车控制系统	Communication-based train control system	CBTC
自动化等级	Grade of automation	GoA
列车无人驾驶(有人值守)	Driverless train operation	DTO
列车无人驾驶(无人值守)	Unattended train operation	UTO
网络运营协调中心	Coordination operating control center	COCC
运营控制中心	Operating control center	OCC
车辆基地控制中心	Depot control center	DCC
视频监视系统	Image monitoring system	IMS

（续表）

专业词汇	对应的英文词汇	缩写
闭路电视监控系统	Closed circuit television system	CCTV
电力监控系统	Power supervisory control and data acquisition system	SCADA
第三轨	Third rail	
自动售检票系统	Automatic fare collection system	AFC
进站闸机	Turnstile	
清分系统	Central clearing system	
乘客信息导乘系统	Passenger information system	PIS
近距离无线通信技术	Near-field communication	NFC
环境与设备监控系统	Building automation system	BAS
火灾自动报警系统	Automatic fire alarm system	FAS
综合监控系统	Integrated supervisory and control system	ISCS
运营协调	Operation coordination	
客流量	Passenger flow	
断面客流量	Cross section passenger volume	
换乘量	Transfer passenger volume	
高峰小时客流量	Peak-hour passenger volume	
客流控制	Passenger flow control	
满载率	Load factor	
列车开行方案	Train plan	
行车间隔时间	Headway	
高峰时段	Peak period	
平峰时段	Off-peak period	
早高峰	Morning peak	
运营时间	Service period	
列车交路	Train routing	
常规交路	Conventional routing	
大小交路	Long-short routing	

（续表）

专业词汇	对应的英文词汇	缩写
共线交路	Shared-path routing	
环形交路	Loop routing	
跨站停车	Skip-stopping	
快慢车	Express/local train	
越行	Train overtaking	
乘务计划	Crew schedules	
乘务员	Crew	
列车运行图	Train/time-space diagram	
时刻表	Timetable/schedule	
停站时间	Station dwell time	
区间运行时分	Section running time	
惰行	Coasting	
缓冲时间	Buffer time	
运行周期	Cyclic time	
折返时间	Turnback/turnaround/layover time	
换乘时间	Interchange/transfer time	
旅行速度	Travel speed	
最高运行速度	Maximum running speed	
通过能力	Line capacity	
输送能力	Throughput capacity	
折返能力	Turnback capacity	
站前折返站	Terminal with crossovers located in advance of the station	
站后折返站	Relay terminal/ terminal with far-side crossovers and tail tracks beyond the station	
初始延误	Primary delay	
运行延误	Train delay	
连带延误	Knock-on delay	

(续表)

专业词汇	对应的英文词汇	缩写
延误传播	Delay propagation	
列车驾驶员(司机)	Train driver	
调度员	Controller	
行车调度	Train dispatching	
突发事件	Emergent events	
应急预案	Emergency plan	
应急处置	Emergency disposition	